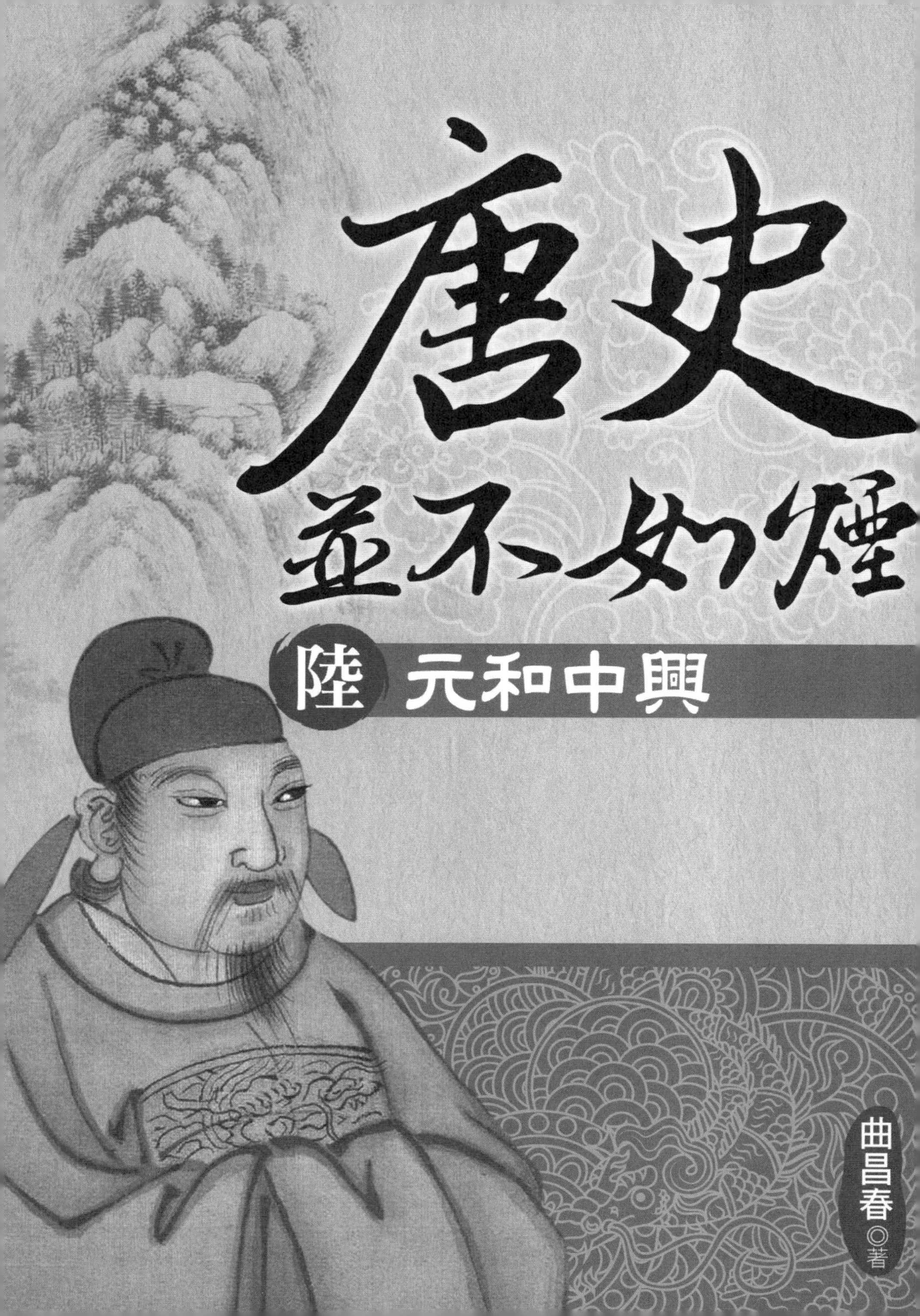
唐史
並不如煙
陸
元和中興
曲昌春◎著

目錄

新皇登基

第一章

改姓風波

「父皇，放心吧，孩兒一定勵精圖治，定要重振大唐雄風。」

說這話的不是別人，正是大唐王朝第十二任皇帝李适。登基這年他三十七歲，正是人生中最年富力強的年紀，既然已經登上大唐王朝的龍椅，自然要將這大好江山好好打造一番。

已經走過人生三十七個年頭的李适知道自己接手的大唐王朝已經不是曾祖李隆基時的「開元盛世」，他接手的只是一個名義上統一的王朝，與「開元盛世」相去甚遠。想要光復祖上的榮光，他還要走很長一段路，而這段路走完是否能夠重返榮光還是個未知數。

悲傷的李适想到了一件事，這件事發生在一年前。

西元七七八年八月二日，成德節度使李寶臣上了一道奏疏給皇帝李豫，奏疏的主題是兩個字：改姓。李寶臣在奏疏裡說，請求皇帝批准，允許自己改回原來的張姓。也就是說成德節度使李寶臣不想姓李了，原本李寶臣姓什麼真沒有人關心，但仔細一想，這次改姓意味著什麼呢？

有的人一輩子只有一個姓，一姓就是一輩子，而李寶臣呢，他的姓很多，而且還經常變。

李寶臣不是漢人，而是范陽附近的奚族人，從軍後進入范陽守將張鎖高帳下，張將軍見他辦事麻利便收為義子，從此奚族小夥就姓了張，叫張忠志。張忠志自幼擅長騎射，深得後來的范陽節度使安祿山喜歡，安祿山將他選為射生官一同進京面見李隆基。不料李隆基也很欣賞張忠志，便留他在長安當射生子弟。安史之亂後，張忠志逃回安祿山身邊繼續效忠安祿山，此時他改姓安了。

在安祿山的提拔下，安忠志成了安祿山叛軍中一名得力幹將，在安祿山、史思明相繼兵敗之後，安忠志改姓為張忠志，然後改弦易轍歸順大唐王朝受封成德節度使，並被賜以國姓，名寶臣，李寶臣由此而來。

被賜國姓原本意味著無上榮光，李寶臣一度也是這樣認為的，然而十六年之後他上了這樣一道奏疏：臣不想姓李了。

換成歷史上任何一個皇帝面對此情此景，恐怕都會有條件反射：給臉不要臉，誅之。但凡有能力的皇帝一定會殺之而後快，因為這樣的改姓奏疏對皇家而言便是莫大的侮辱。是可忍，孰不可忍。

李豫居然忍了。並非他不想殺李寶臣，實在是有些力不從心，只能暫且忍下。

李豫批覆李寶臣，准。從此你叫張寶臣。

改姓風波到這裡還不算完，八個月後，張寶臣的奏疏又來了，主題還是兩個字：改姓。

這回張寶臣是要求由張姓改為李姓，皇上，臣還是跟你姓吧。

李豫又被刺痛了一次，由李到張，由張到李，你當國姓只是一頂破棉帽子，想戴隨時都能戴嗎？

李豫有心拒絕，但他還是忍住了，八個月前他無法將李寶臣打落馬下，如今面對李寶臣送上的笑臉，李豫抬起的手又放下了。

准。從此你還叫李寶臣。

改名風波前後八個月，李寶臣在名字上做了一次折返跑，看似一切跟從前一樣，但他的名字已經在李适那裡掛上號了。不是不報，時候未到，李寶臣，我記住你了。

從改名風波拉回到現實裡，李适知道這次風波並非那麼簡單，如果大唐王朝還如往日一般鼎盛，又有哪個臣子敢如此藐視皇族？說到底還是皇族權威已打折扣，為今之計還是要重新擦亮大唐王朝的金字招牌。

子曰：「父在觀其志，父沒觀其行，三年無改於父之道，可謂孝矣。」按照孔子的標準，做子女的在守喪的三年中不改變父親生前的既定路線，可以稱作孝。在我看來，這不是真正的孝，而是愚孝。

試問，如果父親的路線是錯誤的，難道當兒子的還要一錯再錯嗎？不能。

普通人如此想，新皇李适也是這麼想的。於是他很快地點燃了自己登基後的三把火，三把火並不大，看起來都是一些小事。

第一把火，拒絕各州進貢非急需物品，同時遣散皇家梨園子弟三百餘人，剩下的全部分配到太常寺，服務於皇家祭祀；第二把火，禁止各地呈現祥瑞，同時釋放皇家園林原本飼養的野生大象、花豹、山猴、鬥雞、獵狗等等，將它們一起放生到荊山南麓；第三把火，禁止外出公幹宦官收受地方官員賄賂，違者嚴懲不貸。

三把火放完，李适心情大好，看來王朝的積弊並非不可剷除，假以時日一切都會回到正常軌道。

珍珠傳奇

處理完一天的朝政，李适漫步於禁苑之中，現在他是天下的主人，漫步於禁苑便有了前所未有的從容。

四周打量一番，一切是那麼熟悉，在那些熟悉的角落有他兒時的許多記憶，只是這些記憶被「安史之亂」打破了，只剩下一些記憶的碎片。

湖邊的假山還是原來的模樣，李适恍惚中回到了童年，他看到了自己的母親沈氏。李适看到母親正牽著自己的手在假山中穿梭，母親是那麼美、那麼年輕，而自己的笑容又是那樣燦爛。母親突然地鬆開自己的手決然而去，李适想要喊，卻喊不出來他看著母親一步一步消失在自己的視野之中。

母親，你在哪裡？

兩行淚悄悄地從李适的臉龐滑落，對於母親的思念在這一瞬間再次放大了。

李适的母親沈氏出自吳興，世代為當地望族，沈氏一族出過皇后、詩人、學問家、宰相，可謂經久不衰的詩書人家。到沈氏父親沈易直這一代，沈氏的詩書之風依然在延續，沈易直曾長期擔任秘書少監、秘書監（**國家圖書館館長**）。能在詩的國度唐代擔任秘書監，沈易直的學問應該說是相當不錯的。

正是因為沈氏一族是名門望族，年輕時的沈氏身材修長、皮膚白皙、知書達禮，因此以良家少女的身分被選進東宮充任宮女，這時的東宮之主是李适的祖父李亨。

眼看兒子廣平郡王李豫漸漸成年，李亨便把沈氏賜給了李豫，此舉既是為兒子找一個身邊人，同時也是向沈易直示好，太子的兒女親家聽起來便是榮耀。

從此時起，沈氏與李豫緊緊聯繫到了一起，也開始自己一生的傳奇。

《舊唐書》、《新唐書》裡沈氏跟其他皇后一樣僅僅留下一個姓氏，按照民間的俗稱我們還是叫她沈珍珠吧，關於她的這一段叫做珍珠傳奇。

提起珍珠傳奇，大家是否會有眼前一亮的感覺，那麼就讓我們打開記憶的閘門，回到上世紀八〇年代。上世紀八〇年代末九十年代初，臺灣電視劇《珍珠傳奇》風靡一時，由施思、寇世勳主演的《珍珠傳奇》成了街頭巷尾熱議的話題，那時的我正在上初中一年級，對於這部電視劇還有一些印象，其中印象最深刻的就是這部電視劇的片頭曲和片尾曲。我把這兩首歌的歌詞寫在下面，從這兩首歌的歌詞裡可以看到沈珍珠的一生。

片頭曲

天姿蒙珍寵
明眸轉珠輝
蘭心蕙質出名門
吳興才女沈珍珠
達理又知書
備位東宮主
多彩多姿蝶飛舞
紅袖碧竹人羨慕
風雲起波瀾急
珍珠淚悲淒
玉潔又冰清那堪流言襲
望斷西京留傳奇

片尾曲

去年今日此門中
人面桃花相映紅
人面不知何處去
桃花依舊笑春風
紗窗日落漸黃昏
金屋無人見淚痕
寂寞空庭春欲晚
梨花滿地不開門

片頭曲就是沈珍珠一生的縮影，曾經幸運、曾經幸福，然而一切都被安史之亂打破，幸運與幸福不再，圍繞她的只是謎一般的傳奇。

片尾曲是否有似曾相識的感覺？沒錯，這是由兩首唐詩拼接而成，前四句是唐代詩人崔護的《題都城南莊》，後四句是唐代詩人劉方平的《春怨》。崔護的詩抒發的是尋夢中女子不遇的淡淡憂傷；劉方平的詩則是抒發寂寞女子於金屋中哀怨春之將逝的哀傷。崔護的詩部分貼合李豫的心境，劉方平的詩則貼合沈珍珠的處境，兩個原本沒有聯繫的詩人，因為李豫和沈珍珠就這樣珠聯璧合地聯繫到了一起。

誰說風馬牛不相及？

儘管《珍珠傳奇》把沈珍珠的情感糾葛作為電視劇的主線，又把沈珍珠與李豫以及安祿山手下叛將馮立之間的愛恨情仇拍得非常唯美，讓觀眾的心始終被沈珍珠牽引，其實歷史上真實的沈珍珠沒有那麼幸運，她雖然被自己的兒子思念一生，但在丈夫李豫心中只是一個可有可無的女人。

李豫對沈珍珠沒有那般情深，《珍珠傳奇》裡的用情至深並非事實。

這一切要從李豫的父親李亨的指派說起。

李亨將宮女沈珍珠賞給了兒子李豫，卻沒有給沈珍珠一個名分，從此時起沈珍珠成了李豫的女人，但僅僅是「屋裡人」而已，地位相當於《紅樓夢》裡的襲人，有夫妻之實卻從沒有夫妻之名。沈氏雖然出身名門望族，但在皇家眼裡還是太低微了。沈氏低微的身分注定無法成為李豫的正妻，至於能否成為李豫最寵愛的女人還需要看她的造化。

天寶元年，沈珍珠生下了一個男孩，這個男孩就是後來的李适。

由於缺少史料支持，我們無法了解沈珍珠與李豫的感情如何，我們只知道在安史之亂爆發之前李适一直在茁壯成長，而李豫在這段時間迎娶了楊貴妃的外甥女崔氏，同時名下的子女也在不斷增多，只是再也沒有一個出自沈氏名下。

對於這十五年，我們只能揣測或許沈珍珠母憑子貴，或許沈珍珠在崔氏的囂張氣焰下低眉順眼的生活。這十五年對於沈珍珠而言並不輕鬆，雖然她的兒子是長子，但僅僅是長子而已，因為在這十五年中即便東宮之主李亨也一直在戰戰兢兢中生活。

漁陽戰鼓打破了大唐王朝的平靜，同時也將沈珍珠的生活擊打得七零八落，在天寶十五載皇室的突然出逃隊伍中有她丈夫的祖父李隆基、有她的公公李亨、有她的丈夫李豫、有她的兒子李适，殘酷的是卻沒有她。

在倉促擬定的出逃名單中並沒有沈珍珠的名字。帝都無主、長安陷落，苦難的沈珍珠與其他沒來得及逃走的皇族一起被擄到了東都洛陽，從此開始了被囚禁的生活。

按照《珍珠傳奇》的演繹，這時的沈珍珠與安祿山座前大將馮立開始了感情糾葛，電視劇裡的愛情總是豐滿，而殘酷的現實往往很骨感。沒有人知道這幾年在沈珍珠身上發生了什麼，總之她在期待中度過了幾年囚禁的生活，支撐她活下去的就是與丈夫和兒子的團圓。

兩年過去了，沈珍珠的世界裡有了一絲亮光，她的丈夫李豫帶兵收復了洛陽，夫妻二人在洛陽皇宮的掖庭中相見了。兩年的時光讓李豫增添了男人的氣概，卻讓沈珍珠飽受歲月的煎熬，此時的沈珍珠已沒有兩年前的風采，更關鍵的是她的身上或許發生了很多故事，這讓李豫有些難以釋懷。

淪喪敵手，兩年光陰，這兩年時間裡什麼事情都有可能發生，李豫想到這一層便不敢再往下想下去，為什麼要有安史之亂？如果沒有這場戰事該有多好。

短暫重逢之後，李豫和沈珍珠再次分別，這次分別竟是永別。

在這之後，李豫帶兵平叛，沈珍珠依然住在洛陽宮中，一年後李豫被冊封為皇太子，而沈珍珠依然住在洛陽宮中、依然沒有名分、依然沒有被接回長安。

命運再次跟沈珍珠開了個玩笑，西元七五九年，史思明殺進了洛陽，從此沈珍珠消失了。以當時形勢分析，洛陽守將在自知洛陽不保後，已經提前從城中撤出了皇族和百姓，身為太子李豫女人的沈珍珠沒有理由不被重點保護。從這個角度看，沈珍珠應該不會死於亂軍之中或者落於敵兵之手，她的消失可能是有意為之。

她確實死了，心死了。

當對一個男人徹底心死，一切都不是那麼重要了，榮華富貴、功名利祿都是雲煙。回望自己與李豫的情感生活，從一開始他們就不在同一個水平線上，她只是他屋裡的女人，甚至僅僅是傳宗接代的工具，雖然她生下了皇族中最長的皇曾孫，但這一切並沒有改變她原有的地位。

二十年來她活在歧視之中、活在崔氏欺壓之中、活在整個東宮的戰戰兢兢之中，安史之亂後，儘管身陷囹圄，但她一直夢想著丈夫和兒子將自己解救出苦海。丈夫最終來了，但她依然在苦海之中，長安的甜蜜遠在千里之外，洛陽的哀愁卻始終如影隨形。

洛陽的四年，夢想與現實恍惚交錯的四年，直到最後現實徹底將夢想壓垮，沈珍珠就此消失在洛陽的烽煙之中。

於李豫而言，沈珍珠只是身邊一個女人，他身邊不缺女人；於李适而言，沈珍珠永遠是自己的母親，無論她身處何方，他一定要找到她。從西元七五九年開始，李适一直在尋找自己的母親，這一找就是四十多年，從肅宗朝一直找到了憲宗朝橫跨五朝。

西元七六二年四月，李适的父親李豫登基稱帝，尋找李适生母的行動列入王朝議事日程。李豫派出使節到各地尋找，而使節帶回來的都是令人失望的消息。

三年過去了，李适看到了一絲曙光，壽州崇善寺女尼廣澄來到京城，自稱是李适的生母。李适的心快要跳了出來，一晃眼他與母親分別有十年了，他多麼希望眼前這個廣澄就是自己日夜牽掛的母親。經過一番仔細盤問，大家都失望了，廣澄並非李适的生母，而是當年餵養過李适的乳娘。

李适心中多少有些慰藉，雖然廣澄並非生母，但能跟當年的乳娘見上一面也算是一件幸事。失望的李适轉身離去，他沒有想到他的父親居然那般無情。李豫下令將濫竽充數的廣澄亂鞭打死。

李适得知消息時，廣澄已經死於非命，他痛苦地搖了搖頭，何苦呢，何必呢？

如此一來，必然要失去很多線索，誰都不想重蹈廣澄的覆轍，誰還敢冒然前來認親呢？「倘若有一天我登基稱帝，一定要把握一切機會，切不能如此決絕。」李适在心裡暗下決心。十四年過去了，李适一直在尋找母親，在這十四年中他時常能在夢中見到母親，醒來卻發現還是一場夢。十幾年來，李适發現父親對母親的感情並不深，雖然父親也沒有放棄尋找，但似乎有些敷衍。父親並沒有格外關照沈氏一族，如果本著愛屋及烏的原則，沈氏一族應該受到皇家更多的垂青。

李适明白母親一直生活在別人的陰影下，以前是楊貴妃的外甥女崔氏，後來則是獨孤貴妃，有這兩個龐然大物在，母親自然很少能夠見到陽光。

不急，會有機會的。在等待中，李适等到了獨孤貴妃的去世，也等來了自己的順利登基，從他登基的那一刻起，他知道可以大張旗鼓地尋找母親了。

西元七八〇年七月十九日，李适遙尊失蹤多年的母親沈珍珠為皇太后。儀式嚴肅莊重，一切如皇太后親臨，李适面色凝重地對著皇太后之位行叩拜大禮，眼中的熱淚滾滾而出。如果可以放聲大哭，他真想痛哭一場，哭一哭這些年對母親的不盡思念。在這一刻他不是皇帝，他只是一個苦苦尋找母親的孩子。

在場的文武百官無不動容也隨著落淚，他們希望眼淚可以感動上天，能給李适一個膝前盡孝的機會。冊封儀式結束後，李适委任睦王李述為奉迎皇太后使，工部尚書喬琳為奉迎皇太后副使，一旦有皇太后消息，昇平公主準備照顧皇太后起居。奉迎皇太后使節再次從長安出發，李适期待會有奇蹟出現。

一年後，奇蹟真的發生了。

洛陽宮女李真一在洛陽民間發現了一個寡居的老太太，這名老太太見多識廣、知道很多宮中秘聞，李真一盯著老太太看了又看，再一聯想，她被自己的想法驚住了，莫非這個老太太就是當今聖上苦苦尋找的生母？

李真一不敢怠慢，讓使者到長安奏報，接到奏報的李适喜出望外，看來皇天不負有心人。李适立即安排長安宮中的宦官和宮女一起到洛陽辨認，看看李真一口中的老太太是否真的是自己的母親。這時已經是西元七八一年了，長安宮中的宮女和宦官已經換了一茬又一茬，與沈珍珠同時代的宮女和太監早已凋零殆盡，沒有人真正認識沈珍珠。

接到任務的宮女和宦官也是模稜兩可，他們參考的標準只是皇帝的記憶，按照皇帝記憶的標準，眼前這位老太太十分貼合，或許、大概、差不多，她真的就是皇太后。

眼前人頭攢動，進進出出，疑似沈珍珠的老太太緊張萬分，等聽到有人說：「沒錯，這就是皇太后。」老太太知道玩笑開大了，別逗了，我真的不是太后。

老太太越是辯解，宮女和宦官越發覺得像，最終不由分說地將老太太強行迎接到長安上陽宮中。

上陽宮內，老太太如同進了大觀園，一百餘名宮女恭候已久，老太太日常起居所需早已由皇帝御用撵車拉了一車又一車，這是皇太后應該有的禮遇。奉迎皇太后的宦官和宮女也沒閒著，他們還在做老太太的工作：「老太太，就承認了吧，眼前的富貴只是開頭，更大的富貴還在後頭呢。」

老太太左看右看，那，我就承認了？

左右興奮地點了點頭，承認了吧，這是大家都願意看到的結果。

老太太終於點頭了：「哀家便是當今聖上要找的人。」

左右等的就是這句話，聞聽此言，早有機靈人一溜煙奏報給了李适，歷史性的一刻即將到來。

李适抑制不住內心的喜悅，他要和文武百官分享內心的喜悅，雖然這天不是上朝日，他還是召集文武百官，接受文武百官的祝賀。祝賀之餘，李适下令有關部門擇日舉行奉迎皇太后盛典。

長安城中被皇帝即將認母的喜悅籠罩，有一個人卻愁眉不展，從這場認母風波開始時他就在擔心，現在奉迎皇太后盛典迫在眉睫，再不站出來恐怕就晚了。

「聖上，草民高承悅有事奏報。」

在高承悅的奏報中，李适聽明白了，即將跟自己認親的恐怕不是自己的生母，而是玄宗朝著名宦官高力士的養女高彩雲。

李适將信將疑，他多麼希望高承悅說的不是事實。慎重起見，李适命令高力士的養孫樊景超前往上陽宮一辨真偽。

上陽宮中，「沈珍珠」端坐如儀，周圍侍衛林立，一切如太后之儀。樊景超衝著「沈珍珠」高聲喊道：「姑媽為何把自己置於剁肉板上，難道沒有看到大禍臨頭？」

左右侍衛眼見樊景超無禮，大聲呵斥退下。樊景超靈機一動，大喝一聲：「皇上有旨，皇太后是假的，左右侍衛立即退下。」

左右侍衛聞聽皇上有旨，不敢遲疑，嘩啦一聲全部退下。

看左右已經無人，高彩雲苦笑著對樊景超道：「我也是被人所逼，這並不是我的本意。」

樊景超苦笑對應：「姑媽，回家吧，這玩笑開不得。」

一場醞釀中的奉迎皇太后盛典胎死腹中，李适與母親的重逢又被無限期延長了。事後有人建議嚴懲高彩雲，李适擺擺手，算了，他們都沒罪。

李适對左右說道：「我寧願受一百次騙，只要有一次，我就能找到母親。」從此之後，濫竽充數的太后又出現了三四次，但沒有一個是真的。終李适一生，他沒能等來與母親的團聚。

沈珍珠到底去了哪裡，如果隕落亂軍之中倒是情有可原，如果她在洛陽陷落後全身而退，她為什麼不回來找丈夫和兒子團聚？

或許她擔心丈夫介懷她曾經落於叛軍之手；或許她不想讓兒子有一個曾經有污點的母親；或許她一直是清白之身，只是看淡了皇家那風口浪尖的富貴；或許一生的起起伏伏讓她明白了人生本來四大皆空。

對於她的思念，一直在她兒子李适心中；關於她的傳說，一直在民間流傳。一千多年後的我們只知道曾經有個吳興才女沈珍珠，她曾經在這個世上真實的存在過，最終又謎一般的消失在珍珠傳奇之中。

同僚死敵

神童劉晏

一生都在尋找母親的李适確實挺不幸，子欲養而親不在，這是人生最大的不幸。然而作為皇帝，李适又是幸運的，因為在他的手上始終不缺好牌，只要他願意隨時能組合出「兩貓加四個二」。

不過孝子李适似乎不會打牌，即便他有一手的好牌也很難打出彩，他打出的牌多是勉強又拙劣，能把一手好牌打成爛牌，這是否也是一種天賦？

在我看來，李适的問題出在心理上缺乏安全感，這是他身為皇帝最大的缺失。身為君臨天下的皇帝要有氣吞山河的豪情、要有包容萬象的氣概，一個皇帝如果缺失了安全感，那麼就失去了皇帝必須有的從容。很不幸，李适因為缺少內心的安全感，因此他不從容。

想想也能理解，幼年時他的祖父在如履薄冰，他的父親在為祖父陪綁，他儘管身為長子，但母親出身並不高貴，多種因素交織在一起，促成了李适的敏感和多疑。如果母親在，牽著母親的手他能感受到母愛的力量，他的內心可以淡定從容。然而安史之亂讓他們母子分離，從此母親的手只能在記憶之中。

從小李适在艱難的環境中成長，雖然祖父順利登基，父親也順利成為太子，但他這個長子的日子並沒有好過起來。父親的身邊有獨孤貴妃，獨孤貴妃有自己的兒子韓王李迥，雖然他在父親登基後被冊立為太子，但不到最後一刻什麼情況都可能發生。

從離開母親到登基之前二十多年的時光，李适在緊張中度過，久而久之便養成了猜忌、多疑的性格，這個性格是他的生存之道，也是他作為皇帝的短板，這個悲劇的性格伴隨了他一生。

性格決定命運，放在皇帝身上尤其合適。

原本李适手中的好牌真的很多，神童劉晏是其中最閃亮的一張。

劉晏，《三字經》裡提到過的神童，「唐劉晏，方七歲。舉神童，作正字。」

《三字經》裡說的「舉神童，作正字」發生在西元七二五年，這一年是李隆基的開元十三年，李隆基在這一年到泰山舉行了規模空前的封禪大典，這次大典給了神童劉晏一個機會。

封禪大典結束後，禮官向李隆基奏報：「此地有一七歲神童名叫劉晏，欲向陛下呈現《東封書》。」

李隆基聞言大喜：「還不快宣劉晏進殿。」

七歲神童劉晏出現在李隆基面前，開始朗誦他自己寫的《東封書》：「吾皇英主，封祀東嶽，告成功於吴天上帝，為萬民把福，開元之禮，仁及天下，人情所望，人心所歸⋯⋯」

小小年紀便寫出如此文章，李隆基不由得大喜，當場下旨授七歲劉晏為秘書省正字。

唐時秘書省管理史館，負責撰修國史，藏有大量圖書，「秘書省正字」的任務就是校對藏書中的一些錯誤。從此劉晏步入仕途，他的起步比同時代的任何人都要早。

兩年後，劉晏又一次技驚四座。

這一天，李隆基於勤政樓前賜宴，招待文武百官，身為秘書省正字的劉晏也在被宴請之列。與頭上的李隆基突然想起了兩年前那個神童劉晏，吩咐左右讓劉晏登樓，後宮嬪妃早就聽說劉晏的事蹟，都期待著見一見神童的廬山真面目。

小劉晏信步登上樓來，長相有些對不起觀眾的他一下吸引了楊妃的目光，此楊妃並非後來的楊貴妃。楊妃一下把劉晏抱在膝上，惡作劇般地給他施以粉黛、戴上頭巾，經她一捯飭，劉晏搖身一變變成了個小女孩。

李隆基不由得笑了，笑問劉晏：「你身為秘書省正字，正了幾個字啊？」

劉晏一本正經地回應道：「天下的字我都正了，唯有朋字正不得。」

唐時「朋」字為兩個歪月相鄰，無論怎麼正都是正不過來的，劉晏妙用一個「朋」字巧對李隆基的發問，其機靈可見一斑。

這時一位年輕女雜技藝人出場，此人喚作王大娘。此大娘並非我們現代語境中的大娘，而是唐代對婦女的美稱，詩聖杜甫曾有一首《觀公孫大娘弟子舞劍器行．並序》便是這個意思。只見王大娘肩扛一根長長的竹竿，竹竿頭上頂著一個瀛洲仙島的微縮模型，一個小孩竟然在上面從容自在地邊歌邊舞，這一幕讓在場人掌聲雷動、歎為觀止。

看到這裡，楊妃有心試探一下劉晏的文采，命劉晏即興作詩，劉晏張嘴便來，一首《詠王大娘戴竿》就此誕生：

樓前百戲競爭新，唯有長竿妙入神。
誰得綺羅翻有力，猶自嫌輕更著人。

掌聲再次響起，神童果然名不虛傳。

頂著神童的美譽，劉晏在大唐官場宦遊，他的再次出頭居然是三十三年之後，此時劉晏已經不是神童而是四十二歲的中年人了。這一年是西元七六〇年，皇帝已經由李隆基換成了李亨，大唐王朝正處於安史之亂的戰火之中，劉晏進位為戶部侍郎兼御史中丞、度支鑄錢鹽鐵使，同時兼任京兆尹。

從這時起，劉晏將用他超一流的理財和調度能力名垂青史。

一開始劉晏並不順利，在任職僅僅一年半後，他因為遭遇讒言被貶為通州刺史，這次貶黜持續了八個月。八個月中長安發生了很多事情，李隆基和李亨相繼作古，皇帝換成了李豫。李豫的登基給了劉晏復出的機會，劉晏再次被委任為京兆尹、戶部侍郎兼御史大夫、度支鹽鐵轉運使。

面對這次委任，劉晏出人意料地上了一道奏疏，他要讓出自己的官職。因為看不慣錚錚鐵骨的顏真卿被無情傾軋，劉晏願意把戶部侍郎讓給顏真卿；因為想給平叛有功的嚴武一個用武之地，劉晏願意讓出京兆尹；而他甘願出任職微言輕的國子祭酒（**國立大學校長**）。

這次辭讓令皇帝李豫非常感動，從辭讓中他看到了劉晏的品格，他知道該給劉晏一個更加合適的位置。

七個月後，劉晏官拜吏部尚書、同中書門下平章事，當年的神童今日官拜大唐宰相。不過這次拜相前後不到一年，板凳還沒捂熱的劉晏又被貶了，宰相當不成了，改任閒職太子賓客。

兩個月後，皇帝李豫坐不住了，再不起用劉晏京城就要斷糧了，為今之計只有劉晏才能解決京城斷糧的危局。這時是西元七六四年三月，不世出的經濟學家劉晏終於有了大展拳腳的機會，此時他已經四十六歲了。

劉晏在給時任宰相的元載信中寫到：為今之計，當整頓漕運，從南方調糧。見一水不通，願荷鍤（鍬）而先往；見一粒不運，願負米而先趨。

忙於抓權的元載樂於看到劉晏扛起漕運的苦差，立即回信指示劉晏放開手腳大幹一場。

大展拳腳

實幹家劉晏等來了千載難逢的機會。第一步亮相，劉晏贏得了滿堂彩。

鑒於關中缺糧，劉晏從湖南、湖北、廣西緊急調撥糧食，由江船運至揚州，再由揚州運至淮河，入汴水，過三門峽，當年就從江淮漕運四十萬斛糧食入關。這一年雖然關中遭遇旱災，然而糧食價格卻出奇地穩定。

劉晏記得當他押送第一批糧食抵達長安時，皇帝李豫下令舉行了隆重的歡迎儀式，宰相元載和京城文武百官在碼頭迎接，同時宣讀皇帝聖旨：卿，朕之蕭何。

劉晏感覺自己全身的血在沸騰。

第一步出彩，劉晏並不滿足，他要做的還有很多。劉晏的第二步，從徹底整頓漕運開始。

以往漕運從民間抽丁，百姓自帶乾糧，這種由抽丁組織起來的漕運自然沒有效率，而且民間怨聲載道。劉晏接手漕運一改往日抽丁做法，改為徹底官辦，民夫由官府從民間招募，以往需要自帶乾糧，從今以後官府發薪，而且薪資不低。參與漕運的民夫由以往的出工不出力迅速轉變為出工又出力，漕運碼頭上下氣象一新。

與此同時，劉晏利用自己的轉運使身分動用軍隊疏浚河道、加固大堤，漕運的運輸環境較之以往大為改善。

漕運條件大為改觀，劉晏接下來做出的決定便順理成章了，他果斷地叫停了陸路運輸。時至今日水運的性價比還是高於陸路，更別說劉晏所處的唐代。以往唐朝將陸運和漕運並舉，勉強才能應對全國的運輸局面，現在劉晏叫停了陸運，他要用漕運全面應對。

新的問題出來了，三門峽那段險灘如何闖過？

我們都學過成語「中流砥柱」，成語中的砥柱山就位於三門峽。三門峽名稱的由來便是因為砥柱山位於黃河激流之中，久而久之將黃河水分成了三股急流，北邊一股為「人門」，中為「神門」，南為「鬼門」，而以「鬼門」尤險，三門峽名稱由此產生。如果說黃河自古是中華民族的母親河，那麼在三門峽這一段就是名副其實的「後媽河」。這一段水流湍急，水況複雜，船毀人亡的事情時有發生。在劉晏以前，負責漕運的官員採取了「惹不起就躲」的策略，糧食運至三門峽上岸，從岸邊過山道轉運過三門峽，然後再裝船繼續前行。在沒有好辦法之前，這個笨辦法實行了多年，有效歸有效，但如此一來運輸成本大大提高。

劉晏在三門峽對著中流砥柱思考良久，在想辦法如何能從容地通過三門峽。

劉晏最終想出了一個組合法：造大船、用編隊、加拉縴。

造大船，糧船規模較之以往加大，每船用船夫三百人；用編隊，十艘大船為一綱，統一行動、統一指揮；拉縴，岸上民夫用結實的麻繩牽引糧船，增加糧船前進的動力。

經過試驗，劉晏的組合法一舉成功，從此糧船過三門峽不需要再上下搬運糧食，而是一路暢通。劉晏的策略一個個都成功了，眾人由開始的不服氣變成了越來越佩服。

劉晏帶給眾人的驚喜還在後面。他又做出了兩個決定：一，用麻袋裝糧食進行運輸；二，漕運航線嚴格分段。

在劉晏之前，漕運糧食都是散裝的，損耗巨大，劉晏接手後下令將所有糧食分裝到一個個標準的麻袋之中，既方便運輸又降低損耗；漕運航線分段則是劉晏經過長時間實地勘察做出的決定，長江、揚子江、黃河、汴水、渭水每條河都有自己獨特的水文情況，如果讓一艘船從長江一直進到渭河，對於船的要求很高，對於水手的要求更高。與其讓水手們常年提心吊膽，不如讓他們在各自熟悉的水域從容航行。如此一來，因地制宜，漕運效率提高，安全係數也大大增強，在劉晏主政漕運的期間竟然沒有一升米掉入江中，堪稱運輸史上的一大奇蹟。

劉晏接下來的計劃是造船，他的長遠眼光在造船這件事上體現地淋漓盡致。

以往造船是由官府在民間抽丁，造船工匠說是工匠其實就是官奴，他們不僅沒有工資，而且還要自帶乾糧、自己生火做飯。造船本來是個技術活，讓這些沒有任何經驗又沒有積極性的民夫造船，造出的船能符合要求才怪。

劉晏一改以往的不合理體制，設立十個造船廠，造船所需材料由政府統一採購，造船需要用的民夫不再徵調，而是由官府出資從民間招募。

劉晏給每條船開出的造價為一千貫。屬下官員連連咂舌，太高了，太高了，五百貫足夠了。

劉晏解釋道：「大國不可以只講小道理，但凡做一件事就要謀劃長遠，既然要興辦造船廠，那麼造船的民夫就不是一個兩個，我們應該留出盈餘給他們，讓他們生活相對從容不窘迫，這樣官船才能堅固。如果一開始就考慮盤剝他們，船廠怎麼可能長久。」

劉晏接著說道：「我料定數十年後必然會有人認為我給出的造價太高了，會採用減半的方法，到那時造出的船不會合格，船廠也會倒閉，國家就危險了。」

眾人將信將疑，不過還是點了點頭，他們認為劉晏一向是對的，這一次也不會例外。

漕運經劉晏的整頓煥然一新，唐朝漕運能力在劉晏主政時達到頂峰。在劉晏之後，唐朝漕運再也沒有達到劉晏時的高度，而且日漸衰落，到最後漕運幾乎斷絕，此時大唐王朝的喪鐘已經在長安上空敲響了，這些都是後話。

劉晏不是神，他無法看到日後的事情，他能做的只是把握當下。

劉晏眼前的帝國危機四伏、百廢待興，雖然還維持著表面的統一，但危機已經在悄然醞釀，眼前最大的問題已不是缺糧而是缺錢，哪裡都缺錢。

歷代王朝有個怪現象，朝廷缺錢就向老百姓徵收，越缺錢越收，最後就陷入了惡性循環。這個怪現象在明朝末年最為明顯，為了收復遼東而不斷向老百姓徵集軍餉，軍餉徵集得沒完沒了，遼東危機也沒完沒了，最後的結果是李自成一呼百應、崇禎皇帝吊死煤山，與其說明朝亡於李自成之手，不如說亡於向民間徵繳的怪現象之中。

劉晏不想讓王朝陷入危機，因此他要獨闢蹊徑。他盯上的是大唐的食鹽，他要在食鹽專賣上做點文章。

西漢時已有食鹽專賣，而唐朝的食鹽專賣則是由顏真卿發端。安史之亂時為了籌集軍餉，顏真卿發明了食鹽官府專賣，這個辦法由此就一直延續了下來。到劉晏接手時，食鹽專賣已經在全國實行，不過收益並不好，朝廷一年能從食鹽專賣中拿到的收益也不過六十萬貫。

管得過多，管得過死。

劉晏一眼就看出了問題的所在。

首先是負責鹽政的官太多，官多則擾民，官多則生奸；以往食鹽官產、官運、官銷，環節多、成本高、收益低，得不償失。

劉晏給出自己的辦法：鹽場民辦，食鹽官收，商人販賣。

鹽場由民間經營，產出的鹽由官府統一收購，然後再批發給商人分銷全國，官府只負責徵收和批發，政府徵收和批發之間已經將食鹽的利潤控制在自己手中，而且不費時、不費力。

此項改革效果立顯，當年食鹽專賣收益由之前的六十萬貫躍升到六百萬貫，是之前的十倍。

看到這裡不少人會問，莫非劉晏是在與民爭利，放任商人高價賣鹽？

並非如此。

劉晏給鹽商制定了銷售基本價，一旦某地鹽價走高，他立刻籌措貨源投放到當地市場，平抑鹽價。準確地說劉晏是將原來食鹽專賣的所有損耗環節都堵住了，統一收歸國庫。

糧價平穩了，鹽價控制了，劉晏將王朝的兩大命脈牢牢地控制住，但這還不是他的最終目的。

為了提高全國運輸效率，他精挑細選出一個班子，這批人都是他親自挑選，全部是具備一定經濟才能的官員。這批官員分散在全國各地以飽滿的熱情為帝國服務，在劉晏身後依然發揮著作用，這不能不說劉晏有自己獨到的眼光。

為了第一時間管控全國物價，劉晏在各地設立巡院，每隔數日便上報一次所在地區物價。信息傳遞由高薪招募的健走快遞人員負責，一站接著一站，不出數日便到長安。

為了第一時間救災，劉晏命令地方官員定期呈報當地雨量和天氣情況，將雨量與往年同期做比對。等到一些地區發生水災和旱災，災情還沒有通報，劉晏下撥的救濟糧已經運到了。他不是神，他依據的是科學的統計。

這就是劉晏，一個布局全國、心細如髮的大唐財務總監，他扮演的角色有交通運輸、有民政救濟、有糧食統購統收、有食鹽國家專賣、有貨物全國供銷，在他的布局下一切都有條不紊。

他不僅有卓越的管理經濟才能，還有高超的處世哲學。

他妙用「士」和「吏」，「士」一般都是十年寒窗苦讀、科舉出身，他用這些惜名勝過惜利的人做督察，他知道這些人愛惜羽毛，不會為小利貪贓枉法；他用「吏」負責具體事務，吏沒有上升空間，出來混主要是為了養家糊口，那麼就給予他們較高薪水讓他們安心工作。

在「士」和「吏」之外，另外有第三種人是各種各樣的人情請託，對於達官貴人推薦來的所謂「人才」，劉晏並不拒絕而且用高薪養起來，但不讓他們過問具體事務。他不要求這些人幹事，只求不壞自己的事就可以了。

除此之外，還有第四種人，那就是對劉晏工作指手劃腳的人，對於這種人他寧願動用私財來堵住他們的嘴。

閃轉騰挪、縫縫補補，劉晏贏得了自己大展拳腳的空間。代宗在位期間，正是他為帝國鞠躬盡瘁的時期，他的工作無比出色。

顯然這是一張好得不能再好的牌，就看皇帝李适怎麼打了。打好了，將是帝國之福；打不好，就會變成炸彈狠狠地炸李适一下。

選擇權交到了李适手中，他能打好劉晏這張牌嗎？

冤家登場

世上的事就是那麼奇怪，即便你是個與世無爭的謙謙君子，還是會有人看不慣你、嫉妒你，甚至還會有人仇恨你。

劉晏不與別人爭也不動既有體制為國謀利，但還是有人嫉妒他，嫉妒他的人眼紅他把持漕運、鹽政多年，總覺得他手中的油水太多、位置太重，於是對他或明或暗的排擠從未停止。

仇恨劉晏的人不多，但很致命，因為這個人在不久的將來將進入帝國權力中心。他的話如同龍捲風從帝國中心颳起，將劉晏捲入無比險惡的漩渦。

西元七七九年七月的一天，道州的天空格外晴朗。

一戶民居窗戶外的樹上鳥兒正在歡快地叫著，天氣晴朗，鳥兒的心情也不錯。

「楊炎接旨。」

傳詔宦官尖聲高喊，屋裡匆忙走出幾個人稀稀拉拉跪了一地。

聖旨宣讀完畢，楊炎起身接旨，傳詔宦官說了聲恭喜，轉身回驛館歇息去了。

楊炎依然面無表情，看不出是悲是喜，跟隨多年的家人則是喜不自勝：「大人，吉星高照，皇上要重用你了。」

楊炎依舊處之淡然，不悲不喜。此時的楊炎官居道州司馬，兩年前他被定為「元載餘黨首要份子」，從吏部侍郎一下被貶為道州司馬。

日子過得真快，轉眼兩年過去了。

楊炎正在出神，家人過來請示：「大人，您這身司馬綠袍和木簡就不要了吧，回長安你就要拜相，用不著這身行頭了。」

楊炎阻止道：「我由一個被貶之人一下登堂拜相，這是超人之福。禍福相依，有超人之福就會有超人之禍，留著吧，或許有一天我還得穿回這身行頭。」

家人不再多言，將綠袍和木簡放進了打包的行李之中。

返回長安的路上，楊炎看著沿途的風景，心情與兩年前來時完全不同，風景沒有變，只是看風景的心情變了。捋一捋自己的長鬚，楊炎感慨日子過得太快，不知不覺間自己已經虛度五十三載光陰，誰偷走了我的時光。

馬車緩緩往長安駛去，楊炎的思緒越飄越遠，飄到自己仕途的起點。

年輕時的楊炎「美鬚眉，鳳骨峻峙，文藻雄麗，並隴之間，號為小楊山人」，可謂眉清目秀、美髯飄飄、文采飛揚，不用打扮就是標準的江湖豪俠。

二十歲那年，楊炎受河西節度使徵召出任掌書記，充當節度使的幕僚。他的幕僚生涯乏善可陳，蒼白到只留下一個毆打他人的記錄。與楊炎發生衝突的是當地一個七品縣令，縣令酒後對楊炎出言不遜，楊炎拍案而起令左右架住縣令，自己操起木棍狂毆縣令二百餘下，打得縣令奄奄一息幾乎送命。事後河西節度使愛才，睜一隻眼閉一隻眼就放過了楊炎。

這就是真實的楊炎，有風度、無氣度，有恩一定報，有仇也一定報。

此去長安，楊炎一要報恩，二要報仇。

報恩，報落馬宰相元載知遇之恩；報仇，報同僚劉晏落井下石之仇。

兩年了，我等的就是這次機會。

想起九泉之下的元載，楊炎充滿感激之情，他對元載一直無比尊重，只因他是自己的伯樂。沒有遇到元載之前，楊炎在官場混得灰頭土臉，仕途上看不到曙光。機緣巧合讓楊炎結識了元載，接觸之後元載對楊炎頗為賞識，在元載的提攜下他從司勳員外郎，改兵部，轉禮部郎中、知制誥，遷中書舍人，再遷吏部侍郎。與元載共事的時光是楊炎進步最快的時期，也是他一生中最戀戀不捨的日子。

楊炎與元載並非簡單的朋黨，倒有一種惺惺相惜的情懷。兩人都有能力且頗具文采，在元載的推薦下楊炎出任知制誥，負責為皇帝撰寫詔書。他的如椽大筆能巧妙地將皇帝的意思傳遞出來，又能保證文辭優美，滿朝文武對他都非常佩服。元載看楊炎更是不一般，在他眼中這位後進同僚有能力、懂文學，將來必然是接替自己的合適人選。

元載高看楊炎還有一個原因，兩人的老家都在鳳翔郡，在外為官老鄉見老鄉自然沒有不相互提攜的道理。

幸福的日子沒有任何徵兆地結束了，西元七七七年三月元載一黨被一網打盡，元載被處決，等待元載餘黨的將是不可避免的嚴懲。

按照代宗李豫的意思，對元載一黨要一網打盡、一個不留，主審此案的吏部尚書劉晏卻不想趕盡殺絕。

劉晏對一同審案的同僚說：「判處重刑案件依照慣例都要再次奏報皇上，況且王縉是朝廷宰相，而且法律規定有主犯從犯之分，我們還是需要再聽聽皇上的意思。」

劉晏的再次奏報，為王縉、楊炎這些元黨份子贏得了生機，皇帝李豫終於網開一面放了他們一條生路，只是貶出長安以觀後效。

劉晏不會想到儘管自己已經好人做到底，楊炎還是對他恨之入骨，恨不得殺之後快。

劉晏不想與楊炎為敵，但楊炎已經將劉晏列為頭號死敵。

兩人原本並沒有刻骨仇恨，只是當年劉晏是吏部尚書，楊炎是吏部侍郎，工作上難免有磕磕碰碰。這次主審元載一黨讓楊炎徹底恨上了劉晏，在他看來如果不是劉晏或許恩公元載不會死，頂多跟自己一起流放，而且聽說自己被判流放後劉晏居然在朝中幸災樂禍。

死結就此形成了，楊炎解不開也不想解開，此生有劉晏沒楊炎、有楊炎沒劉晏，此仇不共戴天。

「大人，長安到了。」

家人召喚打斷了楊炎的思緒，楊炎一看馬車已經到了長安的城門下。

長安，我回來了。

劉晏，我回來了。

鋒芒畢露

西元七七九年八月七日，楊炎出任門下侍郎、同中書門下平章事，兩年前的流放之人搖身一變成了大唐宰相。

對於這次超常規任用，李适對外的解釋是以前做太子時就聽說過楊炎的聲名，此次破格提拔是為國家物色有用之才。其實破格提拔楊炎還有回報元載一黨的成分在內。

前面說過，李适從安史之亂後便與母親分離，一直沒有母親的庇護，即使身為長子但太子之位也並非牢不可動。受父親寵愛的獨孤貴妃一直有將自己兒子扶正的念頭，而且還有一批官員密謀。父親李豫一度也猶豫過，還秘密徵詢過宰相元載的意見。元載知道不便參與皇家儲位之爭，但還是說出了自己的想法：「太子身為長子，又立有大功，怎麼能強行廢掉呢？」同為元黨的宰相王縉也表示了相同看法，就這樣在兩位元黨領袖的保駕護航下，李适有驚無險地保住了太子之位。

如此大恩焉能不謝？此時元載已經含笑九泉，王縉已經意興闌珊，倒是楊炎還是可用之人，回報元載就從楊炎開始吧。

站在元載肩膀上的楊炎從一開始就得到了李适的信任，這為楊炎展露自己的才華做好了鋪墊。拜相三個月後，楊炎一語驚天下。他說了別人一直想說卻不敢說的事。

依照慣例，朝廷徵收來的賦稅和綢緞都存放於左藏庫，太府寺一年四季分四次上報數額，比部（國家統計司）負責實地查對。等到理財專家第五琦出任度支、鹽鐵使時，京城長安權勢顯赫的將軍已經很多，這些將軍動不動就伸手向第五琦要求供應，第五琦一個也得罪不起，索性奏請皇帝將左藏庫庫存全部轉存到皇宮內的大盈庫由宦官掌控，這樣皇上用起來也方便。

經過這番閃轉騰挪，第五琦將燙手的山芋扔進了皇宮，自己得到了清閒，但問題也隨之而來。天下的稅賦盡入皇帝私人倉庫，有司不能對這些庫存進行核對，無法真正掌握國家家底，混沌不清的狀態持續了二十年。這二十年中，主事的宦官換了好幾茬，但都是烏鴉換崗，負責管理大盈庫的宦官多達三百餘人，他們靠山吃山、靠著大盈庫吃大盈庫，而且結成了盤根錯節、牢不可動的利益集團。

一直以來有識之士都想進言，但進言的危險性極高，不但容易觸怒皇帝，更容易觸怒既得利益集團，一般人不敢說。

楊炎敢說，他要言別人不能言之事。

楊炎跪在李适面前說道：「天下稅賦是國家的立國基礎、百姓命脈，國家安危都與之有關。以往由國家重臣掌管，還會有無謂的損耗以及帳目不清情況。如今讓一群宦官掌管大盈庫，大臣都不知道底細，政治上的弊害以此為甚。如今請將大盈庫庫存交由有司管理，每年根據宮中需要由有關部門如數撥付，不敢有缺，如此這般才能推行政令。」

楊炎的進言出奇順利，李适即日下詔：從今以後，天下財賦盡入左藏庫延續以往慣例，每年選取精緻綢緞三五千匹專供皇宮用度即可。

楊炎一語解決了二十年的積弊，滿朝上下震動。

震動大可不必，這只不過是君臣合演的一場秀，楊炎和李适同時選擇了正確時機，然後各取所需，楊炎投石問路大獲成功，李适從善如流展示開明形象。

進言的時機很重要，時機對則雙贏，錯則俱敗。

楊炎真的贏了嗎？

一鳴驚人的楊炎沒有多想，他要不斷地進言，只有這樣才能贏得皇上的信任，只有贏得皇上的信任才能從容對付劉晏。

一環扣著一環，危險已經向劉晏襲去，劉晏卻渾然不覺。

楊炎將目光瞄準了陳舊的「租庸調制」，他要一改多年的積弊，徹底改革王朝的稅負體系。

大唐初建時，承接隋末大動盪的底子，人口銳減，無主荒地居多，為了恢復生產發展經濟，曾經實行過均田制。每一男丁授田一百畝，其中永業田二十畝，口分田八十畝。永業田永遠歸家庭所有，即使男丁身故也不需歸還國家；口分田種植穀物，男丁身故之後需要交還給國家。

在此基礎上，唐朝實行租庸調制，每丁每年向國家輸粟兩石為租；輸絹兩丈、棉三兩（或布兩丈四尺、麻三斤）為調；服役二十日稱正役，不役者每日納絹三尺（或布三．六尺）為庸。這便是「租庸調制」。

「租庸調制」起初還能適應社會現狀，但隨著時代的發展已經不合時宜，人口遷移越來越多，土地兼併越來越嚴重，在這種背景下還實行這種以人丁為本的賦稅制度就是刻舟求劍了，楊炎要廢除的就是這落後於時代的「租庸調制」。

楊炎筆走龍蛇，寫下了自己擬定的新稅制框架：

一、量出制入，即先估計支出的實際需要，然後制定徵收總額，再將總額分攤到各地。如此一來，就有了點現代社會預算先行的味道，雖然沒有現代社會精細，但相比於以往的「量入為出」要先進很多。

二、不論戶籍，而是以現有居住地核定納稅對象，無論你是長安人，還是持長安暫住證的人，一律在居住地繳稅。沒有固定住所的商人也不能逃避繳稅，跟當地居民一樣都有繳稅義務。

三、以家庭佔有資產定稅，不再以男丁數目定稅，資產多的多徵，少的少徵，負資產是否補貼，史書未載。

四、簡化稅制，只保留戶稅和地稅兩種，戶稅以資產為基準，地稅以土地為基準。兩種稅一樣徵收兩次，夏稅不超過六月，秋稅不超過十一月，新稅法每年分兩次徵稅，是為「兩稅法」。

楊炎將「兩稅法」奏報給李适，龍顏大悅，西元七八〇年正月一日，李适下令在全國開始推行「兩稅法」。楊炎的執政獲得空前的成功。

一鳴驚人、「兩稅法」功成，重返長安的楊炎兩步走都出乎尋常地順利，他自信已經贏得了皇帝的認可，該到了處理點私事的時候了。

劉晏，接招吧！

相煎何急

第三章

無中生有

西元七八〇年的楊炎五十三歲，皇帝李适三十八歲，兩人的合作進入蜜月期。

在很多不明就裡的大臣眼中，新皇李适上進、開明、從善如流，但楊炎知道這只是李适的表面文章，久在官場宦遊的楊炎練就了一雙火眼金睛，他早就看透李适了。

別人看李适是高高在上的皇帝，楊炎看李适是一個沒長大的孩子、一個心理十分脆弱的孩子。多年之後，宰相李泌曾經和李适談起過楊炎，李适依然憤憤不平：「他對我的態度十分強硬，甚至把我當成三歲的孩子，他的提議我同意了還好，一旦不同意他就嚷嚷著辭官。」

李适說的或許有些誇張，但楊炎在李适面前沒有表現出十足的崇拜也是實情。

楊炎看透了李适，把準了李适的脈，他要借李适的手除掉劉晏。

楊炎知道李适對當年獨孤貴妃的意圖奪嫡一直耿耿於懷，登基剛剛一個月，李适就處死了京兆尹黎幹和宦官劉忠翼，據說他們曾經參與獨孤貴妃的奪嫡密謀。這種密謀一般屬於「出我口，入你耳」，很難有真憑實據，有的只能是口耳相傳，但就是這口耳相傳要了黎幹和劉忠翼的命。

或許冤枉，或許不冤，反正死無對證了。

死無對證在一定程度上就是鐵證，因為死人又不會起來反駁，「除劉計畫」悄然在楊炎心中形成，差的只是一個時機。

西元七八〇年正月的一天，楊炎進宮面聖，正撞上李适在與官員商談尋找皇太后事宜，楊炎知道這是一個難得的時機。

楊炎順著李适的話頭一直說了下去，說到動情處把自己也感動了。楊炎痛哭流涕地說道：「昔日，劉晏曾經與黎幹、劉忠翼密謀對聖上不利，如今臣身為宰相卻不能處置劉晏，臣實在罪該萬死。」

楊炎一下捅到了李适的腰眼，楊炎知道李适一直對當年的奪嫡難以釋懷，即便劉晏密謀奪嫡難辨真偽，李适還是會大為不快。一旁的官員並不同意楊炎的說法，說道：「這種事曖昧不清，陛下既然已經榮登大寶，況且也大赦過天下，對於這種流言不應該再追究。」

看看李适的表情，楊炎知道這次還不能一下將劉晏置於死地，轉而下了一步緩棋：「尚書省是國家政治的根本所在，以往設立了鹽鐵、轉運等專使分散了尚書省的權力，不如按照舊制把這些權力都收歸尚書省以便更好管理。」

蜜月期的男女智商一般偏低，蜜月期的君臣智商同樣偏低，此時的李适倚重楊炎便聽之任之，既然楊炎建議撤銷各種專使，那就准奏吧。

西元七八〇年正月二十八日，李适下詔，天下稅賦以後均由尚書省的金部和倉部管理，解除劉晏轉運、租庸、青苗、鹽鐵等專使職務。

在楊炎拜相之前，劉晏已經因為同僚的排擠被擠出了宰相行列，只擔任虛職尚書左僕射，如今解除劉晏的一系列職務，他徹底成了一個閒人。

逼死劉晏

重用楊炎，打擊劉晏，看起來楊炎一直處於強勢地位，不過細細分析後可以發現這是李适有意為之。

已年過六旬的劉晏並非元載一黨，又是代宗一朝的紅人，李适用起來總不是那麼順手，相比之下楊炎年輕，而且用起來更順手；楊炎是元載一黨，當年元載擁立有功，此時正是酬庸元載一黨的時機。

君臣二人，各打各的算盤，就看誰打得更精。楊炎要置劉晏於死地，李适因為親政時間太短，沒有意識到劉晏的真正價值，雙方在整肅劉晏的問題上一拍即合。

各取所需吧，你報你的仇，我樹我的威，我要讓那些曾經首鼠兩端的人看看腳踏兩隻船的後果有多慘。

半個月後，楊炎又參了劉晏一本：劉晏奏疏與事實不符有欺君之嫌。李适准奏，這樣劉晏在京城待不下去了，被貶為忠州刺史，忠州位於今天重慶市忠縣，現在屬於直轄市下屬縣市，那時則是標準的欠發達地區。

又一個月後，李适又下了一道奏疏：鑒於尚書省長期沒有管理過全國賦稅業務，再次設立鹽鐵、轉運專使等特設職務。

僅僅兩個月，劉晏主政時的行政框架又恢復了，而劉晏卻沒有回來主持工作，人們在這耐人尋味的安排中嗅出了不尋常的味道。

劉晏危矣！

楊炎的「殺劉計畫」還在升級，他又下了一手棋，只要這手棋一出手，大唐財相劉晏將跌入萬劫不復的深淵。

棋子名叫庾准，一個為了升官而沒有做人底限的人。

庾准的父親在天寶年間曾經做過文部侍郎，他藉著父親的門蔭步入仕途，很快找到了自己的靠山——宰相王縉。素來沒有多少文學修養的庾准在王縉的提攜下竟然升遷到尚書左丞，與眾多飽讀詩書、滿腹經天緯地學問的官員一起出入朝廷。他的出現令多數官員很不齒，劉晏對這種「空降官」也很不屑。

久而久之，劉晏與庾准產生了矛盾，庾准也恨上了劉晏。

沾新皇登基的光，曾經與楊炎一同被貶的庾准重返長安出任司農卿，同是元黨成員，庾准與楊炎關係不錯。

楊炎與庾准達成了一筆交易：你幫我殺掉劉晏，我保薦你為尚書左丞。

一拍即合。

在楊炎的安排下，庾准出任荊南節度使，正好是劉晏的頂頭上司。不久庾准的奏疏到了，這封奏疏將劉晏逼到了絕境。

庾准奏疏寫道：劉晏曾經寫信給鳳翔節度使求援，信中有對皇上的抱怨，而且他還上書要求增加忠州民兵數額，這分明是圖謀不軌。

欲加之罪，欲加之罪。

奏疏到了李适那裡，如果李适是明君，如果李适能真正認識到劉晏的價值，也許劉晏還有生路。

可惜李适不是。

李适下令縊死劉晏。

一代財相劉晏就這樣在同僚的報復下、在皇帝的縱容下走完了自己的人生路。他曾經為這個王朝殫精竭慮、鞠躬盡瘁，最終卻死於流言之下，終年六十三歲。

西元七八〇年七月二十七日，李适正式下詔賜死劉晏。

急於復仇的楊炎和渾渾噩噩的李适都忘了一件事，程序。他們先縊死劉晏，數天後再下詔賜死，程序反了。

他們以為殺死劉晏只不過是殺死一個風燭殘年的老頭，卻不知道天下民心在劉晏那裡，他們殺得死劉晏，卻殺不死天下民心。天下人都為劉晏喊冤，就連一直與朝廷二心的淄青節度使李正己也為劉晏喊冤：「誅晏太暴，不加驗實，先誅後詔，天下駭惋。」

復仇的快感一閃而過，楊炎感覺自己陷入一團亂麻之中，位高權重的他本以為整死劉晏只是小事一樁，沒想到鬧得民怨沸騰。

楊炎前所未有地驚慌，他意識到事情有些不妙，必須趕緊補救。

前去抄家的官員背負著楊炎的重託，他們必須在劉晏家裡查出點乾貨。

確實是乾貨，雜書兩車，米麥數斛，破舊家什，和一副用了十七年的門簾，這就是為大唐理財二十四年的財相劉晏全部家當。

同朝為官，相煎何急，只為私怨，你死我活。

劉晏死了，楊炎贏了嗎？

唐朝之後的宋朝，大臣們相互間有一個提醒：千萬不要慫恿皇帝殺大臣，因為一旦皇帝殺順了手，手就停不下來了。宋朝時大臣們也鬥，但有個底線——不往死裡鬥，這個底線最終保證了所有大臣的安全。

楊炎不是，他突破了底線，整死了劉晏。

中國歷史總是這樣，既生瑜何生亮，兩個同樣不世出的人物很難在同一時間和同一空間共存，倘若楊炎和劉晏能夠和平相處，大唐王朝將會是另一幅景象。可惜他們是同僚，更是死敵。

得手後的楊炎儘管也有苦惱，但成功的喜悅還是壓過了煩惱，不過他似乎忘了一句話：「上的山多終遇虎。」

苦主盧杞

說到虎，虎來了，虎的名字叫盧杞，這隻虎是楊炎的苦主。

盧杞，字子良，名門之後，祖父是開元初年與名相姚崇搭班子的盧懷慎。盧懷慎一生清正廉明、道德高尚，當年李隆基讓他和姚崇搭班子正是看中他這一點，到盧懷慎兒子盧奕這一代，優良傳統依然在延續。安史之亂時盧奕時任坐鎮東都洛陽的御史中丞，洛陽城破，盧奕與其餘幾位同僚一起死於任上，成為因死於國難而聞名全國的的忠臣。

一個家族血脈傳承不息，至於優良傳統是否能傳承，其實是個未知數。

到了盧杞這一代，盧杞「不恥惡衣糲食」，生活上跟祖父一樣不講究，恍惚間人們看到了名相盧懷慎的身影，這個身影在盧杞身上影影綽綽。

頂著名門光環，盧杞壓力山大，只因為他的長相有些慘不忍睹。史書上對盧杞的描述為「貌陋而色如藍」，從字面來看他應該是長得相當對不起觀眾，而且臉色發藍，我查了一下醫學知識，臉色發藍應該是身體患有某種慢性疾病，可見長相對不起觀眾的盧杞身體也不算太好。

長得醜不是盧杞的錯，長這麼醜還出來嚇人也不是盧杞的錯。走在大街上的盧杞回頭率百分之百，見過他的人都會下意識地多看兩眼。從小盧杞在別人歧視的目光中長大，他的心越來越硬、越來越敏感。

貌醜面色發藍，歧視如影隨行，當這些陰影將盧杞牢牢籠罩時，你還能指望他有一個健全的人格嗎？似乎很難。

在別人特別關照的目光下，盧杞憑藉祖輩的門蔭進入仕途，以他的學識科舉這條路是走不通的，幸好他的祖父當過宰相，他的父親是死於國難的忠臣，因此學識淺薄的盧杞順利躋身大唐官場，開始了自己的宦遊之旅。

李适登基之前盧杞官運一般，只是帝國官員體系中一名普通的中層官員，盧杞的轉運與一群豬有關。

盧杞在虢州刺史任上遇到了一個棘手難題，就是豬多為患。這群豬有三千頭，而且不是一般的豬，這是專門對口供應皇族的豬。三千頭「皇豬」飼養起來很不容易，而且這些「皇豬」仗著自己身分高貴經常拱到當地農民的莊稼地裡胡吃海喝，久而久之當地農民怨聲載道。

如何處理這批豬，盧杞有些犯難，不過眼睛一轉計上心來，只要如此這般就可以一箭雙鵰。

盧杞瞅準機會向李适進言道：「三千頭豬很難看管，經常會糟蹋百姓莊稼，請陛下早做決斷。」

李适回應道：「既然虢州管理起來困難，那就遷移到同州沙苑吧。」

盧杞知道機會來了，他一板一眼地建議道：「同州百姓也是陛下的子民，臣以為這三千頭豬還是就地吃了比較方便。」

李适一愣，他沒有想到盧杞會提出這樣一個建議，仔細一想也不無道理，既然在虢州擾民，那麼遷徙到同州不是同樣擾民？

李适考慮再三，接受了盧杞的建議，剛剛登基的他渴望樹立一個明君形象，三千頭豬就成了犧牲品。一聲令下，三千頭豬就地屠宰，豬肉被分給虢州貧民，盧杞的巧妙進言化解了多年來難以解決的豬患，也贏得了李适的青睞。

李适覺得自己是伯樂，他相中了盧杞這匹藍臉的千里馬：「身在虢州卻為其他州著想，真是一個宰相之才。」

李适把盧杞的名字記到了心裡，這個人遲早會成為他的宰相。

不久李适將盧杞提拔為御史中丞，盧杞在御史中丞任上的每次進言都能遞到李适的心坎裡，李适對盧杞的喜愛越來越不可收拾。一年後，李适擢升盧杞為御史大夫。

就在人們對盧杞的火速攀升覺得不可思議時，十天後新的任命又來了，盧杞出任門下侍郎、同中書門下平章事。一年前盧杞還在虢州與三千頭豬打交道，一年後他已然登堂拜相了。

李适無法掩飾對盧杞的欣賞，他慶幸自己發現了這匹藍臉的千里馬，假以時日盧杞必然會以奇蹟回報自己。

此消彼長

十天來的人事任命讓楊炎嗅到了非比尋常的味道，他隱約覺得什麼地方出了問題，但又不知道問題到底出在哪個地方。為什麼皇上要任命盧杞當御史大夫？為什麼時隔十天又委以宰相重任？難道盧杞真的有什麼特別之處？

凝重，還是凝重。

楊炎不斷搖頭，他有些看不懂，難道皇上對自己有新的想法？到底為什麼呢？

也難怪楊炎多想，因為從他拜相以來一直大權獨攬，如今多出一個盧杞擺明了要跟自己分權。楊炎拜相時，郭子儀、朱泚以武將身分掛名宰相，實際上不過問具體事務。與楊炎先後搭班子的兩位宰相，一位年老耳聾、能力不濟，不久就被解除了職務，另外一位體弱多病，沒多久死於任上，於是楊炎便獨攬宰相大權成為王朝炙手可熱的權臣。

盧杞的扶搖直上打破了楊炎獨相的局面，這讓楊炎有些失落。如果派來的是一位儀表堂堂的同僚，或許楊炎還能與之和平共處、戮力同心，偏偏盧杞長得跟閻王殿的小鬼似的，楊炎打心眼裡看不起這個小鬼。再者，倘若盧小鬼確有經天緯地之才也就算了，可惜的是盧杞實在提不起來，這讓有滿腹經天緯地之才的楊炎更加憋屈。

跟這樣一個人分權，貌醜、臉藍、無才、話多，要了親命了。

楊炎想不明白李适為什麼要如此安排，就算他想破了腦袋也不會想到皇帝李适殺機已起。

李适對楊炎動了殺機是從劉晏被害開始。

一開始李适對於劉晏被殺並無太多感覺，事後他才意識到情況不妙，各地為劉晏喊冤的奏章紛至沓來，一些節度使紛紛指責處置劉晏的手段過於殘暴。李适遭遇登基以來最大的信任危機，他一向以清正廉明的明君面目示人，但是在奏章中他讀到了來自各地的失望甚至是憤怒，難道殺劉晏殺錯了？

批閱著奏章，李适的心情跌到了低谷，這時各地又有小道消息傳來。小道消息說楊炎往各地派出了特使，名義上是赴各地撫慰，實際上則是向各地解釋處死劉晏的原因。特使向各地解釋說劉晏以前首鼠兩端、依附奸邪，曾經密謀擁立獨孤貴妃的兒子，聖上因此處死了他，這一切與宰相楊炎無關。

李适頓時覺得頭大了，天底下竟然有讓皇帝替他背黑鍋的臣子。

仔細想來，楊炎說的大部分也是實情，如果不是李适下定了主意，僅憑楊炎焉能處死劉晏？總之在處死劉晏的問題上楊炎負責煽風點火，而李适則負責痛下殺手。楊炎只是把實話說了出來，不經意地觸碰到了高壓線，古往今來皇帝永遠是對的，背黑鍋、送死的只能是臣子，從沒聽說哪個皇帝替臣子背黑鍋。

楊炎太想擺脫自己的關係，一隻腳卻已經陷入了沼澤地，李适遠遠地看著、盧杞虎視眈眈地等著，楊炎用力想把自己的腳拔出，卻發現並不容易。

時間一天天過去，楊炎與盧杞的矛盾正在慢慢累積，累積到兩人不願意共處同一個屋簷下。以往宰相們會在政事堂一起吃午餐，盧杞上任後楊炎經常稱病不來，把盧杞一個人孤零零扔在那裡。盧杞不動聲色，他安靜地吃著自己的午餐，越吃越平靜，他知道有朝一日這些帳遲早要算。

楊炎依然故我，他依舊認為盧杞不能把自己怎麼樣，這一點他與老江湖郭子儀相差太遠。

盧杞還是御史中丞時，有一次曾經到郭子儀府中拜會，郭子儀聞言頓時打起十二分精神將無關人等一律清理出去，然後非常正式地接見了盧杞。接見完後家人不解，以往不論多大的官來訪都是有家人陪同，今天為何一反常態？

郭子儀語重心長地說道：「盧杞生來長得醜陋而且臉色發藍，我怕家裡的婦人見了會忍不住笑出聲來，盧杞此人面醜心狠，一旦讓他忌恨上了，我家離破家就不遠了。」

老江湖就是老江湖，一眼看出盧杞的心狠手辣。郭子儀看透了盧杞，而楊炎看扁了盧杞，一字之差，天壤之別。

矛盾還在累積，盧杞在等待機會，他要親手把這個看不起自己的人拉下馬，否則難消心頭之恨。機會很快來了。

在上一部書中曾經說到，大唐王朝雖然表面維持統一，但已經有一些節度使在自己的地盤上令行禁止，儼然就是獨立王國，山南東道節度使梁崇義就是其中一個。近來梁崇義越來越囂張，不斷突破李适的容忍底線，李适不準備再忍了。

就在李适考慮派哪支部隊剿滅梁崇義時，淮寧節度使李希烈主動送上門來，他奏報願意為帝國分憂，率部剿滅梁崇義。

高手下棋，走一步看十步，每一步都有講究，每一步都會為下一步棋做好鋪墊；臭棋簍子下棋則走一步算一步，只管眼前、不問以後。相比而言，楊炎算是一個高段位的棋手，而李适則是徹頭徹尾的臭棋簍子。

楊炎對李适說：「李希烈是前任淮寧節度使董秦的族侄，董秦對他信任無比，而他卻率領士兵驅逐了董秦自己當節度使。如此狼子野心的人無功尚且邀功，一旦讓他建立大功，日後恐怕難以控制。」

日後的事實證明楊炎說的是對的，讓一個有著狼子野心的李希烈去剿滅梁崇義，就如同讓一隻老虎去驅趕狐狸，狐狸趕走了，老虎也養壯了，禍患不僅沒有解除反而更甚。

可惜李适對楊炎已經戴上了有色眼鏡，無論楊炎如何建議他還是聽不進去，這時他覺得楊炎的話怎麼那麼不入耳，看來當年自己真是看走眼了。

蜜月來得迅猛，走得也迅速。

日子繼續往前，楊炎在李适心中的地位還在下降，天平另一端的盧杞卻不斷上升，他說的每一句話李适都覺得無比受用，信任自然與日俱增。

古往今來，皇帝究竟喜歡怎樣的大臣？

在我看來，皇帝看大臣無非看三點：第一，忠誠；第二，舒坦；第三，能力。

忠誠自然是第一位的，失去忠誠一切都沒有意義；與之相處輕鬆舒坦當然也是皇帝的必然選擇，沒有皇帝喜歡那些批逆龍鱗的臣子；為人臣子能力還是要有的，不然靠誰治理國家。

寫到這裡，或許有人會說也有皇帝喜歡那些鐵骨錚錚能夠當面直諫的臣子，比如唐太宗李世民。對於李世民與魏徵這對君臣，我只能說這只是廣告，他們是彼此的托而已。李世民與魏徵沒有那麼君臣知心，他們之間是相互利用、相互依託的關係，如果李世民真的欣賞和喜歡魏徵，就不會派人推倒魏徵的墓碑了。

政治就是一場秀，無論皇帝還是大臣，他們都是秀裡的一個角色而已。

天羅地網

時間走到西元七八一年七月，盧杞出手了。

在此之前，淮寧節度使李希烈要求對山南東道用兵，卻一直按兵不動，奏報給李适的理由是江南多雨不利於行軍。李适有些納悶，他不知道李希烈葫蘆裡賣的是什麼藥，該給的封賞已經給他了，他還想要什麼呢？

盧杞出現了，他為李适解開了疑惑。

盧杞說道：「李希烈拖延進軍就是因為楊炎的緣故。之前楊炎主張不用他，兩人結下了樑子。陛下怎能因為愛惜一個楊炎而耽擱國家大事呢？為今之計不如暫且將楊炎罷相，讓李希烈高興。等李希烈平定山南東道後再恢復楊炎的相位，這樣對楊炎也沒有什麼損失。」

君臣二人迅速達成一致意見，楊炎罷相，出任閒職尚書左僕射。對楊炎而言意氣風發的時代徹底結束了，接下來是人生的下坡路。

整肅楊炎正式拉開序幕，不久將達到高潮。

一個月後，李希烈平定山南東道，按照盧杞之前的「建議」，此時應該讓楊炎官復原職。但楊炎沒有等來官復原職，等待他的卻是天羅地網。盧杞已經準備好了織網的線，只要把這張網織成，楊炎的一生就到頭了。

織網的線有兩個線頭，一個線頭叫祠堂，一個線頭叫家宅。

祠堂位於長安曲江邊，原來是開元年間宰相蕭嵩家的祠堂，李隆基考慮到曲江邊以娛樂為主，蕭嵩家的祠堂矗在那裡不倫不類，便責令蕭嵩將祠堂遷走，如今時過境遷，楊炎將這塊地買下來準備建楊氏祠堂；家宅位於東都洛陽，戶主是楊炎，楊炎委託河南尹趙惠伯處理家宅，趙惠伯便作主將楊炎的家宅買下用作辦公機構。

盧杞將兩個線頭接了起來，開始發難。

盧杞先從楊炎的家宅入手，將矛頭指向了經手買房的趙惠伯，盧杞認定趙惠伯一定從這筆買賣中拿到了好處。經過第一輪審查，主審法官認定趙惠伯身為主管官員卻經手買賣從中獲利，屬於勒索受賄行為，當予以免除官職處分。

判決已經夠嚴厲了，盧杞依然不滿意。

再審。

二審結果很快出來了，二審認定趙惠伯身為官員盜賣國家財物，按律當處以絞刑。

趙惠伯被處以絞刑，楊炎還跑得了嗎？

盧杞將網編織完畢，他將這張大網向楊炎兜頭扣去。

盧杞向李适進言道：「當年正是因為那塊地有帝王之氣，因此玄宗命令蕭嵩將蕭氏祠堂遷走。

如今楊炎明知故犯，非要在那塊地上建楊氏祠堂，分明是懷有不臣之心。」

一切都那麼熟悉，一切都那麼似曾相識。

當初楊炎誣陷劉晏有不臣之心，於是劉晏死於非命；如今盧杞照葫蘆畫瓢，圖謀不軌的帽子給楊炎扣上了，等待楊炎的會是什麼呢？

西元七八一年十月十日，李适下詔將尚書左僕射楊炎貶為崖州司馬，當年沒扔掉的綠袍竹簡，現在可以拿出來用了。

兩年前楊炎從道州司馬超遷出任宰相，兩年後又被打回原形，所不同的是崖州比道州更遠，道州在今天湖南的永州，崖州則位於今天海南的三亞。

楊炎從長安出發，踏上去崖州的路。山還是那些山，水還是那些水，但山已經不是那些山，水也不是那些水了，兩年前的好心情蕩然無存，放眼望去愁霧慘澹。

楊炎一路走到了鬼門關，此關位於今天廣西北流縣城西，古代前往欽州、廉州、雷州、瓊州、交趾必過此關。過得此關便入瘴癘之地，去者凶多吉少，當地諺語稱「鬼門關，十人去，九人還。」

楊炎悲從中來，果然是有超人之福便有超人之禍，自己上對得起國家，下對得起百姓，為何會落到這步田地？

寫首詩吧。

楊炎提筆寫道：

流崖州至鬼門關作

一去一萬里，千知千不還。

崖州何處在，生度鬼門關。

楊炎知道該來的一定會來，盧杞不會放過自己的，對自己失去信任的皇帝也不會放過自己，一切只是時間問題。繼續前行，距離崖州只有一百里。

聖旨到。

楊炎臉上露出了一絲苦笑，該來的還是來了，任你走到天涯海角一樣會來。

不出所料，聖旨的主題是賜死。崖州不用去了，鬼門關活著也回不去了。

曾經加在劉晏身上的，現在都加到了楊炎身上。命運輪迴便是如此之快。

楊炎自殺身死，終年五十四歲。

在人生最後時刻，不知道楊炎如何定義自己的一生。曾經有超人之福，如今有超人之禍，曾經位極人臣，如今奉詔身死，人生跌宕起伏如此，究竟是福是禍？

如果楊炎不被復仇蒙住了雙眼，或許不會與劉晏結下解不開的死結；如果楊炎不鼓動皇帝殘殺劉晏，或許即便失去皇帝的信任也不會身首異處。

或許從一開始，楊炎就錯了。

戰事又起

在歐陽修主修的《新唐書》中，盧奕和盧杞父子是比較特別的一對，身為父親的盧奕名列《忠義傳》中，身為兒子的盧杞名列《奸臣傳》中，與許敬宗、李林甫、楊國忠是鄰居，看看這些鄰居就可以猜出盧杞是何等貨色。

令人費解的是，盧杞的祖父和父親都是忠臣，盧杞的兒子官聲也不錯，唯獨盧杞聲名狼藉，人神共憤，莫非盧氏一脈的基因在盧杞這裡發生了突變？

仔細想來或許可以找到原因，那就是盧杞的醜陋相貌。臺灣著名歌手趙傳有一首歌叫《我很醜，可是我很溫柔》，這首歌唱出醜人的心聲，也唱出了醜人心底的陽光，但遠在唐代的盧杞顯然並非如此，他很醜、他很記仇，記仇記到有些變態。一個健全人無法真正理解殘疾人的處境，當一個人遭遇生活不幸的時候，看待世界的態度和角度也會發生很大的變化。

盧杞從小醜陋，在別人的白眼和歧視中長大，他的心越長越硬、越長越敏感，他比一般人更渴望成功，他比一般人更心狠手辣，當他好不容易登上權力巔峰時，他要做的便是死死抓住權柄，然後將所有威脅到他的人打落馬下。

人都是被逼出來的，盧杞也是，而且變本加厲。

時間走到西元七八二年，大唐帝國更加不平靜。

成德節度使李寶臣（張忠志）於西元七八一年去世，李寶臣的兒子李惟岳上書李适要求接替父親的成德節度使職務。在李豫時代對於這些尾大不掉的節度使都採取了鴕鳥政策，一旦老節度使去世便由老節度使的子侄或者部將接替，朝廷很難插手這些藩鎮的人事安排，久而久之便成了慣例。

李适登基後想打破慣例，絕不能再聽之任之，再這樣下去河北的藩鎮會越來越不聽指揮，帝國想重回大一統局面必定是難上加難。該解決的問題早晚要解決，像鴕鳥一樣假裝看不見是不行的，李适不想當鴕鳥，他要當貓頭鷹，他要把帝國的一切問題都看得清清楚楚，而不是視而不見。

在李适的心中，河北的藩鎮是一定要收復的，尤其是成德。當年成德李寶臣兩次改姓讓皇族受盡了侮辱，即便是李寶臣死了這筆帳還是要算的。李适決絕地駁回了李惟岳的請求，李惟岳自然不會輕言放棄，戰事由此而起。

這一次還是依照以往慣例，李适沿用了「藩鎮打藩鎮」的老辦法，調動周邊忠於朝廷的藩鎮對反叛的藩鎮進攻，力爭將反叛藩鎮剿滅或者打服。

戰事纏綿了一年多，期間發生了很多事情，總體而言還是向著有利於朝廷的方向發展，李惟岳在內訌中死去，成德戰區被李适分割，大家都以為只要李适象徵性地再澆點水就能平息戰事，大家便各回各家、各找各媽。

一生沒找到母親的李适可能是個孝子，也可能是一個有進取心的皇帝，但一系列事實證明他並不是一個合格的好皇帝，就在大家等待他澆水滅火時，他澆上了油。

火非但沒滅，反而熊熊燃燒。

一切的惡果都是緣於李适，他在戰後論功行賞上賞罰不公。

在攻打成德李惟岳的過程中，盧龍節度使朱滔功勞最大，而在李适論功行賞時他一點好處都沒有撈到。李适只給朱滔畫了一張餅，把還在別的藩鎮控制區的兩座城池劃給了朱滔，去打吧，打下來就是你的。更讓朱滔憤慨的是即便自己一鼓作氣打下了那兩座城池也注定守不住，因為那裡離自己的防區太遠，根本不能進行有效管理。

朱滔見過坑人的，但沒見過這麼坑人的，自己浴血奮戰的結果是半點好處都沒有，還得接受李适畫餅充饑的戲弄。

這樣的昏君，還忠於他就是對自己智商的侮辱了。憤怒的朱滔聯合起同樣對李适不滿的節度使一起向李适發難，以前他們對李唐王朝還保持著面子上的尊重，到此時徹底撕破臉了。

天做孽，猶可違；自作孽，不可活。

如果李适順應形勢、合理論功行賞，以朱滔為首的節度使們並不想與朝廷撕破臉，李适卻急於求成，錯誤地估計了形勢，他一廂情願地想打壓、削弱朱滔的勢力，不曾想朱滔被壓得越狠反彈越強。

歷史上的很多事是欲速則不達，誰都想一步到達目的地，但急於求成的結果往往可能弄巧成拙。李适想一舉改變藩鎮尾大不掉的局面，因而拒絕李惟岳接任節度使。好不容易李惟岳死於內訌，李适又急於削弱朱滔的實力，一切的一切都因為太急了。

朱滔舉起反叛大旗令李适頭疼不已，而朱滔遠在鳳翔的哥哥朱泚也開始坐立不安，弟弟的突然反叛徹底打亂了朱泚醞釀已久的如意算盤。

原本朱泚、朱滔都是安祿山手下大將李懷仙的部將，李懷仙投降唐朝之後被委任為幽州、盧龍節度使，朱泚哥倆繼續給李懷仙打工。後來節度使兩度廢立，在將士們的擁戴下朱泚自任幽州、盧龍節度使，弟弟朱滔給他當助手。目光長遠的朱泚並不樂於在幽州不思進取，他想了一個萬全之策：自己帶領一部分士兵組成特遣部隊供朝廷差遣，這樣他可以在長安為官，弟弟朱滔接任節度使坐鎮大本營，與自己遙相呼應。

如意算盤不可謂不精，哥哥在長安為官，弟弟在幽州鎮守，朝廷想動哪一個都會投鼠忌器，如此一來哥倆都安全了，富貴自然可以持久。

哥倆的富貴持續了一段時間，哥哥朱泚出任鳳翔節度使拱衛長安的安全，弟弟朱滔出任幽州、盧龍節度使，一門兩個重鎮節度使，朱泚的如意算盤打得山響。

如今朱滔舉起反叛大旗，一下子將朱泚推到了危險境地，朱泚必須立刻做出抉擇，要麼和弟弟遙相呼應舉起反叛大旗，要麼向皇帝表忠心站到皇帝一邊。

朱泚選擇了後者，相比於成功率極低的反叛，保住現有的富貴才是最現實的選擇。

在朱泚痛苦抉擇的同時，弟弟朱滔給哥哥發出了一封藏於蠟丸之中的密信，由信使藏在髮髻之中從幽州帶往長安。很不幸，藏在蠟丸裡的密信還是被截獲了，密信送到了皇帝李适的案前。

李适有些震怒，但很快鎮靜了下來，他知道此時還不是大發雷霆的時候。李适一紙詔書將朱泚從鳳翔召到了長安，無心反叛的朱泚連連叩頭謝罪，李适表現出前所未有的大度，並且將密信交到朱泚的手中。

李适安撫道：「鳳翔與幽州相隔千里，你們兄弟從一開始就不是同謀，朱滔反叛跟你沒有關係。」

李适一席話說得朱泚眼淚汪汪，君之視臣如手足，臣則視君如腹心，大受感動的朱泚更加堅定了自己的選擇，一心一意跟皇帝走，不動搖了。

接下來，朱泚迷糊了，他開始懷疑自己的選擇。他遭到了李适的軟禁，待遇依舊、官爵依舊，但鳳翔回不去了，兵權沒有了，他只能在長安當一個無所事事、退居二線的老臣。不是說朱滔謀反與我無關嗎？不是說對我依然信任有加嗎？

可如今？

哎，君心似海深。

上下其手

忠心耿耿的朱泚被困長安，鳳翔節度使的位子便空了出來，宰相盧杞眼睛眨巴眨巴，計上心頭。盧杞知道鳳翔節度使位高權重，必須得由信得過的重臣鎮守，李适才能放心。盧杞明白自己的斤兩，他並不覬覦鳳翔節度使的位子，他只是要用這個位子唱一齣戲。

楊炎罷相後，李适擢升開元年間朔方節度使張齊丘之子張鎰跟盧杞搭班子，李适原本指望盧杞與張鎰親密合作，想不到盧杞身邊容不下能人，像張鎰這樣的忠直之臣在身邊盧杞一整天都不自在。

盧杞一直想把張鎰踢走，機會來了。

早朝上，盧杞奏報導：「之前朱泚的名望和權勢很高，鳳翔的將軍們品級也很高，此番鳳翔節度使位置空缺非宰相級別重臣無法安定局面，臣懇請陛下准予我出鎮鳳翔。」

還沒等李适回應，盧杞自我解嘲地說道：「陛下肯定覺得臣長得太醜了，恐怕無法讓鳳翔三軍信服，那就懇請陛下另行指派合適人選吧。」

捧哏、逗哏，自己全包了，盧杞可以一個人說對口相聲了。總共兩個宰相（**此時郭子儀已過**

世），一個是盧杞，一個是張鎰，盧杞自說自話將自己擇了出去，剩下的唯一選擇便是張鎰了。

李适對張鎰勉勵道：「文武兼備、德高望重，卿便是最佳人選。」

張鎰在整個過程中就是被盧杞賣了還幫著數錢的角色，張鎰是羊、盧杞是狐狸、李适是老虎，狐狸將老虎和羊耍得團團轉。老虎繼續保持自己的虎威，羊只能低頭自認倒楣，誰讓爹媽沒給自己生得巧舌如簧。

一番小小運作，絆腳石張鎰從長安被搬到了鳳翔，長安的天空依舊是盧杞唱主角。

宦遊官場多年的盧杞知道皇帝不希望看到自己專權，儘管皇帝對自己信任有加，但還是會有所防範，為今之計還得找一個人與自己搭班子，免得給皇帝留下專權的印象。

在作秀這件事上，盧杞遠在楊炎之上。楊炎當年有長達一年多的時間獨自一人擔任宰相，時間一長便給李适留下了專權的印象，而楊炎自始至終也沒有主動找一人與自己搭班子，最後所有風險自己扛，直到扛無可扛。盧杞要專權，但又不要自己面對所有風險，他要找一個人與自己一起搭班子，這個人話要少說，風險要多扛。

逡巡再三，盧杞將目光鎖定在吏部侍郎關播身上，在他眼中關播是個合適人選。

在盧杞的推薦下，「儒學大家、品質敦厚」的關播出任中書侍郎、同中書門下平章事，與盧杞一起搭班子。關播的任務很簡單，盧杞舉手他舉手，盧杞畫圈他畫圈，一切由盧杞作主。當然關播偶爾也會有小失控，一次李适與盧杞、關播坐論天下事，盧杞表態後，關播感覺不妥，剛想起身奏報便看到盧杞嚴厲的眼神，關播頓時打消了奏報的念頭。回到中書省，盧杞嚴厲地對關播說道：「因為足下端莊少言，所以把足下引薦到宰相之位，剛才怎麼還想多說話呢？」

關播心中長歎一口氣，也罷，人家是皇帝身邊的紅人，我這是給人搭班子的，多說無益。調整完宰相班子，盧杞將矛頭對準了一位大名鼎鼎的老臣，老臣名叫顏真卿。

顏真卿在後世留名是因為他的書法，而書法在顏真卿所處的時代只是他的業餘愛好，當官才是他的主業。在安史之亂中率先舉起反抗大旗的顏真卿一直是大唐王朝的道德楷模，在肅宗朝、代宗朝他都是直言進諫的忠臣代表，現在他成了盧杞的絆腳石。

盧杞忌憚顏真卿並非出於私人恩怨，只是覺得這個老傢伙礙眼，總在皇帝李适面前說些不該說的話，如果能將老傢伙踢出長安那就再完美不過了。

浸淫官場多年的顏真卿很快嗅出了味道，他知道這位大權在握的宰相已經開始針對自己了。顏真卿心中湧出一絲悲涼，我以誠心待你盧家，你又何必咄咄逼人。

剛烈如火的顏真卿忍不住了，悲憤地對盧杞說道：「安史之亂時，御史中丞盧大人的首級被送到平原郡，我看盧大人臉上有血跡便想幫他擦乾淨，又怕擦破盧大人的臉，我就用舌頭把盧大人臉上的血跡舔乾。如今相公怎麼忍心苦苦相逼，難道就容不下我嗎？」

顏真卿一席話說得盧杞神情黯然，盧杞起身向顏真卿施了一個禮，作為顏真卿當年禮敬父親的回報。一般人到此時會選擇收手，盧杞不是一般人，他反而更加痛恨顏真卿：「老傢伙，讓我難堪，讓別人以為我忘恩負義，你等著，這事沒完。」

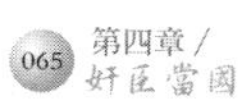

昏招迭出

繼位之初，李适手中有兩張好牌，一張是劉晏、一張是楊炎。劉晏憑藉出色的管理能力和調度能力能夠「稅賦不加之百姓而國用足」；楊炎可以推行「兩稅法」以及「量出為入」原則讓王朝經濟狀況大為好轉，只要兩張牌隨便打好一張，李适就不會為稅賦問題焦頭爛額了。

可惜兩張牌都被他打丟了，劉晏死了、楊炎死了，兩大理財高手都入土了，面對經濟難題，李适只能病急亂投醫了。

李适的難題來了，缺錢。

如果國家穩定、一切有條不紊，以劉晏和楊炎打下的基礎可以讓李适從容應對，可如今國家多事、戰事又起，打仗就是打經濟，沒錢連仗都打不起，眼前李适快到打不起仗的地步了。

按照慣例，藩鎮節度使率兵出征，一出原戰區所有費用由國家負擔。李适登基後獎勵更加豐厚，凡是出征的士兵原有餉銀照發，由家屬在原戰區代領，出征士兵每人再加一份餉銀，另加一份酒肉錢。總體算下來給皇帝出征一天頂原來三天，一個月領原來三個月的餉銀，這回報不可謂不豐厚。

李适原指望重賞之下勇夫倍出，但事與願違，在他的重賞下磨洋工的勇夫越來越多。越來越多的節度使率兵出了原戰區便就地駐紮，反正一天發三倍工資，多拿一天算一天。出征士兵荷包越來越鼓，國庫越來越空，每個月光是格外增加的軍餉就需要一百三十萬貫，不想點辦法真的連仗都打不起了。

劉晏和楊炎之後，關於國家理財的好主意沒多少，餿主意倒很多。

有官員給李适出了個主意：向富商借錢。

出主意的官員為李适描繪道：「天下的財富都聚集在富商手裡。請陛下統計富商的財富，資產超過一萬貫的，其中一萬貫由其本人留用，其餘部分都借給朝廷充當軍費，只要向全天下一兩千個富商借錢就足夠朝廷幾年用兵了。」

還有比這更餿的主意嗎？

李适居然同意了。

向富商強行借貸拉開了序幕。執行借貸的官員們雷厲風行，將長安富商全部動員了起來，盤點庫存、清查資產，一旦帳目不清必定嚴加審問。這還不算，官員們還盯上了民間營運的當鋪行業，趁其不備查封所有庫存，庫房中資產一律按四分之一的比例充公。

究竟是借還是搶呢？

一番折騰下來，商人罷市，百姓怨聲載道，執行借貸官員一統計總共「借來」兩百萬貫，就這些錢僅僅夠打一個月仗，哪夠好幾年。

李适看完奏報，無可奈何，只能暫停「借貸」，還是想點好主意吧，怎樣才能合理合法從民間徵收到財富呢？

好主意還是沒有，餿主意又來了，盧杞的親信、全國財政總監趙贊提出建議：開徵間架稅和除陌錢。

所謂間架稅就是房屋保有稅，每棟房屋以兩根房梁間的寬度為一間，按間徵稅。稅率分三等，上等屋每間徵收兩千文，中等屋每間徵收一千文，下等屋每間徵收五百文。間架稅的統計工作由有關官員入室實地調查，一間一間統計，這樣一來那些窮得只剩房的百姓就慘了，明明已經家徒四壁，只因名下房多還得交高達數百貫的間架稅。

除了間架稅，同時開徵的還有除陌錢，除陌錢便是交易稅，無論公私買賣還是私人之間相互買賣，每交易一貫政府徵收五十文的除陌錢。如果此次交易是物物交換，也需要折算價值徵收除陌錢。如有人膽敢隱瞞，數額超過一百文者痛打六十大板，罰款兩千文。為了鼓勵百姓之間互相監督，歡迎百姓積極舉報，一旦查實，告發者將獲得十貫賞錢，這筆賞錢由被舉報人承擔。

兩大餿主意推行到民間，百姓迴響強烈，紛紛在口中和心中問候宰相盧杞以及其親信的家人。只會一門心思將手伸進老百姓的口袋的宰相就不是宰相了，而是穿著制服的小偷。

稅加了，錢收了，民心傷了。

多事之冬

西元七八三年十月，多事的冬天。

之前被宰相楊炎認定有狼子野心的李希烈在一年前已經高舉起反叛的大旗，皇帝李适調集各路兵馬也沒能將李希烈制服，李希烈的氣焰越來越囂張，李适無奈只能調集更多的兵馬對付他，涇原節度使姚令言也在徵調之列。

十月二日，姚令言率五千兵馬抵達長安，他們按原定計劃將在長安短暫休整然後開赴前線。依照慣例為國出征會得到一定賞賜，姚令言帳下士兵大多帶著年幼的弟弟或者兒子一起出征，指望著多拿點賞賜養家糊口。一路上凍雨霏霏，眾人懷著領取賞賜的信念抵達長安。

出人意料的是，一分錢的賞賜也沒有。失望溢於言表，失望的情緒迅速蔓延。

一天後，姚令言的隊伍進駐滻水，在這裡負責接待他們的是京兆尹王翃。一路艱難跋涉的五千兵馬心中的要求已經降低，他們只求能好好吃上一頓飯。一看餐桌上的飯食，大家傻眼了，主食是帶殼的糙米，菜裡沒有一塊肉。

還有比這更差的結果嗎？

連日來的失望情緒一下子爆發，有人開始叫罵，有人掀翻了桌子，有人開始煽動：「我們出征就要死於敵人之手了，現在連飯都不讓我們吃飽，卻讓我們用血肉之軀抵擋敵人的白刃。聽說瓊林、大盈兩座國庫，金銀珠寶多到放不下，不如我們一起結伴去搶了。」

混亂之時最怕有人煽動，此時的煽動加上失望情緒的發酵，便一發不可收拾，滅火要滅在萌芽之時，一旦火勢蔓延再想控制就為時已晚了。五千兵馬穿好鎧甲、擂動戰鼓，回身向他們曾經用生命捍衛的京城殺去，只為了要拿到他們原本該得到得的賞賜。

主帥姚令言此時還在宮中與皇帝辭行，聞聽兵變消息大驚失色，立刻出宮，快馬加鞭想把自己的手下攔下。行至長樂阪遇到正殺往長安的五千兵馬，沒等姚令言開口已有冷箭射向他，姚令言一貓腰抱住戰馬鬃毛，突進了亂兵之中。坐在不斷打轉的戰馬上，姚令言大聲說道：「諸位犯了大錯了，我們即將東征，只要立功何愁沒有富貴，何苦要做這等遺禍家族的蠢事。」

冷靜的話語無法平息狂熱的內心，亂兵已經不再聽從姚令言指揮，反而拉住他的馬頭裹脅著他一起向長安衝去。

兵變升級的消息傳入皇宮，李适有些慌神了，連忙派出太監充當撫慰使，試圖安撫住五千顆躁動的心。倒楣的撫慰使剛出通化門，還沒等他宣講皇恩浩蕩，亂兵已經讓他身首異處，撫慰使瞬間為國捐軀。

消息傳回皇宮，李适知道今天不出點血是不行了，連忙派人裝滿二十車金銀和綢緞算是給亂兵們的見面禮。

已經來不及了，二十車金銀還沒運到，亂兵就已經突進了長安城，叛亂的火苗開始在城內蔓延，二十車金銀於事無補。

恐慌在長安城中迅速傳遞，長安百姓奔相走告、爭相逃命，這時亂兵高喊：「大家不用害怕，從今往後再沒人跟你們借貸了，再也沒有人向你們徵收間架稅和除陌錢了。」

長安百姓有些疑惑了，這些亂兵到底要幹什麼？如果真的取消間架稅和除陌錢，這事還真有點靠譜。百姓們停下了逃亡的腳步聚集起來看熱鬧，五千亂兵聚集到丹鳳門外，而站在亂兵身邊看熱鬧的百姓已有數萬。

叫喊的、起哄的、坐立不安的、滿地亂打轉的，皇帝李适屬於後者。此前他派出普王李誼和翰林學士姜公輔出宮與亂兵溝通解釋，然而溝通的效果並不樂觀，亂兵隨時有可能破門而入。

李适眼見不好，大喊一聲，護駕。

李适本以為自己大呼一聲，禁軍士兵便會應者雲集，令他沒有想到的是前來護駕的士兵居然用眼睛就能數出來，這就是全部禁軍？花名冊上那些兵都哪去了？

做買賣去了。

這一切只因為負責招募禁軍的官員吃了回扣。

起初禁軍士兵都是滿員的，隨著出征減員空缺越來越多，負責招募禁軍的官員並不以為意，轉手將這些空缺的名額賣給富家子弟，富家子弟雖然名列禁軍，但照樣在宮外做生意。雖然花名冊上的兵一個不少，實際的禁軍士兵卻越來越少，有經驗的將軍早已看出端倪，提醒皇帝李适注意，偏偏他聽不進去。

如今惡果顯現，需要禁軍護駕時居然找不到幾個人。情急之下，李适顧不上追究責任，連忙招呼身邊的皇子、公主、貴妃出宮逃命，一行人從皇宮北門逃出，在他們身後還有一大部分的王爺、王子、王孫、公主尚留在宮中，來不及一一通知。

逃亡的隊伍寒酸無比，禁軍士兵寥寥，宦官倒是有一百多人。自從大宦官魚朝恩伏誅之後，宦官不再有兵權，此次再次武裝宦官實在是無奈之舉。一百名宦官領頭的是竇文場和霍仙鳴，兩人在

李适沒登基前便在東宮伺候，鞍前馬後深得李适心意。如今危難之際，兩位宦官站了出來擔負起護駕重任。

逃亡隊伍不斷有人加入，郭子儀的兒子、司農卿郭曙正率領幾十名手下在皇家禁苑中打獵，突然看到皇帝風塵僕僕地逃難，連忙跪在道邊迎駕。急匆匆的李适一揮手，郭曙便加入了逃亡的隊伍。一路上以如此方式加入隊伍的人還有很多。

正在李适恨不得插上翅膀一心逃難之際，翰林學士姜公輔回來了，猛然攔住了李适的馬頭。此前他奉命出宮與亂兵解釋溝通，眼看效果不理想便退了回來，追上了皇帝的逃亡隊伍。

姜公輔急切地說道：「朱泚曾經擔任過涇原兵的主帥，因為弟弟朱滔謀反的緣故被圈禁在長安，心中正失意呢。臣曾經勸過陛下如果不能誠心待他，那麼就盡早殺了他以絕後患。涇原亂兵如果擁立朱泚為主，局面恐怕就無法收拾了，請陛下帶上朱泚一塊走吧。」

選擇題擺到了李适面前。到底如何選擇，需要早做決斷。

李适面色慌張，無心戀戰，只回應了一句：來不及了。

一道選擇題暴露了李适的全部能力。事關王朝安危，他居然無從選擇，而是選擇了裝鴕鳥。

李适不去作答，一味地埋頭趕路，他的身後是從中書省翻牆而出的宰相盧杞和關播，其他陸續得知消息的大臣結伴追趕皇帝一行，一直追到了咸陽才追上李适逃亡的腳步。

長安又一次淪陷，不是淪陷於外族強敵之手，而是落入本該保衛京師的亂兵之手。這一切又能怪誰呢？

物以類聚

一群亂哄哄的亂兵打破了宮城門，衝進了含元殿。「皇帝已經跑了，我們自己的富貴自己拿。」一眾人大聲歡叫著衝進了存放金銀珠寶的國庫，見到了夢想中的東西。

搬，能搬多少就搬多少，搬了一趟不過癮，再來一趟，多少輩子才能趕上一次進國庫隨便拿的機會啊。

搬也搬了、搶也搶了，再這麼亂下去不是辦法，被裹脅著參與兵變的姚令言定了定神與亂兵們商量道：「如今我們眾神無主勢必不能長久，朱太尉此前被皇帝圈禁在家中，不如我們前去迎接，請他做我們的統帥。」

亂兵們紛紛點頭，沒錯，搬完國庫了，得找個主事的了。

數百名騎兵齊聚朱泚的家門外，門裡的朱泚還在猶豫之中。答應吧，這是亂臣賊子幹的事；不答應吧，門外那些亂兵恐怕也不會輕易地放過自己。內心中掂量再三，朱泚跺了一下腳，亂世出英雄，幹吧！

之前的賦閒讓朱泚累積了太多怨氣，如今怨氣變成了與李适分庭抗禮的勇氣，既然你姓李的先對我不仁，就別怪我不義了。

出門，上馬，騎兵手中的火炬照亮了朱泚前行的路，這條路他曾經無比熟悉，這條路曾經他是當忠臣孝子的路，今晚這條路是一條嶄新的路。

在士兵們的高喊聲中，朱泚進入皇宮入住含元殿，對外自稱暫代六軍統帥，他知道這是與李适分庭抗禮的第一步，如果一切順利他將會是長安之主，李适不過是無家可歸的喪家狗。

十月四日清晨，朱泚對外發布公告：

「涇原將士久處邊陲，不閑朝禮，輒入宮闕，致驚乘輿，西出巡幸。太尉已權臨六軍，應神策等軍士及文武百官凡有祿食者，悉詣行在。不能往者，即詣本司。若出三日，檢勘彼此無名者，皆斬。」

朱泚的這則公告是告訴文武百官，涇原士兵已經將皇帝趕出長安，大家趕緊站隊，要麼去追隨逃亡的皇帝，要麼追隨我朱泚，兩邊都不追隨的，有你好看。

公告一出，盡顯人間百態，很多留在長安的官員選擇了站在朱泚一邊，反正皇帝已經跑遠了，跟著朱泚享受近在眼前的富貴也不錯。看著原來的朝廷高官不斷向自己靠攏，朱泚心情大好，照此態勢發展下去，大事可成。

翻看投誠官員名單，朱泚始終沒有看到那個他想看到的名字，他怎麼沒來？沒道理啊，按理說他和我一樣都是被逼賦閒的人，心中一定也有很多怨氣啊。

朱泚想的人是段秀實，一個資格很老的老臣。他曾經追隨過名將李嗣業、白孝德，出任涇州刺史時，收拾過郭子儀之子郭晞手下不可一世的驕兵，段秀實輕易地就完成了別人想做而不能做的事。難能可貴的是身邊同僚的私生活放縱無邊，而段秀實卻自始至終與髮妻相濡以沫，沒有納一個妾，僅此一點便值得尊敬。

如此品格高尚的官員值得重用，可惜由於不贊成宰相楊炎的相關提議，段秀實被免去涇原節度使職務，改任人微言輕的司農卿。在朱泚看來，從威震一方的節度使被發落到人微言輕的司農卿位置上，段秀實一定有很多怨氣，一定願意和自己一起做一番大事。

朱泚不是段秀實，他不懂段秀實的心。

段秀實家的門外人喊馬嘶。朱泚派出的數十名騎兵奉命請段秀實進宮，他們遭到了閉門羹，不論怎麼敲門，段秀實家依然大門緊閉。騎兵們翻身上了圍牆跳進院子裡，進了段秀實房中。客套過後，段秀實嚴詞拒絕，騎兵們不跟他廢話，直接將刀架在段秀實的脖子上，去，還是不去，給句痛快話。

看來今天不去是不行了。

段秀實一擺手：「諸位先退下吧，容我跟家人囑咐幾句。」

騎兵退下，段秀實對家中子弟囑咐道：「國家有難，我豈能視而不見，我將以死以報社稷，你們各自逃命去吧。」

說完，段秀實起身跟隨騎兵進宮，此去皇宮他已抱定必死之心。

見段秀實前來，朱泚大喜過望：「段公來了，大事可成，大事可成！」

段秀實笑了一笑：「朱公原本以忠義天下聞名，如今涇原士兵因為犒賞不豐，犯上作亂，以致聖上出走。犒賞不豐是有司的過失，聖上哪裡知道。朱公應該向將士們講清這個道理，然後迎接聖駕回宮，豈不是大功一件？」

朱泚聞言，這個段秀實揣著明白裝糊塗，還提什麼聖駕回宮。

老江湖的朱泚並沒有表露心中不悅，他有心拉攏段秀實與自己共舉大旗，即便眼下意見不合，還是團結一致向前看吧。

朱泚不會想到段秀實心中藏著一把刀，在段秀實身邊的左驍衛將軍劉海濱、涇原都虞候何明禮、孔目官岐靈岳也和段秀實一樣都將刀鋒指向了朱泚。

段秀實和他的夥伴們看透了朱泚用心，出逃奉天的李适卻沒有把長安的棋局看透，他看到的還是當年那個忠心耿耿的朱泚。

大臣中有人上奏道：「朱泚已經受到亂兵擁戴，即將攻打奉天，奉天城當早做防備。」

還沒等李适反應，宰相盧杞就跳了出來：「朱泚的忠貞群臣莫及，為何有人要平白無故造謠中傷他呢？臣願意以一家百口性命擔保朱泚不會造反。」

也不知道盧杞哪來的信心，如果這次擔保作數的話，盧家一家百口將會人頭落地。

盧杞沒有來由地信任朱泚，李适也沒有來由地信任盧杞，他們都以為再過不久朱泚就會派出隊伍來奉天迎駕，屆時他們又可以風風光光地重返長安。

迎駕的隊伍真的出發了，涇原兵馬使韓旻奉朱泚之命率精兵三千從長安出發，目的地是奉天，對外的口號是迎駕。

所謂迎駕實是奇襲，如果這三千精兵突襲奉天，以奉天單薄的守衛，李适必將凶多吉少。千鈞一髮之際，段秀實靈機一動，叫過孔目官岐靈岳一番囑咐。

率兵奇襲奉天的韓旻正在行軍中，後面追來一名傳令兵，聲稱傳達姚令言軍令：全體收兵，班師長安。

韓旻接過軍令，心中有些疑惑，不是才下達軍令奇襲奉天嗎？怎麼這就改了呢？

再看軍令，韓旻有些拿不準了，這是姚將軍的軍令嗎？怎麼看著跟以往有點不太一樣呢？

彆扭，真有點彆扭。

奉天就在眼前，韓旻有心抗命但心裡又沒有底，萬一軍令是真的呢？違抗軍令可是死罪。算了，回去問問清楚再說。

韓旻撥轉馬頭，率軍回師長安，得知消息的段秀實長出一口氣，隨即面色凝重，他知道局勢越來越危急了，一旦韓旻與姚令言會面，謎底就會被戳破。謎底很簡單，段秀實偽造了姚令言的軍令，他把司農卿的大印倒過來蓋在軍令上，讓韓旻一時間難辨真偽，而一旦韓旻拿著軍令與姚令言會面，一切便會真相大白。

段秀實對同謀的幾位官員說道：「韓旻回來，我們的計謀就會被識破。我將抓住機會當面格殺朱泚，不成功便成仁，我絕不當他的臣屬。」

韓旻回來了，段秀實的計謀被戳穿了，不過孔目官岐靈岳將所有的責任一個人扛了，段秀實暫時安全無虞。段秀實本想繼續等待機會，但朱泚當天的議題將他徹底激怒。議題是朱泚如何登基稱帝。

段秀實「騰」地站了起來，他不準備再忍了，朱泚已經讓他怒髮衝冠，他不想再和這個人共處同一片藍天之下。段秀實伸手奪過一名官員手中的象牙笏板，先向朱泚狠狠吐了一口：「狂賊！吾恨不斬汝萬段，豈從汝反邪！」

說完，段秀實舉起象牙笏板向朱泚狠命砸去，朱泚伸手一擋，笏板砸中額頭，血頓時流了出來濺了一地。旁邊的官員和侍衛眼見這一幕目瞪口呆，這兩位大人鬧的是哪齣啊？

眼見殺朱泚不成，段秀實只求速死，衝著朱泚的侍衛喊道：「我不從你們謀反，何不殺我。」一語驚醒夢中人。侍衛們蜂擁而上，段秀實沒於亂刀之中。

這時朱泚一隻手按住傷口，一隻手阻止道：「別殺他，別殺他，他是義士。」

晚了，一切都晚了，義士段秀實已經去了，完成了他以死報社稷的願望。

忠臣、義士，忠誠到連對手都佩服你，這是何等的境界。

消息傳到奉天，李适久久沒能回過神來。最近發生的事情太多了，曾經他認為忠誠的背叛了他，曾經他認為可有可無的誓死捍衛他，這個世界為何如此詭異、如此複雜？

奉天告急

歷史有時候會讓你怎麼琢磨都琢磨不透其中的微妙。

以朱泚的人生閱歷，他應該不是經人煽動便頭腦發熱的人物，何以在亂兵的要脅下便欣然從命成為亂兵的領袖？更讓人匪夷所思的是，地盤僅僅局限在一個長安城，他居然登基稱帝了。

西元七八三年十月九日，朱泚登基稱帝，自稱大秦皇帝，改年號為應天。

新登基的朱泚大封群臣，擁立有功的姚令言被封為侍中、關內元帥，其他一干在李适手下鬱鬱不得志的官員在朱泚手下紛紛出任大秦政府的要職，雖然大秦政府還是草台班子，但麻雀雖小已經五臟俱全。

在這次大封群臣的過程中還有一個位置引人注目，朱泚將這個位置留給了自己的弟弟朱滔。皇太弟。

朱泚在給朱滔的信中寫道：三秦之地，指日克平；大河之北，委卿除殄，當與卿會於洛陽。

在朱泚的如意算盤中天下成了兄弟二人的，三秦之地歸哥哥，大河之北歸弟弟，等到旗開得勝後哥倆洛陽城內痛飲慶功酒。

朱泚將弟弟朱滔冊立為皇太弟，意思是自己百年之後將由弟弟接替自己的皇位。

中國歷史上有過皇太子、有過皇太孫、有過皇太弟，一度還可能誕生皇太女。唐中宗李顯時，女兒安樂公主異想天開，一度想央求父親冊立自己為皇太女，這樣自己就有機會當一回武則天。

亂，怎一個亂字了得。

亂象還在繼續，在班子成員的建議下朱泚向落入自己手中的李氏皇族大開殺戒，一干郡王、王子、王孫等七十七人被集體處死，朱泚要以這次殺戮絕天下人之望。

可憐七十七位王子王孫，如果可以選擇下輩子是否還會選擇當皇族呢？

形勢繼續向有利於朱泚的方向發展，朱泚的兵鋒越來越盛，他將刀鋒指向了奉天，只要拿下奉天這座孤城，皇帝李适就將落入自己手中，到時大秦興起，不世出的功業就會在奉天城建立。

朱泚揮軍指向奉天，皇帝李适疲於應付。

邠寧候補節度使韓遊瓌、青州刺史論惟明、監軍宦官翟文秀奉命前往便橋抵抗朱泚，行軍到醴泉與朱泚大軍正面遭遇。韓遊瓌心裡沒底，惦記著趕緊折回奉天自保。監軍宦官翟文秀卻有不同見解：「我們退回奉天，賊兵勢必尾隨而至，這是把賊引向天子。不如我們就在這裡構築陣地，那麼賊兵必然不敢甩開我們直撲奉天。如果他們那麼做，我們就跟奉天城的守軍一起前後夾擊他們。

翟文秀的建議沒有被韓遊瓌採納，韓遊瓌搖搖頭說：「賊強我弱，如果賊分出一部分士兵牽制我們，另外一部分直撲奉天，況且奉天的守衛那麼薄弱，如何與我們形成夾攻之勢？我們急速退回奉天就是為了保護天子，目前我們士兵饑寒交迫，賊兵財大氣粗，如果他們拿財物利誘我軍士兵，我必然控制不住。」

兩人說的都有一定道理，一番爭論之後韓遊瓌的建議佔了上風。唐軍退往奉天城，朱泚的叛軍尾隨而至，唐軍接戰不力想要退回城內，此時叛軍蜂擁而上想要攻佔城門，形勢危急。

此時鎮守奉天城的主將是左金吾大將軍渾瑊，此人原本是郭子儀部將。他在郭子儀去職後接管了郭子儀原有的部分勢力範圍，但好景不長，還是遭到皇帝李适猜忌，被調到長安當了左金吾大將軍，雖然左金吾大將軍是京官，但相比於封疆大吏還是有不小的差距。

渾瑊眼見形勢不妙，左右打量一番，幾輛草車映入眼簾，渾瑊心生一計。渾瑊派出全身披戴重甲的鐵甲戰士，手持長刀以一敵百，草車在鐵甲戰士的掩護下被推到城門下順勢放火，頓時火光沖天。叛軍再想奪門而入已不可能。

沒了奪門之憂，渾瑊揮軍向叛軍進攻，激戰良久總算打退了叛軍的進攻。危險暫時解除，但是朱泚的叛軍並沒有走遠，而是在奉天城東三里紮營。叛軍梆子巡夜聲聲入耳，叛軍火把漫山遍野把把驚心，這一切都像在提醒奉天城破只是時間問題。

奉天城外投奔朱泚的士兵越來越多，不到一個月他的帳下已有數萬士兵，這些資本讓他可以與李适掰一掰手腕。

奉天城內的李适寢食難安，往各地派出傳詔勤王的宦官已經出去有些時日了，怎麼還不見各地勤王的兵馬呢？

李适心中暗自禱告，上天，請一定幫我度過這次難關。

或許是上天聽到了李适的禱告，幫李适度難關的第一批兵馬來了。靈武候補節度使杜希全一行率兵一萬餘人即將抵達奉天，現在面臨從哪條路進入奉天城的抉擇。

宰相關播與左金吾大將軍渾瑊分析道：「漠谷道路險峻而狹窄，恐怕叛軍會有埋伏，不如從乾陵（唐高宗李治陵寢）北面通過，緊靠柏城而行，紮營於奉天城東北的雞子堆，這樣可以與奉天城成犄角之勢，相互呼應。」

宰相盧杞對於這個分析並不同意，他有他的理由，而且理由很充分。

盧杞說道：「漠谷的路離奉天城很近，就算中了叛軍的埋伏，城內部隊出兵救援就可以了。倘若從乾陵行軍，恐怕會驚動先帝的陵寢。」

看著眼前這個一臉忠貞的奸臣，渾瑊強按心中的怒火，大敵當前卻置帝國安危於不顧，還拿出先帝的陵寢說事，真有你的。

渾瑊駁斥道：「自從朱泚圍城以來，夜以繼日地大肆砍伐乾陵松柏，早就驚動先帝的陵寢了。如今城中危急，目前只有杜希全這一支勤王的部隊及時趕到，這支部隊關係重大，如果能夠在險要處紮營，朱泚可以逐步被擊破。」

盧杞沒有被渾瑊駁倒，他反駁道：「陛下的王者之師怎麼能和叛軍等同論之，如果讓杜希全率軍從乾陵通過，那就是我們自己驚動先帝陵寢了。」

正反雙方意見都擺上了檯面，只等辯論會主席李适一錘定音。

李主席，你的意思是？

還是從漢谷進軍吧，以免驚動先帝陵寢。

豬一樣的隊友，豬一樣的皇帝。

杜希全率軍進入漠谷，如預期遭遇了叛軍的伏擊，居高臨下的叛軍以大弩、巨石熱烈歡迎，杜希全部隊死傷慘重，城中出城接應的軍隊也被叛軍擊敗。當夜杜希全潰敗的部隊只能退保邠州，好不容易盼來的生力軍，還沒發揮作用就已經退出戰鬥，這一切都是拜盧杞所賜。

朱泚更加得意，繳獲來的輜重擺了一地，他要讓奉天城內的將士好好看看他的戰利品。

攻勢一天急過一天，奉天城的壓力越來越大，朱泚下令在奉天城外挖出了一圈壕溝，這圈壕溝將奉天城內外隔絕，即便城不被攻破，一葉孤城的奉天城也會在消耗戰中慢慢陷落。

城內的李适越來越心焦，城外的朱泚卻淡定了起來，他將自己的大帳移到乾陵之上，在那裡放眼望去，奉天城盡收眼底。朱泚心中暗笑，李适，我看你還能挺多久。

或許，用不了多久，這天下就姓朱了。

數百年後，天下確實姓了朱，只是此朱非彼朱。

天下勤王

城一圍就是一個多月，各種物資紛紛告罄，本來眾人都以為奉天城只是暫時落腳的地方，沒想到朱泚把大家逼成了常住客。

形勢日益嚴峻，李适的眉頭越來越緊，本想登基以後大展拳腳，誰知諸事不順，竟然被困在了小小的奉天城。

難道朕不能做一個有為之君？難道朕注定沒有祖輩的雄才大略？

李适人生第一次懷疑自己，這是他以前從來沒有過的。看著行宮窗外的月光，李适想起了一件小事。

前天下午，李适命令一位善走的壯士出城偵察敵情，壯士臨行前提出一個請求，希望皇帝能賞賜一件厚一點的棉衣。李适一揮手命令宦官進行賞賜，令他沒想到的是整個行宮中居然找不出一件厚一點的棉衣，實在要找只能拆了被子現場加工。

困難就是這麼現實、這麼殘酷地擺在李适面前，從所未有的窘迫令李适非常傷感，他擺了擺手讓善走的壯士出城了，他實在是拿不出賞賜。

「陛下，用膳吧。」送餐的宮女打斷了李适的思緒。

一看宮女送來的飯食，李适心中暗自又歎息了一聲，奉天城確實到了最危險的時候，專門供應自己的御膳房只剩下兩斛粗米，蔬菜竟然是大頭菜的菜根。即便是菜根也來之不易，還是御膳房的宦官趁叛軍不注意偷偷地溜出城外，在城外的菜地裡採集的。

喝著大頭菜菜根熬的菜粥，李适眼淚流了下來，四十餘年錦衣玉食，今天才知道大頭菜菜根的味道，這味道是那麼陌生。喝完了粥，擦乾了眼淚，李适覺得自己該跟群臣有個交代了，如果這個時候還不表態，人心早晚會散了。

群臣被召集到行宮之中，愁雲籠罩著整個行宮，行宮裡格外地寂靜，靜到連喘氣聲都能聽得真真切切。李适緩緩開口：「朕無德自陷於危亡之地，或許這就是天意。諸位愛卿並沒有罪，不需要陪朕一起陷於這危險之地，要投降就早點出城投降吧，這樣也能保全家室。」

李适說完，行宮裡哭聲一片，皇帝既然如此推心置腹，群臣只能肝腦塗地以死效忠。李适看看群臣，心中一熱，人心沒散，危局還有迴旋餘地。

只是這天下勤王的大軍還能指望誰呢？

如果郭子儀在，自然還能指望郭子儀，可惜郭子儀已經在幾年前去世了，剩下的將軍們誰能挽狂瀾於既倒呢？

此時歷史的聚光燈集中到了三個人身上：李懷光、李晟、渾瑊。

這三個人是上天賞賜給李适的，如果沒有這三個人或許李适的命運將被改寫。

在李适號令天下勤王後，渾瑊就在奉天城內堅守，而李懷光、李晟則開始星夜兼程千里馳援。

李懷光，渤海靺鞨人，原姓茹，其父因戰功卓著賜姓李。李懷光年少從軍，武功藝冠三軍，後來深得郭子儀賞識成為郭子儀部將。李适將郭子儀的勢力範圍分割，李懷光分到了其中的一塊，出任朔方節度使，由此成為郭子儀之後一顆耀眼的將星，如果歷史呈規則線性發展，李懷光可以與郭子儀並肩名垂青史，只可惜歷史進程不是直線，而是一條詭異的螺旋線。

接到勤王命令時，李懷光正在魏縣作戰，魏縣四戰區特遣兵團糧秣供應總監崔縱正好也在李懷光的大營。兩人一碰頭當即定下主意撤軍，增援奉天城。

崔縱說幹就幹毫不含糊，搜刮出所有能搜刮的財物與李懷光一起星夜兼程趕赴奉天。行軍至河中（今山西永濟），當地官員大力犒勞軍隊，全軍原地休整三天。三天過去了，有酒有肉的生活不是天天有，士兵們還想多待幾天。

崔縱心中暗急又不能表現出來，只能為大家畫出一張大餅：「所有財物已經運過了黃河，等到了河西，我全分給大家。」

望財止渴，效果立顯。

在崔縱的調度下，李懷光大軍挺進蒲城（今陝西省蒲城縣），大軍總人數達到五萬人。與此同時神策軍特遣行營節度使李晟也率軍渡過黃河，大軍總人數在短短十幾天內從四千擴充到一萬餘人。

在李懷光和李晟的帶動下，天下勤王的將領越來越多，各路大軍在奉天城與長安一線駐紮，敵我形勢對比正發生著微妙的變化。原本在乾陵上安營紮寨的朱泚還氣定神閒，如今卻焦躁了起來。奉天城一圍一個多月，朱泚本以為會輕鬆攻下，沒想到戰事陷入膠著，奉天城久攻不下，而天下勤王大軍已經越來越多。

「報，長安城再次告急。」

朱泚又一次接到長安告急的奏報，這已經不是第一次了，接連幾天留守長安的部將都會發出告急的奏報，長安形勢也岌岌可危，如果奉天城再拿不下，長安城就危在旦夕，到那時自己就成了無家可歸的流浪狗了。

是時候決戰了。

決戰奉天

朱泚一面向長安增兵，一面調集大軍雲集奉天城下，他知道這是自己最後的一次機會，必須趕在天下勤王大軍到來之前攻陷奉天，不然一切都將功虧一簣。形勢雖然不利，但朱泚的心中卻很有譜，他相信只要拿出手中的秘密武器，攻破奉天城指日可待。

奉天城外，一個龐然大物赫然聳立。這是和尚法堅製造的攻城雲梯，雲梯高、寬各有數丈，外面還包裹著結實的犀牛皮，下面裝有幾個巨輪，而雲梯上面的平臺可以同時容納五百名士兵。大家可以把這樣一個龐然大物想像成可以移動的武裝塔吊。

龐然大物一出現便引起了奉天守軍的注意，大家不由得倒吸一口涼氣，這是什麼玩意啊？

李适得到奏報後憂心忡忡，該如何對付這個龐然大物呢？

左金吾大將軍渾瑊分析道：「臣看那雲梯運行起來非常笨重，但凡重物就容易陷到土中，臣認為應該在它可能通過的路下面挖好地道，堆好容易燃燒的材料對付它。」

神武軍基地司令韓澄接話：「雲梯這雕蟲小技，皇上不必過於擔心，臣自有辦法對付它。」

韓澄立刻登上奉天城牆，他逡巡一周後大膽猜測朱泚叛軍用雲梯攻城的方向應該是奉天城東北角，東北角城牆較矮，攻城難度相對較小，而且雲梯能最大限度地發揮作用。距離城東北角三十步，韓澄命人挖好地道，地道裡儲存好大量的油膏、松脂、木柴，只等朱泚的雲梯往坑道裡陷落。

十一月十四日，朱泚大軍開始攻城，出人意料的是主攻方向不是城東北角，而是在城南。

邠寧戰區候補節度使韓遊瓌一看兵勢發現朱泚這一招是佯攻，目的是吸引奉天守軍的注意力，他的最終主攻方向還是奉天城東北角。韓遊瓌一聲令下，城南堅守，城東北角繼續增兵，一定要嚴防死守把朱泚擋在奉天城外。

一天後，北風大作，朱泚的龐然大物隆重登場了。

與前幾天不同的是，這一次雲梯上還懸掛了水囊，這是用來對付唐軍射出的火箭，即使有火箭射到雲梯上，水囊裡的水也能及時將火撲滅。

該想到的雲梯製造者法堅都想到了，只是他沒想到火除了可以從天上來，有時還可以從地下竄出。藉著雲梯壯膽，朱泚大軍雲集東北角，弓箭兵萬箭齊發，奉天城上如同下了箭雨，守城士兵死傷無數。奉天城下，朱泚的士兵抱著濕柴和濕土將壕溝迅速填平，全軍向奉天城牆逼近，有些身手俐落的士兵已經登上了城牆與守城士兵展開了肉搏戰。

行宮外人聲嘈雜，行宮內李适與渾瑊相對流淚，束手無策的文臣則仰首向天禱告，希望上天可以幫助大唐挺過這一關。

這次決戰李适已經賞無可賞，只能拿出最後的法寶——空白委任狀。

委任狀總共一千餘張，李适全部交給了守城主將渾瑊，這批委任狀最高可以委任御史大夫、實封五百戶。在平時這是一個可望不可即的官位和行政待遇，而在此時只要守城有功就可以得到。李适同時交給渾瑊一支御筆，委任官職由渾瑊全權作主，如果委任狀不夠用，可以將欲擬任官職寫在有功將士的身上，等到戰事平定再補發。

交接完畢，李适愴然說道：「現在朕就與卿告別。」

說是告別實則有永別的氣氛，渾瑊流淚倒地跪拜，既然皇帝推心置腹如此，自當肝腦塗地，死而後已！

辭別李适，渾瑊起身登上城牆，眼前的一幕讓他不敢相信自己的雙眼，戰事慘烈到如此程度，半生戎馬的他還是第一次看到。渾瑊打起精神走到一個個城牆垛口，他要用自己的精神感染每一個士卒，他要讓每一個士卒都能感覺到他的存在。

突然一支冷箭正中渾瑊胳膊，一陣劇痛隨之襲來。渾瑊搖晃了一下，定了定神，向左右親信吩咐道：繼續巡城。

渾瑊就是一面旗幟，他到哪裡信心就到哪裡，雖然形勢岌岌可危但士氣始終不散，奉天城始終像一隻難以打破的鐵桶。

渾瑊放眼城外，雲梯正在一步步接近它的歸宿之地，再走幾步它就即將被毀滅。「轟隆」一聲，雲梯的一個輪子陷入了坑道，這時坑道裡等待已久的油膏和松脂開始噴出熊熊燃燒的火焰。與此同時，守城士兵從城上扔下火把，雲梯陷入火海之中。雲梯上的五百名士兵頓時成為火球。不一會兒的工夫，龐然大物變成了一堆灰燼，城東北角瀰漫著一股難聞的、死亡的味道。

奉天城三座城門同時打開，城內守軍全面出擊，遭受重大打擊的朱泚無心戀戰，倉皇退出戰場。

不過此時的朱泚並非一敗塗地，他很快就會捲土重來。

這天半夜，朱泚果然又再次攻城，弓箭齊發，不少冷箭射入了奉天城的行宮，離李适最近的只有三步之遙。

沒有經歷過戰爭的人無法想像戰爭的殘酷，沒有經歷冷箭意外驚嚇的人無法體會那致命的恐懼。歷史有時就是那樣相似，當年雁門之圍，突厥人的冷箭射破了隋煬帝楊廣的雄心壯志，當時一支冷箭落在楊廣腳邊讓他心肝俱碎，從此收拾起比肩秦皇漢武的心，直下揚州當起了享樂皇帝。如今奉天之圍，冷箭距離李适三步，同樣射碎了李适的雄心。

別人看來這只是一支冷箭，而李适知道這一箭將他從夢想射回了現實裡。李适感覺渾身發冷，他第一次感到了恐懼。

誰能救我於危難之中？

李适正在愁悶中，一名宦官喜形於色地跑了進來：「皇上，大喜，大喜啊！」

李适不禁疑惑，愁雲慘澹，喜從何來？

宦官上氣不接下氣地說道：「李懷光將軍的信使已經到了，大軍用不了幾天就到奉天。」

「噹啷」一聲，李适感覺到心中的石頭落了底。等宦官喘息過後，李适才弄明白事情的原委。

李懷光從蒲城出發，直奔涇陽，沿著北方山嶺向西進軍，為了早日將消息傳遞到奉天，兵馬使張韶受命化妝成平民到奉天報信，為了保密起見，李懷光的奏表被封存到一個蠟丸之中。張韶風餐露宿，一路狂奔，到了奉天城外正趕上朱泚率軍攻城，平民打扮的張韶一下子被抓了，充當填充壕溝的民夫。

趁著叛軍士兵看管不嚴，張韶幾個箭步跑到奉天城下大喊道：「快放繩索，我是朔方軍的信使。」

城中守軍盼星星盼月亮總算盼來了信使，一放繩子就把張韶拉了上來。此時張韶的背後數箭齊發，瞬間張韶身中幾十支箭。張韶已經說不出話來，只能指指自己的胸前，守城士兵順著張韶手指方向找到了蠟丸，看到了李懷光的那張奏表。

明白了來龍去脈，李适頓時有了精神，好啊，李懷光千里馳援，有指望了。

「傳令下去，用擔架抬著張韶在城牆上走一圈。」

李适此舉是在告訴奉天守軍，援軍到了，真的到了。不一會兒的工夫，李适聽到外面歡聲雷動，張韶的出現讓守城將士吃下了定心丸。

十一月二十日，李懷光發起攻擊，在醴泉大敗朱泚的部隊，這一仗打滅了朱泚的雄心。

原本朱泚想攻破奉天，無論李适是死是活他都將取而代之，一個多月以來一直都打著這個如意算盤。現在各地的勤王軍蜂擁而至，又被勁敵李懷光重挫，朱泚的心情一落千丈，雄霸天下的夢醒了，還是回長安城再作打算吧。

朱泚引兵退入長安就此解了奉天之圍，守城將士鬆了一口氣，他們明白如果沒有李懷光及時增援，朱泚不會引兵退去，如果李懷光再晚到三天，奉天城恐怕已經被攻破了。

假如李懷光真的晚到三天，歷史會改寫成什麼樣呢？

可惜歷史不容假設。

事與願違

人生路，路漫長，很多人不能心想事成，很多事往往事與願違。

涇陽兵變之初，朱泚眼前出現的是一條陽光大道，他以為涇陽兵變給了他一次千載難逢的機會，以他盤踞的長安再加上弟弟朱滔在幽州的呼應，成就一番改天換地的事業也並非沒有可能。更關鍵的是皇帝李适西行守衛單薄，孤守奉天一葉小城，城破只是時間問題。到那時天下無主，只要振臂一呼不正是一個可以開創新王朝嗎？

很多事朱泚想到了，很多事朱泚又沒想到。

他想到了，因為不得人心，所以很多官員背叛了他；但是他沒有想到即使李适再昏庸，還是有一大批像段秀實這樣的官員會忠於朝廷。他想到了，涇原亂兵既然擁立自己就會聽命於自己；但是他沒有想到涇原兵雖然擁立了他，但並非真正聽命於他。在那些亂兵眼中保住搶來的財寶才是天大的事，至於誰當皇帝，愛誰當誰當。

官員打了折扣，士兵打了折扣，朱泚手下能調動的還是自己當年從盧龍、幽州帶出的兵以及神策軍招募的民兵，這些兵才是他真正的籌碼，用於自衛勉強可以，用以征戰天下難度太大。

退入長安的朱泚反思這一個多月發生的事，真真切切體會到了什麼叫「事與願違」，很多事計畫很好，看上去很美，但到頭來都會打一些折扣，有些甚至是大相逕庭。

還去想奉天嗎？還去想雄霸天下嗎？暫且放下吧，走一步算一步吧。

無心進取的朱泚不再出兵攻打奉天，而是玩起了小花樣。在朱泚的指揮下，經常會有士兵騎著馬衝進長安城門到處高喊著「奉天城破了，奉天城破了」。

這就是一個心理遊戲，為的是讓長安百姓對李适徹底死心，進而死心塌地追隨自己。只是這樣的把戲玩玩可以，並不能起到真正的作用。

沒有人知道孤守長安的朱泚心裡想的是什麼，因為此時的他很矛盾、很糾結。雖然他已經登基稱帝，但是卻不肯破壞李唐王朝的祭廟。在一些人看來摧毀李唐的祭廟至少可以從氣勢上打擊李适，朱泚卻不同意，他的理由是曾經侍奉過李唐王朝，不忍心做這種事。

一個反叛者居然說不忍心，朱泚的內心究竟在想什麼呢？

朱泚還有很多自相矛盾的舉措，他居然照常發俸祿給追隨李适的人。朱泚讓人統計了追隨李适的人員名單，無論是文武百官還是神策軍將士，朱泚讓人每月如期將俸祿分文不少地送到這些人留在長安的家人手中，身為叛軍皇帝給對方官員發俸祿，是不是有點不可思議？

或許有一種解釋，朱泚此舉是收買人心，想用這個辦法挖李适的牆角，想法初衷可能是好的，但效果寥寥。對此朱泚並不以為意，反正他花的是國庫裡的錢。

矛盾的朱泚、糾結的朱泚，他回不去自己來時的路，也看不到未來的路。他不願意摧毀李唐祭廟，他自願為李适手下發俸祿，他不願意強迫別人為官，他一直活在糾結與矛盾之中。

日子就是問題疊著問題，他該怎麼辦呢？他該如何走出長安的迷局呢？問天？問地？沒有答案，只能低著頭往前走。

在朱泚感慨事與願違的同時，千里馳援的李懷光也在感慨。

李懷光千里勤王，在醴泉大破朱泚部隊，迫使朱泚從奉天撤圍，李懷光本以為自己會受到李适的親切接見和隆重嘉獎，想不到居然什麼都沒有。

性情大大咧咧的李懷光不會想到他的大嘴讓他與即將到手的榮耀失之交臂，這次只是謬以毫釐，卻讓他的人生結局失之千里。

這一切都要歸結於他的大嘴。

自從千里馳援以來，李懷光曾經幾次發出感慨：「盧杞、趙贊、白志貞這些人就是一幫奸臣，天下亂成這個樣子都是他們搞壞的，等我見了聖上一定請皇上誅殺他們。」

行伍出身的李懷光說的是大實話，他說出了很多人的心聲，但是說這些實話得分場合，說給志同道合的人聽可以讓大家同仇敵愾，而說給首鼠兩端的人聽就會讓實話不脛而走。李懷光的實話很快地便傳到了京兆尹王翃和全國財政總監趙贊的耳中。

傳話的人繪聲繪色地說：「李懷光在增援的路上經常歎息憤慨，宰相盧杞處事不當、財政總監趙贊制定的稅賦繁重、京兆尹王翃犒軍吝嗇刻薄，這三個人導致了皇帝從長安出走。如今李懷光立下大功，皇上必然親切接見，一旦李懷光把這些話說給皇上聽，你們這些人還有活路嗎？」

王翃、趙贊聽罷不敢怠慢，火速找到了一條繩上的螞蚱老大盧杞。

盧杞政事不行、軍事不行，但搞人事還是有一套的。一個多月來他沒有出場，不是他不願意唱主角，實在是能力有限無法應對奉天危局，於是只能站在一邊看渾瑊這些武將表現。如今奉天已解圍，李懷光的大實話撲面而來，盧杞唱主角的機會又來了。

抬眼看王翃、趙贊緊張兮兮的樣子，盧杞不禁笑了：「你倆真上不了檯面，一個李懷光就讓你們怕成這樣，看我的。」

盧杞表面輕鬆，其實內心也非常緊張，往日李懷光只是鎮守一方的節度使，而此時的李懷光立下千里勤王救駕成功的大功，而且反攻長安還要指望李懷光。盧杞不敢再多想，一旦李懷光徹底得到李适信任，那自己將何去何從？

為今之計，先要阻止李懷光與李适見面，把李懷光的大實話擋在門外。

盧杞找個機會向李适進言道：「李懷光立下大功，江山社稷都指望著他，如今盤踞長安的叛賊個個膽破、無心守城，如果讓李懷光乘勝攻打長安必定可以一舉滅賊。如果讓他到行宮必定要賜宴，一耽擱便是幾日，這樣退入長安的叛賊就能從容加強守城工事，到那時再想攻城就難了。」

什麼是奸臣，奸臣就是打著一心為公的旗號夾帶私貨，明明奸佞無比卻裝出一臉忠貞。

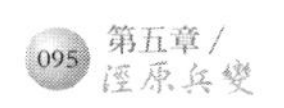

當然奸臣是要有搭檔的，這個搭檔就是昏君——李适。

一切都在盧杞的掌握之中，李适隨即下詔給李懷光，即日率軍與神策軍行營節度使李晟等會合，擇日一起攻取長安。

千里勤王的李懷光怎麼也不會想到，自己立下如此大功，幾乎挽狂瀾於既倒，與奉天城近在咫尺卻不能得見天顏，很明顯在自己和皇帝之間有奸臣在離間。李懷光頓時意興闌珊，頗為不快地對身邊親信說道：「我受到了奸臣的排擠，結果可想而知了。」

性格直來直去的李懷光接下來的舉動讓人目瞪口呆，他沒有率軍奔赴李适指定的會師地點，而是掉頭直接退到了魯店（陝西乾縣東南），休整兩日然後繼續率軍東行。

這是抗議，無聲的抗議。

盧杞倒臺

出來混，遲早要還的。

這句話用在盧杞身上最合適不過。

自從盧杞上臺以來，他的整人名單很長很長，比較著名的有楊炎、張鎰、崔寧、顏真卿，楊炎、崔寧、顏真卿經過盧杞的上下其手都死於非命，張鎰則從宰相被排擠為鳳翔節度使，在一場亂兵的兵變中險些喪命，最終在接下來又一場兵變中丟了性命。

楊炎和崔寧都是被盧杞挑撥，由李适點頭誅殺，而顏真卿則是被盧杞生生推進了死亡陷阱。

在李希烈高舉起反叛大旗後，盧杞沿用了借刀殺人的慣用手法，借的是李希烈的刀。

盧杞鼓動著三寸不爛之舌向李适進諫道：「李希烈反叛不過是年輕氣盛，如果朝廷派出一位老資格的重臣前去撫慰，李希烈應當還會歸順，而老資格的重臣非顏真卿莫屬。」

狼已經露出了青牙，這時再派一隻老羊去安撫，你覺得這事靠譜嗎？

李适居然覺得靠譜。

有時真的要對李适的智商打一個問號，殺劉晏、殺楊炎、殺崔寧，難道都是受盧杞蒙蔽嗎？當盧杞建議派顏真卿去撫慰李希烈時，他也是受盧杞蒙蔽嗎？

或許他的智商確實低於一般人，或許他脆弱的心理一直缺乏安全感，當他一味信任盧杞時，不經意中他就像是聽著盧杞鑼聲不斷轉圈的猴。

如今盧杞將矛頭指向李懷光，李适也聽話沒有接見近在咫尺的李懷光，而是讓李懷光直接集合隊伍準備擇日攻取長安。

盧杞把李懷光想簡單了，李适也把李懷光想簡單了，他們都以為李懷光會乖乖聽話，一門心思替他們攻取長安，然而李懷光突然掉頭東下，將李适的命令扔到了腦後，攻打長安？等猴年吧。決絕的李懷光讓李适一下子意識到情況不妙，此時此刻他必須重視李懷光，李懷光手中的五萬大軍將是反攻長安的關鍵所在，一旦他不聽命，長安從此只能在夢中了。

李适明白，李懷光在跟自己討價還價。

說吧，什麼條件？

李懷光很快給出了自己的答覆：盧杞奸佞，請陛下處置。

如果僅僅是一個李懷光上奏，李适還能替盧杞遮掩，令李适沒想到的是彈劾盧杞、趙贊等人的奏章如雪片般飛來，奏章多到快要把自己淹沒了。

為什麼大臣們都說盧杞奸佞，而朕看不出來呢？

李适心中充滿了疑問，他找不出答案。數年後一位大臣解答了他的疑問：「眾人都說盧杞奸佞，而陛下看不出，這正是盧杞奸佞所在。」

丟不丟盧杞這個車呢？李适左右為難，不知所措。

在李适為難之際，一封來至翰林學士陸贄的奏疏讓李适豁然開朗。

陸贄，字敬輿，嘉興人。江南望族陸氏家族之後，不過到陸贄出生時家門已經衰落了，父親陸侃曾經出任過溧陽縣令但很早便過世，早孤的陸贄在母親的教育下長大。十八歲時登進士第六名，以博學宏辭登科，授華州鄭縣尉，後改任渭南縣主薄。

陸贄最早聲名鵲起是因為一次拜謁，他拜謁的對象是同鄉張鎰（就是被盧杞排斥的那位）。張鎰時任壽州刺史，聲名遠播，陸贄在回家省親途中路過壽州便前往拜謁。這次拜謁持續了三天，陸贄的談吐令張鎰刮目相看，當即與陸贄結拜為兄弟，臨行前拿出一千貫，名義是送給陸贄老母的生活費。

此時的陸贄只有二十出頭，為官的俸祿很低，經濟非常拮据，家中還有老母需要奉養。然而陸贄卻拒絕了張鎰的資助，他只從張鎰府中帶走了一包當年的新茶。從此陸贄的聲名廣為傳播，張鎰把這個年輕人記到了心裡，後來陸贄在他的推薦下出任監察御史，再後來被李适欽點為翰林學士。

陸贄的奏章看起來並非針對盧杞，他只是說了一個道理：臣以為當前最緊迫的莫過於審視民情，如果是大家喜愛的陛下應該立即實施，如果是大家厭惡的應該立刻革除。只要喜歡與厭惡和天下百姓相同便天下歸心，國家是治是亂只在人心。

看完陸贄的奏章，李适心中有答案了，是時候捨掉盧杞了。

十二月十九日，縱橫一時的宰相盧杞倒臺，被貶為新州（廣東新興縣）司馬、白志貞被貶為恩州（廣東恩平市）司馬、趙贊被貶為播州（貴州省遵義市）司馬。

與盧杞等人一起倒楣的還有和李懷光矛盾很深的宦官翟文秀，他曾經做過李懷光的監軍宦官，在李懷光的不斷上疏下李适將翟文秀斬首，算是滿足了李懷光的全部願望。

事情發展到這個地步，李懷光贏了嗎？

古往今來，與皇帝鬥氣有贏的嗎？

李懷光在後面還有重頭戲，在這裡先把盧杞的戲說完。

西元七八五年正月一日，李适大赦天下，這既是李适給天下不良份子發的新年紅包，同時也包含著李适的私心，他想藉機起用盧杞。

李适採取步步為營的戰略，首先他將盧杞由新州司馬擢升為吉州長史，新州在今天的廣東，吉州在今天的江西，從地理位置看盧杞的境遇已經改觀了。得到升遷的盧杞有些得意，跟自己親近的人說道：「看著吧，我肯定會回到長安。」

昏君和奸臣就是同氣連枝，在盧杞洋洋自得時，李适果然走出了第二步，擢升盧杞為饒州刺史。如果按照這個態勢發展下去，盧杞再入長安只需要一兩步。

盧杞在激動地等待，他甚至做了幾個再入長安的夢，想不到他的夢被一個小人物給擊碎了。小人物名叫袁高，時任給事中，袁高的另一個身分是袁恕己的孫子，當年逼迫武則天退位的功臣中就有袁恕己，看來一個家族的基因真的可以傳承。

任命盧杞為刺史的詔書本應由袁高起草，袁高一看要起草的內容當即拍案而起，對時任宰相的官員說道：「盧杞當宰相時導致皇帝從長安出走、海內滿目瘡痍，為何還要授予其大州刺史？請相公們向皇上據理力爭。」

兩位宰相知道盧杞在皇帝心中的分量不敢造次，索性不用袁高起草詔書。幾天後詔書起草完畢，袁高又做了一個出人意料的舉動，他居然把詔書扣下了。

袁高連夜上疏李适：盧杞窮凶極惡，文武百官像仇人般地仇恨他，六軍將士恨不得吃他的肉，這樣的人怎麼能再次起用。

李适將奏疏扔到了一邊，小人物還想改變這一切？

有時候，改寫歷史的就是小人物。

小人物袁高帶動了更多的小人物，左補闕陳京、趙需一起上疏強烈反對再次起用盧杞。

正月二十一日，袁高當庭上奏，再次表達自己的強烈反對。

李适不耐煩地說道：「盧杞已然經過兩次大赦，怎麼就不能重用？」

袁高據理力爭道：「大赦只是赦免他的罪，並不意味著他可以再當刺史。」

袁高一句話將李适逼到了牆角，李适沉默了。

這時陳京、趙需上奏道：「盧杞執政時百官如同刀架在脖子上一樣難受，如今再用他那麼他們那些奸黨一定拍手相慶。」

李适抓狂了，他再也控制不住自己，自己只是想重用一下盧杞，連這點都作不了主嗎？李适狠狠拍了一下龍椅，大聲咆哮著，身邊的侍衛不由自主地退後幾步，他們從未見過皇帝如此狂躁。

有些一同進諫的言官已悄悄地往後退了，陳京卻回頭平靜招呼同伴：「趙需，你們不用往後退，這是國家大事，值得我們以死抗爭。」

這天的早朝不歡而散。

一天後，李适向宰相李勉詢問道：「朕想委任盧杞做一個小州刺史，可以嗎？」

李勉回應道：「只要陛下想就是讓他當大州刺史也可以，問題是天下民心失望怎麼辦？」

李适聞言徹底明白了，盧杞取悅了自己卻傷害了天下民心，如果自己強行起用盧杞那就是與天下民心作對。

盧杞啊，盧杞，不是朕不幫你，實在是民心難違。

正月二十六日，盧杞沒能等到大州刺史的任命，他被委任為澧州別駕，從此他就被牢牢地定格在澧州，最終老死澧州。

改元興元

盧杞被貶，從此退出大唐的政治舞臺，在盧杞之後舞臺中心換成了另外一個人——良相陸贄。

翻看唐朝歷史，我一直認為李适是一個相對低能的皇帝，手裡有一把好牌最終都被他打丟了。擅長理財的有劉晏、楊炎，擅長打仗的有李晟、李懷光、馬燧、渾瑊，擅長執政的有陸贄、李泌，這些人都是不可多得的好牌，只可惜在李适手中他們的威力通通打了折扣。

陸贄，被現代人評為「古代十大良相」之一，蘇東坡對他的評價更高：「才本王佐，學為帝師。論深切於事情，言不離於道德。智如子房，而文則過，辯如賈誼，而術不疏。上以格君心之非，下以通天下之志。三代已還，一人而已。」

擅長誇人的蘇東坡有些過譽，但陸贄確實有帝師之才，若他能生逢其時遇到一個可造之材，他的成就將不可限量，可惜他遇到的是李适，於是陸贄那一篇篇含金量極高的奏章幾乎都是在對牛彈琴。《新唐書》裡寫到，陸贄的奏章被皇帝採用的僅僅是十分之一。

陸贄無法超越所處的時代，他只能與眼前這個皇帝相始終，至於皇帝能聽進去多少，只能由皇帝自己把握了。

陸贄細想歷次的進言，心中五味雜陳，自己傾盡心力寫就的奏章，有的被皇帝採納，有的則被扔到了一邊。回想西元七八三年八月的那封奏疏，陸贄如鯁在喉，如果那封奏疏被採納也許涇原兵變可以避免。

在奏疏中陸贄寫道：大唐開國之初，全國兵力分布呈「強幹弱枝」狀。中央是大腦，指揮手臂，手臂指揮手指，層級傳遞，中央始終處於最強勢。到玄宗時變成弱幹強枝，於是有了「安史之亂」。如今長安兵馬為了應付各地戰事幾乎被抽空，一旦出現叛亂局面將不可收拾，因此應該將派往各地的兵馬抽回以應對不時之需。

滿含心血的奏章呈給了李适，李适卻不能接受。兩個月後便是涇原兵變。

別人看待涇原兵變是震驚，在陸贄看來則是意料之中，對於過去他無法追回，只能把握住現在不斷向皇帝進言。

跟隨李适前往奉天後，陸贄發現李适的情緒越來越低落，言談中竟然多次流露出「天命如此」，這讓陸贄非常吃驚。自從與李适接觸以來，陸贄發現早年的李适是個有激情的皇帝，一直相信事在人為，如今卻相信起天命，這可不是一個好兆頭。

李适情緒低落地對陸贄說道：「如今發生這麼多事，都是朕的問題，是朕的天命不好。」

陸贄並不贊同，接言道：「依臣之見，並非陛下天命不好，而是文武百官的責任。」

李适搖搖頭：「別說了，這些都是天命，不關人事。」

李适偏執如此，陸贄心中暗急，涇原兵變明明是人禍，為什麼要拿天命說事？

結束談話後，陸贄便給李适上了一道奏疏，在奏疏中陸贄分析涇原兵變並非偶然，而是戰事連年、士兵和百姓太苦導致，只要認清形勢、措施得當，大事依然可為。「今生亂失守之事，則既往不可復追矣；其資理興邦之業，在陛下克勵而謹修之。何憂乎亂人，何畏乎厄運。勤勵不息，足致升平，豈止蕩滌祆氛，旋復宮闕而已。」

有陸贄這樣的臣子是李适的福分，但願他懂得珍惜。

時間走到西元七八三年年底，有巫師給李适建議：近來國家厄運不斷，應該變更點什麼以利國家轉運。

李适對此深信不疑，便與群臣商議，變更點什麼能讓國家轉運呢？

見多識廣的大臣想到了玄宗年間的往事，那個年代群臣會給玄宗的尊號上不斷加字，何不照方抓藥，給當今皇帝的尊號再加上幾個字。

陸贄聞言搖了搖頭：「給皇帝加尊號並非自古就有，只是從玄宗時代起源。而且加尊號發生在太平無事時還好，如果發生在喪亂年代便有失大體了，況且人主分量輕重、地位高低不在名稱。陛下真要想改變什麼，不妨改一下年號吧。」

群臣一聽陸贄提議改年號，細想也有道理，喪亂年代改個年號圖個吉利，把不好的事情都留在身後，倒不失為一個好辦法。群臣看到的只是表面，陸贄要下的是連環棋，改年號是第一步，下罪己詔則是關鍵的第二步。

罪己詔？沒有搞錯吧，陸贄居然要求皇帝下罪己詔？

陸贄確實建議李适下罪己詔，他的理由很充分：「如今盜賊遍布天下，聖駕流落在外，陛下應該深刻檢討自己以收天下人心。昔日成湯下罪己詔王朝勃興，楚昭王因善於言語得以復國。陛下如能真心改過，就應該用最謙卑的言語懇請天下百姓原諒。臣雖愚鈍但一定體會陛下的心意，把陛下的心意充分表達出來，讓那些心懷不軌之徒也能真心歸化。」

陸贄這封奏疏言辭很犀利，字字直刺李适內心，若在太平年間以李适的涵養他會憤怒地將奏疏扔在一邊，可如今正值喪亂年代，下罪己詔不失為一個自救的好辦法，儘管面子上會有些掛不住，但至少可以收拾天下民心。

李适艱難地同意了，陸贄筆走龍蛇、洋洋灑灑地寫就了歷史上有名的《唐德宗罪己詔》。

在這封罪己詔中，李适的認錯態度極為誠懇：小子懼德不嗣，罔敢怠荒，然以長於深宮之中，暗於經國之務，積習易溺，居安忘危，不知稼穡之艱難，不恤征戍之勞苦，澤靡下究，情未上通，事既擁隔，人懷疑阻。猶昧省己，遂用興戎，征師四方，轉餉千里，賦車籍馬，遠近騷然，行齎居送，眾庶勞止，或一日屢交鋒刃，或連年不解甲胄。

一個皇帝能自我反省到這個程度史上罕見，當然這一切操刀者是陸贄，而皇帝則李适忍痛批准昭告天下。

在罪己詔中，還有幾個極具殺傷力的手筆：

一、李希烈、田悅、王武俊、李納等叛亂節度使如能投誠，一律既往不咎，朕待之如此。

二、朱滔雖是朱泚之弟，但路遠必不同謀，如能效順既往不咎。

三、朱泚不在赦免之列，其手下在官軍未到之前離開朱泚，一律不予追究。

四、諸軍、諸道勤王將士，一律賜名奉天定難功臣。

五、除陌錢、間架稅、竹、木、茶、漆、榷鐵稅一律停徵。

誰說百無一用是書生？陸贄這枝筆可以抵過千軍萬馬。

罪己詔一出天下歸心，田悅、王武俊、李納立刻表示歸附，繼續作亂的只剩下李希烈、朱泚、朱滔。對於朝廷而言這是一個大大的利多，因為剩下三個叛亂者屬於分散作戰，只要假以時日就可以各個擊破。以前是大面積叛亂，如今是散點式叛亂，同樣是叛亂但平定的難度卻大大降低，這一切都要歸功於陸贄撰寫的「罪己詔」。

之後幾天，陸贄心情大好，他從罪己詔的頒布看到了李适不同於一般皇帝的氣度，這讓他很欣慰，只要皇帝有這樣的氣度，天下大事何懼不成？

陸贄的好心情沒有維持幾天就被五個字破壞了。在行宮走廊上，陸贄看到了一個牌子，上書「瓊林大盈庫」五個大字。這五個字代表著一個含義：皇帝的小金庫。

陸贄看了看牌子下方，堆放的是各地進貢的貢品。奉天解圍之後，各地貢品被送到了皇帝行宮，按理這些貢品都應該收入國庫，然後按照需要撥付皇宮使用，如今皇帝居然全部收入自己的小金庫，此舉完全不合情理。

陸贄又上了一道奏疏：「天子與天同德，以四海為家，何必橈廢公方，崇聚私貨。凡在二庫貨賄，盡令出賜有功，每獲珍華，先給軍賞，如此，則亂必靖，賊必平，徐駕六龍，旋復都邑，天子之貴，豈當憂貧。是乃散其小儲而成其大儲，損其小寶而固其大寶也。」

陸贄的意思很簡單，希望皇帝不要有自己的小金庫，而是將小金庫裡的庫存全部賞賜給有功之臣以定軍心。話說的句句在理，李适也聽了進去，李适很快地做出了反應，將「瓊林大盈庫」牌子摘掉了。

這就完了？完了。

這就是李适的納諫，打了折扣的納諫，陸贄讓他取消小金庫，而他只是命人將小金庫的牌子取下來。這就如同勸一個人戒酒，這個人點點頭，伸手將酒瓶子上的商標揭去，然後繼續喝酒。李适就是那個繼續喝酒的人。

陸贄有些哭笑不得，遇上這樣一個皇帝，你能如何？

陸贄歎了口氣，低頭繼續寫自己的奏疏。

寫不寫是我的事，聽不聽是你的事。

判若雲泥

罪己詔下過之後，天下戰火熄滅大半，目前的當務之急還是對付盤踞在長安城裡的朱泚，此賊不除國無寧日。

對付朱泚的重任落到了神策軍節度使李晟的肩上，這讓一直扮演奇兵角色的李晟有了全面展示自己才華的機會。

此時長安城內的朱泚不再是大秦皇帝，而是搖身一變成了大漢皇帝，幾乎與李适改年號同步，朱泚將國名從秦改成了漢，自稱漢元天皇，定年號為天皇。

想當天皇想瘋了。

早年的李晟以善射著稱，十八歲從軍，效力於河西節度使王忠嗣帳下。有一次與吐蕃血戰，吐蕃大將連傷唐軍數名大將，王忠嗣大怒，急招軍中善射士兵。李晟應徵，一箭將吐蕃大將射落馬下，王忠嗣大喜，連拍李晟後背，稱之為「萬人敵」。

時光如梭，轉眼李晟已戎馬半生，涇原兵變時，李晟正擔任神策軍行營節度使，是李适最為倚重的將領之一，收復長安的重任便落在了以李晟為首的幾位將領身上。

原本有數位將領與李晟並肩作戰，可是他們一一掉隊了，他們最終的命運與李晟相比簡直是判若雲泥。

首先掉隊的是汝鄭應援使劉德信，當時他與李晟一起駐紮在東渭橋（陝西高崚縣南）。劉德信是個忠臣良將，涇原兵變發生後，劉德信不等勤王命令便直接率領自己的子弟兵前往奉天勤王，忠心天地可鑒。可惜的是劉德信遇上了李晟，劉德信手裡的兵馬和不聽指揮成了他必死的理由。

一心想收復長安的李晟選擇了不擇手段，他想吞併劉德信的兵馬以壯大自己的聲勢，如此一來劉德信就非死不可了。趁著劉德信來大營的時機，李晟一個眼色令左右將劉德信拿下，然後翻起了舊帳，去年九月劉德信在討伐李希烈的過程中打了一場敗仗，如今李晟就拿這場敗仗說事。

嚴格說起來，李晟翻舊帳找錯人了，因為那場敗仗的實際負責人應該是皇帝李适。

當時永平節度使李勉派部將唐漢臣率軍一萬人、神策軍將領劉德信率子弟兵三千人突襲李希烈根據地許州，按照李勉的計畫，李希烈根據地許州空虛，一旦奇襲必定能得手。如果聽說許州被襲擊，李希烈一定會從襄城撤圍，兵法上這叫作「圍魏救趙」。

然而李勉「圍魏救趙」的計劃被李适攪黃了，李适接到李勉奏報後認為並不可行，竟然派出宦官前去阻止，生生讓已經走到半道的唐漢臣和劉德信撤軍，這一撤軍給了李希烈叛軍機會。撤軍路上，唐漢臣和劉德信情緒沮喪、鬱鬱寡歡，好端端的奇襲就這麼被攪黃了，兩人只顧鬱悶，居然忘了派出偵察兵到前方探路。等發現進入敵人的埋伏圈後已經晚了，唐漢臣和劉德信只能各自為戰分散突圍。

事後皇帝李适並沒有追究責任，而如今李晟追究其責任來了。

李晟高聲翻起了劉德信的舊帳，又歷數劉德信的士兵剽掠百姓的劣跡，最後總結陳詞：斬。

可憐忠心耿耿、戎馬一生的劉信德，就這樣不明不白地被斬首了。

斬掉劉德信後，李晟策馬闖進劉德信的大營，身後只跟著幾名騎兵。

身為名將一定有別人難以企及的氣場，霸氣逼人的李晟沒有受到阻攔，劉德信的大營沒有一個士兵敢反抗，全部束手聽命。不一會兒的工夫，李晟全面接管劉德信大營，李晟的聲勢更盛。

在李晟為反攻長安積極籌備時，朔方節度使李懷光陷入了躊躇之中。

這幾個月發生了太多的事情，讓李懷光的腦子有些亂。先是涇原兵變發生，接著他千里勤王、受盧杞排擠，然後他上疏指斥盧杞、翟文秀，最終盧杞被貶、翟文秀被殺。

事情似乎都在向著有利李懷光的方向發展，但久在官場的李懷光明白自己已經犯了大忌。為了跟盧杞抗衡，自己不辭而別率軍東下，這是抗旨不遵；為了讓盧杞、翟文秀倒臺，自己步步緊逼，雖然最終成功，但是會給皇帝留下以下犯上的印象。

怎麼就到了這一步呢？明明是跟奸臣鬥，怎麼最後成了跟皇帝鬥呢？

李懷光與盧杞鬥來鬥去，鬥倒了盧杞，也鬥慘了自己，此時的他坐立不安，以李适的度量李懷光能夠想像自己的未來，劉晏、楊炎、崔寧就是他的前車之鑒。李懷光越想越怕不禁渾身發冷，他努力地想辦法自保，最好的辦法就是不斷壯大才能更好的保護自己。

李懷光終於想到了反攻長安這個護身符，只要把這個護身符掛在身上一時半會就沒有危險了。

李懷光隨即上疏，要求與李晟合兵一處擇日反攻長安。李适大喜，下詔命李懷光與李晟會師於咸陽西面的陳濤斜。

兩軍剛剛會師，營壘還沒構築完畢，朱泚率大軍蜂擁而至，李晟眼前一亮籌畫反擊：「叛軍如果孤守城池一定會曠日持久不易攻取。如今他們離開巢穴上門求戰，這是上天賜給明公的機會，機不可失。」

此時李晟對李懷光十分尊重，都稱呼他「明公」。

李懷光看著上門求戰的叛軍，再看看李晟，他的心裡打起了小算盤。

古語云「鳥盡弓藏，兔死狗烹」，一旦朱泚這些叛軍被剿滅了，那我李懷光對皇帝而言還有價值嗎？

李懷光心裡刻下了四個字：養賊自重。

這一招不是李懷光的專利，歷朝歷代很多將領就這麼幹，明朝所謂的左良玉更是此中高手，如果不是他養賊自重、只求自保，明朝歷史或許會改寫。

李晟自然無法讀懂李懷光的內心，他看到的只是李懷光的消極怠工，李懷光對李晟反駁道：「大軍剛剛抵達，戰馬尚沒吃草、士兵還沒吃飯，豈能立即迎戰。」

李晟的熱臉貼了李懷光的冷臉，無奈只能在營中堅守不出，眼睜睜看著大好戰機從眼前流逝。

時間一晃一個多月過去了，李适派出催戰的宦官一撥又一撥，屬下部將也是三番兩次請戰，但李懷光還是按兵不動。

李晟漸漸地看出了端倪，李懷光恐怕已經不與朝廷一條心了，如此按兵不動恐怕還有不可告人的目的。一個假設從李晟心底騰起，李晟被自己這個假設嚇了一個激靈，不會吧？李懷光想帶著朔方軍謀反？

不怕一萬，就怕萬一，萬一李懷光真的有二心，趁機吞併自己的隊伍，那麼反攻長安真的無望了。李晟連忙上疏要求與李懷光分開紮營，自己領兵再回東渭橋。

一生沒有長遠眼光的李适看不透陳濤斜的局勢，他還在指望李懷光這朵雲彩下雨，他認為李懷光兵多將廣比李晟更能指望。李适按下了李晟的奏章，不准移軍，以免李懷光不滿。

李懷光的奏疏也來了，又給李适出了一個難題：「諸軍糧賜薄，神策獨厚，厚薄不均，難以進戰。」

李懷光是在拿軍隊的待遇做文章，他抱怨神策軍待遇好，而相比之下其他軍隊待遇太差。這確實給李适出了一個難題，如果全部按照神策軍的標準發放，國庫必然不夠用，況且他還得保有自己的小金庫，粥就這麼多，怎麼分和尚都會餓的。

李适派出陸贄前往李懷光軍中撫慰，陸贄便叫來李晟，三人當面鑼對面鼓把事情說清楚。

李懷光先聲奪人：「將士們一同並肩作戰，得到的錢糧卻不一樣，如此怎能齊心協力？」

李懷光率先發難是想把皮球踢給李晟，讓李晟自己說出降低神策軍待遇的話，這樣李晟在神策軍中的地位自然會下降，沒有人會喜歡一個沒事降低屬下待遇的領導。

撫慰使陸贄一個勁看李晟，想聽聽李晟的意見，李晟宦海浮沉、老於兵事，自然明白其中的利害。他接過皮球，一腳又踢給了李懷光：「明公是大軍統帥，自當發號施令，李晟只是一支部隊的將領，受明公指揮。至於是否增減神策軍錢糧，明公自己決斷就可以了。」

皮球踢回來了，要下令裁減你下令，要當惡人你當。

這裡要說一下李懷光其人了，李懷光是渤海靺鞨人，雖然被賜姓李，但對於漢文化的博大精深還是沒有吸收太多，他行軍打仗是個高手，但說到官場傾軋、人事鬥爭就是個低能兒了。他始終不具備官場爭鬥的最高智慧，選擇的手段只是直來直去，最後即便獲勝也是殲敵一千，自損一千五。與李晟的這次爭鬥由他開了頭卻無法圓滿收尾，被李晟一頓搶白，他居然不知道如何反駁。識字不多的胡人跟滿腹經綸的漢人鬥，除了安祿山沒幾個贏家，李懷光自然不能歸到贏家行列。

一場「同工不同酬」的爭論無疾而終，陸贄離開咸陽回去向李适覆命。

臨出李懷光大營，陸贄回頭意味深長地看了一眼，好好的一支朔方大軍恐怕要誤入歧途了。見到李适，陸贄說出了自己的擔心：盤踞長安的叛軍已經日薄西山，李懷光卻遷延不進，恐怕心中另有打算。當務之急應當批准李晟移軍回東渭橋以防發生不測。

陸贄把話說到這個份上，李适才勉強同意了李晟移軍，李晟接到詔書後立刻移軍東渭橋，徹底遠離危險之地。

對李晟而言本軍遠離李懷光事情就結束了，對於陸贄而言事情遠沒有結束，因為比鄰李懷光大營紮營的還有兩支軍隊，分別是鄜坊節度使李建徽、神策行營節度使楊惠元的軍隊。加上李晟、李懷光，這四支部隊都是反攻長安的主力，李适一廂情願地指望他們同心協力，卻沒想到人多並非力量大。

李晟目光獨到，縱身跳了出去，不再蹚四兵團聯合作戰的渾水，另外兩支部隊統帥依然蒙在鼓裡，他們依然在等待李懷光發出一同進軍的號令。

李适看不透這一切，陸贄的咸陽之行已經看透了棋局，如今這一切不外乎是官場相互傾軋，讓四支互相不隸屬的部隊聯合作戰本身就是問題多多。李懷光的朔方軍實力最強，但李懷光雖然號稱元帥，卻不能從容調動其他三支部隊，因為另外三支部隊不隸屬朔方軍。一方面李懷光看不起李晟等人官卑兵少，另一方面李晟等人懷疑李懷光養敵自重又對本方隨意欺凌，時間一長齟齬自起。

陸贄開出了自己的藥方：暗地通知鄜坊節度使李建徽、神策行營節度使楊惠元做好移軍準備，以李晟要求增援為由下詔兩軍移師，接到詔書後立刻行軍，不給李懷光反應機會。

高手過招一招制敵，良醫用藥預防先行。如果按照陸贄的藥方，兩支軍隊可以早早脫離是非之地，為反攻長安積蓄更多有生力量，便不會有後來那麼多是非。

可惜的是彈琴高手陸贄遭遇的是名叫李适那頭牛，李适誠懇地對陸贄說：「你分析得很周全，不過再調離兩軍恐怕李懷光會抱怨、會有口舌之爭，不妨再等十天看看。」

很多事壞就壞在再等等看、再研究研究。

子在川上曰，逝者如斯夫。

時間不等人啊。

幾天過去了，李晟的奏疏又到了：李懷光謀反跡象已經十分明顯，陛下需要早做準備，通往巴蜀道路需要提前戒備以備不時之需。

奏疏放在李适案頭，李适又陷入左右為難，到現在為止他還不想放棄李懷光，但李晟的上疏又讓他不能不戒備，該如何對待李懷光呢？

李适想來想去，想到了御駕親征，他想親自到咸陽陳濤斜去敦促李懷光反攻長安。御駕親征並非不可以，但要選擇時機，還要考慮李懷光脆弱的小心靈。李适本想利用御駕親征的機會好好撫慰李懷光一番，徹底將他拉入本方陣營，不料此舉卻讓李懷光如坐針氈。以前李懷光吃虧在沒有文化，這次則吃虧在太有文化。

原本李懷光對李适的御駕親征沒有多想，然而有親信在李懷光耳邊耳語道：此乃劉邦詐遊雲夢之計。

漢高祖劉邦時，為了拿下韓信，劉邦對外宣稱到雲夢巡遊，結果一到地方便奪了毫無防備的韓信兵權，這就是陳平為劉邦出的「詐遊雲夢」。

有文化的親信一番解釋讓李懷光如夢初醒，原來皇帝想唱一齣「詐遊雲夢」啊。有文化親信的猜測讓李懷光坐立不安，原本他只是為了自保，只是想保住眼前的富貴，為何皇帝要奪自己的兵權。

李懷光寢食難安的消息傳到了李适耳中，李适一看李懷光想多了，得，表示一下自己的誠意吧。西元七八四年二月二十三日，李适加封李懷光為太尉，賜「免死鐵券」。

傳詔官員到了李懷光大營，拿出了代表皇帝誠意的免死鐵券，本以為李懷光會畢恭畢敬地接過去，沒想到李懷光卻順勢扔到了地上，大聲說道：「人要叛，賜鐵券，聖上已經懷疑我了，可我李懷光不反啊。」

這就是李懷光，一個性情粗獷、直來直去的胡人，他說的都是實話，但表達出來的意思卻是滿擰。扔掉鐵券在李懷光看來是自證清白，而在傳詔官員看來是藐視皇帝。

同樣一件事，視角不同，定論就會截然不同。

李懷光惱怒之餘連殺左廂兵馬使和右武鋒兵馬使，兩人都指責李懷光遷延不進有通敵之嫌，後者更指李懷光與朱泚聯絡圖謀不軌。

只想自保、無心反叛的李懷光至此已經不能不反了，他扔了鐵券表示藐視皇帝；他認為聯絡朱泚是自保，但別人認為是通敵。行事直來直往、皇帝誤解、官場傾軋、文化差異等一系列因素交集到一起，李懷光決心和李适撕破臉了。

二月二十四日，得知奏報的李适下詔擢升李晟為河中、同絳節度使，一天後追加李晟同中書門下平章事，李晟也位列宰相了。

河中原本歸李懷光管轄，而李适轉授李晟，這意味著已經對李懷光失去信任，兩人關係由君臣同心轉變為形同陌路。

已經與朝廷撕破臉的李懷光趁夜偷襲鄜坊節度使李建徽、神策行營節度使楊惠元的大營，二人猝不及防只能突圍逃命。李建徽運氣不錯順利逃出，楊惠元已經從大營逃出，但還是被李懷光派出的士兵格殺。

陸贄的預言又一次應驗，不知道得到消息那一刻，李适有沒有狠狠抽自己的臉。

到這時李懷光索性把事情給挑明了：「我如今要與朱泚聯合，皇上的車駕還是遠遠地躲避吧！」

直來直往的李懷光被各種因素逼到了牆角，就此舉起了反叛的大旗，他的反叛更多的是為了自保，他沒有目標、沒有建立王朝的野心，這樣的反叛會有什麼樣的結果呢？

回過頭再看當時在陳濤斜駐紮的四位節度使，李晟目光長遠早早離開是非之地，李建徽丟盔卸甲僅僅逃出一命，楊惠元在李懷光夜襲中沒能看到第二天的日出，而李懷光在不知未來的歧途上越走越遠。

無的放矢

舉起大旗的李懷光將目標投向奉天，他想在奉天找幾個同盟軍。

逡巡之下，李懷光瞄準了邠寧兵馬使韓遊瓌，韓遊瓌原是朔方軍老將，又在奉天城擔任守城之責，如果能把這個人拉入陣營基本上等於成功一半。

李懷光暗中派人送密信給韓遊瓌，勸說他在奉天城內發動兵變，韓遊瓌接信後連連冷笑，轉手就將李懷光的密信呈送給了李适。

一天後，李懷光的信又來了，韓遊瓌又一次呈送李适。

李懷光的頭腦還是簡單了，他沒有站在韓遊瓌的角度思考問題，李懷光因為各種因素需要擁兵自保，而韓遊瓌並不需要，讓一個沒有反叛動力的人反叛，這就是一個不好笑的冷笑話。

李适接連看過李懷光的兩封密信，心中對韓遊瓌豎起了大拇指，果然忠義。

李适召來韓遊瓌問道：「如今李懷光反叛，該如何應對？」

韓遊瓌分析道：「李懷光之所以敢擁兵作亂是因為統領了諸道特遣部隊，其實陛下只需分割他手下的各道特遣部隊，把他們分別交給各道節度使掌管，再給李懷光一個虛職，罷了他的兵權。這樣一來李懷光自己獨立又怎能作亂。」

李适還在惦記著用李懷光消滅朱泚，因此問道：「罷了李懷光的兵權，那麼誰來對付朱泚？」

韓遊瓌接著分析道：「陛下只要給將士們懸賞，將士們奉天子之命討伐逆賊求取富貴，誰會不願意。邠寧有一萬多兵馬，假使讓臣直接統帥就可以剿滅朱泚。何況諸道還有不少忠義之臣，朱泚不足為慮。」

韓遊瓌一席話令李适寬心不少，但願一切如韓遊瓌所說。

韓遊瓌的話只是為了寬慰李适，現實的危險卻撲面而來。

二月二十六日，李懷光派部將進入奉天城，約定城外以乾陵起火為號，城內趁機發動兵變。想不到這位部將權衡利弊之後直接向奉天守將渾瑊自首，將李懷光的陰謀和盤托出，兵變還沒發芽就被扼殺。

得到渾瑊奏報的李适頓時覺得手腳發麻，一個朱泚已經讓他驚嚇不已，現在李懷光的威脅又來，奉天城已經不安全了，起駕。

李适一行急匆匆出城向西逃避，目標是梁州（今陝西漢中），他們的身後是李懷光派出的追捕騎兵。

如果李懷光派出的騎兵將領都與李懷光一條心，李适恐怕在劫難逃。然而被捲入李懷光叛亂的三位將領有自己的想法，他們雖然是李懷光的部屬，但並不想把事情做絕，命令他們追捕當今皇帝讓他們左右為難。

三位將領一合計有了主意：「他讓我們做不臣之事，我們不能幹，我們回去就說沒追上，大不了罷了我們的官而已。」

三位將領裝模作樣地追了一會，轉而領兵向東縱兵搶掠一番，然後回去向李懷光覆命。

李懷光久經戰事，能估算出戰場形勢，以騎兵追聖駕完全能夠追上，這三個傢伙卻兩手空空回來覆命，一定是故意敷衍。想想如今正是用人之際，一開殺戒只會讓部下寒心，只能忍下這口氣將三位將領解職了事。

處理完三位將領，李懷光將目光鎖定在李晟身上，近來李晟春風得意，兵勢日盛，如果任由其發展下去，不久就會成為自己的勁敵。不行，必須把他的氣焰壓下去，讓他知道我李懷光的厲害。

李懷光隨即下令，命令部將向李晟發起攻擊。出乎李懷光意料的是連續傳下三道命令，部將居然三次抗命。

部將們私下裡說道：「如果讓我等攻擊朱泚，自當全力向前；如果讓我們跟他一起謀反，就是死我們也不能聽從。」

部將們的話傳到李懷光的耳朵裡，李懷光這才意識到問題的嚴重，自己舉起反叛大旗，部下卻三心二意，如此騎虎難下該如何是好？

李懷光將自己的苦惱說給節度巡官李景略聽，李景略為李懷光指出了一條路：「取長安，殺朱泚，然後將各支特遣部隊遣散回各戰區，明公一個人前去向皇帝請罪。如此一來作為臣屬你沒有失節，功名利祿還可以保持。」

事實證明這是一條明路。在專制社會如果不能將當值皇帝推翻，那麼最好的辦法就是自證忠義，這是唯一一條生路，除此之外別無他途。

李懷光本已打算走李景略指點的明路，都虞候閻晏卻給李懷光指出了另外一條路：歸保河中

（今山西永濟），再作打算。

兩條路，一條明路，一條死路，李懷光權衡再三選擇了後者。

前一條路風險很大，即便奪取長安、誅殺朱泚，皇帝也未必會原諒李懷光，但畢竟還是有機會；後一條路，以當前看是順其自然，沒有多大風險，走一步看一步吧。

人就是這樣，在人生的十字路口總會選擇那些看起來簡單、看起來更順其自然的路，等走過了再回頭看，當初的選擇未必是正確的，而此時後悔已然晚矣。

李懷光就這樣糊裡糊塗、鬼使神差地走上了反叛這條路，如今卻選擇了一條打了折扣的反叛路。反叛這條路要麼不走，要麼一條道走到黑，打了折扣的反叛路結果一定是悲劇。

陷入悲劇的李懷光臨了沒有忘記李景略，他叫過李景略黯然說道：「之前的商議，部將們都不同意，你還是走吧，不然他們會害死你的。」

從這個細節看，李懷光是個有情有意的人，只是他誤入了歧途，迷離了雙眼。

李景略恨恨地走出李懷光大營，回過頭欲哭無淚，想不到這支英雄之師竟然要落入不義的境地。從西元七五五年以來，朔方軍一直是忠誠之師的典範，如今卻在李懷光的帶領下走上了反叛歧途。李景略轉身而去，留下李懷光在歧途上漸行漸遠。

沒有永遠的敵人，也沒有永遠的朋友。李懷光很快地發現剛剛結盟的朋友朱泚變了，變得趾高氣昂、變得面目可憎。

之前李懷光兵多將廣時，朱泚與李懷光暗中聯絡，口氣非常謙卑，稱呼李懷光為兄，自己為弟，兩人相約將關中劃分成兩國各主一國，永為友好聯邦。等到李懷光舉起反叛大旗，逼迫李适從奉天出走，部將開始人心浮動時，朱泚看出了端倪：李懷光不過如此。在此之後朱泚不再以兄弟口吻相稱，而是以君臣禮儀，他是君，李懷光是臣，而且向李懷光徵兵。

兩個頭腦簡單的人，一對政治上的糊塗蛋。

以朱泚所處形勢，長安依然被圍，居然跟李懷光擺起了架子，這是自殺之舉；以李懷光所處形勢，不繼續追擊李适，反而考慮回河中自保，更是典型的短視之舉。兩人的智商半斤八兩，他們所做的一切都是慢性自殺。

內有部將離心之慮，外有李晟偷襲之虞，李懷光越想越怕，不敢再在陳濤斜久留，索性燒了大營，率軍歸保河中。一路上屬下離心投奔李晟的有數千人，其他暗自開小差逃跑的也不在少數。

三月二十九日，李适使出一招殺手鐧，免除李懷光所有官職，只授予太子太保閒職，同時指示朔方軍自行推選一位新的主帥，一旦新主帥產生，朝廷立刻予以承認。

這一招很毒，讓李懷光失去了所有的合法性，同時又鼓勵李懷光手下殺之自立，還有比這更毒的招數嗎？

困守河中的李懷光無比鬱悶，從此生活在擔驚受怕之中，他已經失去了所有頭銜，而且皇帝還在鼓動他的部下殺之自立，這是怎麼了，怎麼就走到這一步了呢？

人生的路啊，怎麼越走越窄呢？

反攻長安

李懷光退守河中，李适還在流亡之中。從他的曾祖李隆基開始，每任皇帝都有流亡經歷。三月二十一日，李适輾轉來到梁州（今陝西漢中），本以為來到梁州日子會好過一些，到了之後才發現這裡的日子太苦了。雖然梁州所在的山南地區有十五個州，但經過安史之亂後戶口減少大半，十五個州的賦稅還不如中原的幾個縣。在這裡別說山珍海味了，連基本的糧食供應都成問題，弄不好奉天的苦日子還得從頭再來。

李适緊蹙著眉頭，盤算著下一步怎麼走，突然他想到了安史之亂時曾祖李隆基曾經出走成都，成都地處天府之國，供應自然不成問題，不行就到成都去。李适剛提出去成都便有官員反對：「山南地區距離長安不遠，現在李晟正在試圖收復長安，正要藉助天子六軍以壯聲勢，如果陛下巡幸成都，那麼李晟失去依託，收復長安恐怕遙遙無期。」

有人反對，也有人支持，兩方相持不下，就在這時，李晟的奏疏到了：「陛下停留漢中還能維繫著天下人心，百姓就會有破賊的信心。如果陛下巡幸成都，恐怕天下百姓失望，到那時即便有再多猛將謀臣也無濟於事了。」

李晟說出了問題的關鍵，李适的一舉一動都牽動了天下民心，如果李适離長安不遠，那麼說明李适對收復長安有信心，如果李适自顧自跑到成都，那麼天下百姓會認為皇帝對收復長安已無信心，那麼百姓信心又從何而來？

僅僅在李适從奉天出走後，便有大批原本不願意在朱泚政府為官的人投奔了朱泚，如果李适真的出走成都，恐怕投奔朱泚的人會越來越多，到時形勢逆轉，誰贏誰輸還是一個未知數。

小到一個人，大到一個王朝，成敗只是關鍵的幾步。走對了，走出一片光明；走錯了，便會被黑暗吞噬。

李适一隻腳已經邁出，生生被李晟拉了回來。

四月十日，渾瑊率軍進駐奉天，與駐守東渭橋的李晟遙相呼應，李晟大喜，心中暗自盤算著反攻長安的合適時機。

李适卻高興不起來，他還是擔心李晟和渾瑊的兵少，之前約好的吐蕃援軍一番搶掠之後揚長而去，這可如何是好？

李适將憂慮說給陸贄聽，陸贄卻心中暗喜，此等好事，何來憂愁。

陸贄上奏道：「吐蕃軍隊遷延觀望反覆無常，深入長安郊外卻與叛軍暗通款曲，令我軍進退都受牽制。如果捨棄吐蕃軍獨自向前，則擔心他們懷恨在心在背後偷襲；如果等他們合兵一處一起進攻，則會因為他們一再拖延進軍無期。如果他們一直不回吐蕃，恐怕我們一直無法打敗叛軍。如今李懷光退守河中，吐蕃收兵回國，李晟和渾瑊沒有了後顧之憂，自當一展抱負收復長安。」

同樣一個殘局，低手看到的是處處危機，而高手看到了處處危機的背後其實還有生機。

看不懂殘局的李适經陸贄點撥，看懂了吐蕃軍隊收兵的這盤棋，接下來他卻給陸贄提出一個要求：替朕好好謀劃一下，朕要派人把你的謀劃帶到前方，作為李晟和渾瑊行軍的作戰綱領。

古語云：運籌於帷幄之中，決勝於千里之外。李适顯然是個書呆子，他以為千里之外的事他可以一手掌握，於是就發生了派宦官阻止劉德信等人奇襲許州的鬧劇。

幸好李晟遇到陸贄這樣的明白人，陸贄又一次點醒了李适：戰場瞬息萬變，指揮權還是交給臨陣指揮的將領，陛下只管頒發賞賜即可。由此可見，收復長安的功勞簿上應該給陸贄記上一筆，如果按照李适的遙控指揮，恐怕會累死三軍。

時間很快走到了五月二十日，李晟舉行了盛大的閱兵式，宣布長安反攻即將開始。

之前朱泚手下的侍中姚令言先後派出幾批探馬前來刺探李晟軍情，幾批探馬都落入李晟手中。探馬們不知道等待他們的將會是什麼，八成是凶多吉少。

李晟笑吟吟地給探馬們鬆了綁，帶著他們在大營裡參觀，一邊走、一邊指指點點：「回去告訴你們的同伴，好好守城，別辜負你們的主帥啊。」

探馬們面面相覷，李晟居然勉勵我們好好守城？他要鬧哪樣？

參觀完畢，李晟用酒肉熱情款待了他們，然後發給路費，扶上馬送一程。

隨後李晟率軍直抵長安通化門，這裡是長安城東面北頭的第一座門，城牆上就是朱泚的叛軍，李晟列隊張顯軍威。一番炫耀之後，李晟一揮手，全軍後撤。朱泚的叛軍如同看戲一樣，不知李晟為何而來，也不知李晟為何而走。

為攻城而來，為攻城而走，李晟所做的一切都在傳遞著兩字：信心。

回到大營，李晟與部將們開始研究主攻方向，眾將提議先從外城攻起，佔領街市，然後攻打皇宮。

李晟仔細看了看地圖，堅定地搖了搖頭：「如果從外城攻起，叛軍必定盤踞街市與我們巷戰，那樣會驚擾百姓，形勢大亂。不如從叛軍屯集重兵的皇家園林攻起，從那裡突破讓他們中心開花，這樣遭受重創的叛軍自然會逃跑，皇宮不至於殘破，街市也不會受到驚擾。」

定下主攻方向，李晟派人通知渾瑊等人約定一起進軍，各路大軍會師於長安城下。

五月二十五日，李晟率軍挺進長安城光泰門外的米倉村，李晟反攻長安的號角將在這裡吹響。

一天後，當李晟還在率軍構築營壘時，朱泚派出的驍將張庭芝、李希倩已經引軍殺到，事發突然眾將有些不知所措，李晟抬眼看了一眼叛軍，傲然說道：「我開始還擔心叛軍堅守不出，如今他們自己上門送死，此乃天助我也，機不可失。」

李晟當即下令全軍出擊。當時兵力薄弱的鎮國特遣兵團在北，叛軍集中兵力主攻鎮國兵團，形勢向著有利於叛軍方向發展。李晟遠遠眺望心知不妙，連忙派牙前將李演率精兵增援，一番力戰後叛軍不支向後撤退。李演率兵趁勝追擊攻入光泰門，再次擊破叛軍。

激戰中夜幕悄悄降臨，李晟鳴金收兵，來日再戰。

第二天，李晟又將出兵，部將們有了不同意見，如此一支孤軍久戰必定不利，不如等增援部隊到來後一起夾擊。李晟手指長安城：「朱泚叛軍已經屢戰屢敗，他們的膽已經被我們嚇破了，不趁勝繼續攻擊，讓他們有機會喘息可不是良策。」

果然如李晟所料，這一天雙方接戰，李晟軍再次告捷。

五月二十八日，最後的決戰上演，李晟在光泰門外布陣，由牙前將李演率領騎兵，牙前將史萬頃率領步兵組成先鋒部隊，向朱泚屯守重兵的皇家園林發起攻擊。

在昨天夜裡，李晟已經命人將皇家園林的圍牆挖開了長達二百步的口子，李演將帶領騎兵從這裡突破。李演率領的騎兵抵達指定地點，頓時傻眼了。長達二百步的口子竟然被叛軍用樹枝和柵欄堵上了，叛軍士兵手持長槍不斷向外直刺，騎兵的戰馬奮蹄嘶鳴不敢上前，先鋒部隊就這樣被阻止在柵欄之外。

李晟見狀大怒：「讓敵人猖狂到如此程度，我先斬了你們。」眾人面面相覷，知道李晟說得出做得到，這時牙前將史萬頃率領步兵衝上前，高喊：「看我們的。」

步兵們一面與叛軍隔著柵欄格鬥，一面搬開一個個柵欄，不一會兒工夫口子被打開了，李演一縱馬率領騎兵衝了進去，李晟大軍隨即如潮水般湧進，叛軍勉力支撐。

眼見進入相持，李晟又讓決勝軍使唐良臣率領步騎兵投入戰鬥，他們的任務是一邊戰鬥、一邊推進，反覆衝殺，直至將叛軍陣形徹底衝亂。十幾個回合下來，叛軍已經抵擋不住了，且戰且退到了白華門。

這時李晟大軍背後突然出現了數千名叛軍騎兵，如果這些騎兵一起掩殺過來，後果不堪設想。李晟毫不慌亂，親自率一百多名騎兵返身衝向叛軍騎兵，左右親信高喊：「宰相親自督戰，殺！」

一百多名騎兵愣是衝出了千軍萬馬的感覺，本已是驚弓之鳥的叛軍騎兵居然被一百多名騎兵嚇破了膽，撥轉馬頭各自逃命。

戰場上的勝敗有時並非取決於人數的多寡，氣勢如虹的一方往往可以以弱勝強，因為信心可以相互傳染，恐懼也可以相互傳染，一旦信心喪失，即便人數佔據壓倒性多數最終也於事無補。

朱泚的叛軍就這樣被打垮了，無力據守長安的朱泚向自己居住了幾個月的宮殿投去最後一瞥，戀戀不捨地離去。

「我還會回來嗎？或許只有天知道。」

在朱泚身後，還有姚令言帶領一萬多人追隨，他們匆匆向西逃去，目的地定為吐蕃。只是他還能到達吐蕃嗎？

從長安一路向西，朱泚的士兵們不斷地開小差。初出長安時還有一萬餘人，等到了涇州城下，回頭一看，哦，人還不少，還有一百多。

朱泚歎口氣，抬頭叫守城士兵開門，守城主將正是朱泚之前任命的涇原節度使田希鑒，朱泚高聲說道：「你的官職還是我任命的，為何在危急關頭卻辜負我？」

朱泚一怒之下下令火燒城門，無論如何也要進入涇州城。

田希鑒微微一笑：「哦，好啊，我這就把符節還給你，你的官我還不當了。」

田希鑒手一鬆，涇原節度使的符節掉進火中，化作一道火焰。

朱泚手下的一百多名騎兵頓時哭了出來，完了，沒指望了，本來還想到涇州城歇歇腳，現在看來門也沒有。一百多名騎兵中其實還分兩個陣營，一個陣營是涇原兵，一個陣營是朱泚從幽州帶出的范陽兵。涇原兵率先發難，手起刀落，將他們的老上級姚令言斬落馬下，然後拿著姚令言的首級向田希鑒投降。

如果沒有涇原兵變，姚令言或許可以成為一名忠臣良將，可惜在這場兵變中他被裹脅了進去，僅僅半年多時間就人頭落地。

朱泚眼看姚令言被斬，不敢多作停留，率領剩下的范陽兵向北直奔驛馬關，在那裡又吃了閉門羹。朱泚歎了口氣，一行人到了彭原西城屯（今甘肅鎮原縣東），在這裡他沒來得及吃閉門羹，便被一支冷箭射落坑中。

箭是從身後射來的，朱泚閉著眼都知道是自己人幹的。朱泚睜眼一看，沒錯，部將梁庭芬手裡還拿著弓呢。朱泚正要叫罵，部將韓旻率人衝了過來，朱泚頓時明白了這就是自己的結局。

大秦、大漢、應元、天皇，在這一刻都化成了一堆泥土，折騰了半天還是逃不過命運的安排。半年後，孤苦無依的皇太弟朱滔在幽州病死，只能到異度空間繼續給哥哥朱泚當皇太弟了。

從去年十月的涇原兵變，到如今的身首異處，朱泚的人生像是一道拋物線。他登基稱帝成為皇帝，在奉天城外險些將李适困死城中，然而折騰半年之後，他的人生又如自由落體般下墜，到最後即便想當一個平頭百姓也不能如願。

六月四日，李晟命人做「露布」（報捷文書）向遠在梁州的皇帝李适報捷。

李晟在「露布」中寫道：臣已經肅清宮廷，晉謁完皇家陵園，祭廟的鐘都沒有挪動過，祭廟一切完好如初。

李适看完喜極而泣：「天生李晟，是為社稷，不是為朕本人。」

這一年，李晟五十七歲，正是過了知天命奔向耳順的年紀，而就是在這個年紀他達到人生的最巔峰。從李晟的經歷看，人這一輩子什麼時候成功都不晚，有夢想就去追，沒有年齡限制。

七月十三日，離開長安九個多月的李适終於又回到了長安。重返皇宮後，李适開始酬庸功臣，每逢雙日大宴群臣，群臣的座次排序中李晟第一，渾瑊第二，宰相們依次排列。

一場涇原兵變就這樣收了尾，在這幾個月中有人功成名就、有人身敗名裂、有人名垂青史、有人遺臭萬年。涇原兵變就如同一齣話劇，話劇中人物形形色色、林林總總，到劇終人散時有人哭、有人笑、有人輸、有人老。這花花世界，真的是如夢一場。

名將突圍

早知今日

長安重回李适之手，接下來李适要騰出手對付的人便是李懷光。

自從舉起反叛大旗後，李懷光便一直艱難度日。相比於稱帝的朱泚，李懷光這個叛亂者實在有點不稱職，不僅不思進取而且步步後退，最後龜縮到河中只求自保。這哪裡像個叛亂者，頂多像個受了委屈的孩子，用肩膀死死頂住自己的房門。

即便如此，李懷光依然是一個燙手山芋，李懷光不思進取並不代表著他的軍隊沒有戰鬥力，況且他的麾下是馳名已久的朔方軍士兵。這曾經是一支英雄之師，雖然現在虎落平陽，戰鬥力同樣不可小覷。不到萬不得已，李适不想與李懷光兵戎相見，唐軍打唐軍，打到最後誰才是贏家呢？

李适想到了一個人，給事中孔巢父。

孔巢父，字弱翁，孔子第三十七代孫，曾經與李白等人並稱「竹溪六逸」，國畫大師張大千有一幅名畫畫的便是「竹溪六逸」，孔巢父是其中不可或缺的人物。

李适之所以想到孔巢父是因為不久之前孔巢父孤身深入魏博戰區，說服魏博守將歸順朝廷。現在李适照方抓藥，希望孔巢父能夠再次說服李懷光成功。

有希望總是好的，只是很多事往往事與願違。

貞元元年七月十一日，李适命孔巢父前往河中為李懷光頒發太子太保委任狀，同時宣布朔方戰區將士原本被剝奪的官爵一律恢復。

無疑這是一趟苦差，孔巢父卻發揚先祖孔子「有困難要上，沒困難製造困難也要上」的精神上路了，等待他的會是什麼呢？

七天之後，風塵僕僕的孔巢父抵達河中，他要代表皇帝發布對李懷光的委任狀。

戎馬一生的李懷光滿腔悲憤，他有很多委屈卻無人傾訴，眼見欽差到來只能做出順服的姿態，叛亂本非他所願，不到最後一步他還是不想失去臣子的本分。於是李懷光脫下官服，換上平民服裝，此舉有特殊含義，意味著「素服待罪」，以此向朝廷表明並無反意，忠心天地可鑒。

「素服待罪」本來是一場秀，只是一個向朝廷表明態度的姿態而已，並非真正的就地免職。按照慣例，欽差孔巢父應該請「素服待罪」的李懷光換上官服，然後好生勸慰說一番肝膽相照的話，然後你好我好大家好。

出人意料的是孔巢父居然沒有請李懷光換回官服，而是聽之任之，大帥李懷光便這樣穿著刺眼的平民服裝站在大堂之上。漢人官員緊張地看著孔巢父，不知道這個欽差意欲何為。而李懷光的左右侍從都是胡人，他們的字典裡沒有「素服待罪」，他們壓根不懂漢人這些花活，便嘀咕道：「完了，大帥沒有官位了。」

聲音雖小，還是傳到了李懷光的耳朵裡，李懷光也是胡人，「素服待罪」還是手下的漢人官員教他的，怒火從李懷光的心底騰起，憤怒的火藥桶一觸即發。

孔巢父依然不知不覺，衝著李懷光的屬下諸將高聲說道：「軍中可有能代替李太尉領軍的人選？」

火藥桶就此炸了。

孔巢父還在宣讀詔書，李懷光的左右侍從一擁而上，可憐的孔巢父瞬間身首異處，沒能活著回到長安。照理說李懷光應該在第一時間制止侍從的暴行，但他卻選擇了沉默，眼睜睜看著侍從將孔巢父斬殺，同時也斬斷了他與朝廷和解的希望。

這是一起由文化差異引起的悲劇，同時也是皇帝李适一手造成的悲劇。以孔巢父的人生閱歷和文化素養，他不會不知道「素服待罪」的含義，他遲遲不請李懷光換回官服很可能是從長安出發前得到了李适的授意，在李适眼中李懷光已經是罪人，並不是「素服待罪」就可以一筆帶過的。

孔巢父死於文化差異，更死於李适失當的安排。

斬殺了孔巢父，李懷光只能一條道跑到黑了，與朝廷和解再無可能，剩下的只是兵戎相見。得知消息的李适火冒三丈，他沒有想到李懷光居然敢斬殺欽差，其實是他沒想到以那般打發叫花子的姿態打發李懷光，李懷光不撕破臉才怪。

李适火速調兵，河東節度使馬燧、邠寧節度使韓遊瓌、河中絳州節度使渾瑊、鹿坊節度使唐朝臣、鎮國節度使駱元光都被李适調動了起來，五大節度使一起兵指河中，共同打擊李懷光。

然而即便五大節度使合圍，李懷光也不好對付，渾瑊與駱元光向李懷光發動攻擊，卻在長春宮（今陝西省大荔縣東）遭遇李懷光部將徐庭光的頑強阻擊。徐庭光麾下只有六千精兵，但盤踞有利地形，渾瑊與駱元光不斷被擊敗，寸步難行。

仗一天一天拉鋸，錢一天一天吃緊，打仗就是打錢，朝廷負責財政的官員個個眉頭緊蹙，錢越來越少，仗真的打不起了。便有官員向李适提議，國庫越來越空了，不如赦免李懷光吧，再打下去國庫就要打空了。

李适嚥不下這口氣，斬殺孔巢父已經讓他的臉掉地上了，他不能讓自己的臉掉地上撿不起來。

李适搖搖頭，不准。

然而國庫吃緊的陰影在李适頭上縈繞不去，長此以往國庫必然空虛，該不該就這麼打下去呢？誰能給我指點迷津呢？

李适想到了一個老熟人，此人便是山人李泌。

正是他運籌帷幄，幫助唐肅宗李亨平定了安史之亂，功成之後他便與大唐官場若即若離，到李亨之孫唐德宗李适時，李泌終於又走上大唐政治舞臺的中央。

關於李泌，稍後會有專門大篇幅說他，此時他扮演的是為唐德宗李适指點迷津的角色。

李泌跟隨傳詔太監覲見，隨身攜帶者一份神秘禮物。皇帝李适正愁眉不展坐在那裡，一看李泌進來，眉頭展開少許。

「李懷光盤踞的河中離京城很近，素來朔方士兵都很精銳，而達奚小俊等人都是萬人敵的角色，朕日夜擔憂，不知如何是好？」李适焦慮地看著李泌。

李泌掏出隨身攜帶的神秘禮物，是一枚破敗的桐樹葉。

李泌指著桐樹葉說道：「陛下與李懷光的君臣關係就如同這枚樹葉，曾經完好，如今破敗，再也回不去了，李懷光不可能被赦免了。」

李泌接著說道：「天下可以令陛下擔憂的事多了，河中的李懷光實在不足為慮。兵法有云，盤算對方實力重點在將，不在兵。如今李懷光是將，達奚小俊之類都是兵，所以不足掛齒。昔日李懷光解了奉天之圍，眼看近在咫尺的朱泚瀕臨滅亡卻不去攻取，反而與之連合，結果讓李晟奪了頭功。如今陛下已經還宮，李懷光不前來請罪還殘殺欽差，像老鼠一樣藏身河中，如同一個夢遊的人。恐怕不久就會被帳下將領斬首，倒讓前去討伐的將領沒機會下手呢。」

李泌的話便是強心劑、定心丸，有了李泌的指點，李适終於堅定了決心，即便國庫打空也絕不赦免李懷光。對李懷光的戰鬥就這樣持續了下來，從七月一直打到了第二年七月，雖然馬燧與渾瑊經常有喜訊傳來，但李懷光依然盤踞河中，仗還是沒有要結束的跡象。

這時仗已經整整打了一年，國庫的錢打得快見底了，各地告急的文書紛至沓來，蝗災、旱災接連不斷，糧食青黃不接，國庫入不敷出，仗還打得下去嗎？

李适含糊了。

李晟的奏疏不請自來，主題只有一個：李懷光不可赦免。

李晟的奏疏一半為公，一半為私。為公，為的是王朝的長治久安；為私，為的是自身的安危。畢竟自己已經與李懷光結下了仇，這個仇只會越結越深不可能化解，既然如此就只能往李懷光的後背上再踹上一腳。李晟向李适請願，願意率兩萬精兵自備糧草直取李懷光。

李适剛放下李晟的奏疏，宦官奏報：河東節度使馬燧從前線返回要求面聖。

與李晟一樣，馬燧也不同意赦免李懷光，馬燧承諾只要皇帝再給一個月時間，一定剷除李懷光。以前的李懷光在同僚眼裡僅僅是同僚，如今的李懷光在同僚眼中變成了投名狀。

事情發展到這個程度，李适的決心又恢復了，既然眾將一致喊打，那就痛打李懷光這隻落水狗吧。命運將河東節度使馬燧推到了聚光燈下，接下來將由他完成對李懷光的致命一擊。

面對李懷光的叛軍，馬燧知道這個燙手的山芋有多燙，一年苦戰平叛的唐軍沒在叛軍身上佔到多少便宜，往往是斃敵一千，自損八百，打仗成了一場比拼兵力的遊戲。

該從那裡打開一個缺口呢？

馬燧將目光鎖定在長春宮，唐軍一直以來進攻不力，就是因為長春宮像一顆釘子一樣死死釘在唐軍進攻的路線上，這顆釘子不拔將永無寧日。硬拔自然不行，要是能硬拔，過去一年的時光裡早就拔掉了，何必等到今天。硬拔不成，就得智取，攻城不行，便要攻心。

說到攻心，馬燧心裡有了譜，兩個月前朔方士兵的一次抗命讓馬燧看到了智取的希望。

朔方士兵之所以抗命，是因為叛軍閻晏指揮他們反攻邠寧節度使韓遊瓌的部隊，以往帥旗一揮，朔方士兵便蜂擁而上，這一次閻晏卻指揮不動了。朔方士兵指著邠寧士兵大聲喊道：「他們不是我們的父兄，就是我們的子弟，為什麼要讓我們刀鋒相對？」反戰的情緒迅速在軍中傳染，閻晏無可奈何，只能放棄反攻率軍退去。

馬燧從朔方士兵這次抗命中看到了智取的希望，只要利用朔方將士厭戰的心理，平叛就會事半功倍。

馬燧召集眾將說道：「長春宮攻不下，則無法拿下李懷光，然而長春宮守備森嚴，硬要攻克也是曠日持久，不如我親自去招降。」

長春宮城下，馬燧上前大聲喊道：「守將徐庭光出來說話。」

徐庭光聞聲立刻率領屬下聚到城牆上，衝著這位老資格的河東節度使行了跪拜之禮。

馬燧心中原本忐忑，一看徐庭光如此動作，當即心中有了底，有戲。

馬燧徐徐說道：「我自朝廷來，你們應該向西跪拜接受命令。」徐庭光等人又向西方跪拜，表示聽命。

馬燧安撫道：「你們從平定安祿山叛亂開始，就為國屢立功勳，前後已有四十餘年，如今何苦做這些讓自己家族滅族的禍事。聽我的話不僅可以免去禍事，富貴也近在眼前。」

徐庭光等人默然。

馬燧上前幾步，解開戰袍、露出胸膛，說道：「你們如果不信，何不射我。」

徐庭光看到了馬燧的誠意，也看到了回歸朝廷的希望，熱淚順著臉龐滑落，屬下諸將都哭出聲來。一年多來，他們由一支英雄之師變成叛軍，山大的壓力讓他們透不過氣。如今終於有了回歸的希望，他們可以再次成為英雄之師了。

馬燧當即與徐庭光約定：「這些禍事都是李懷光惹出來的，你們無罪，等李懷光召喚時你們要保住堅守不出。」

「諾！」城上聲音從沒有如此響亮過。

貞元元年（七八五年）八月十日，馬燧、渾瑊、韓遊瓌進逼河中，李懷光命人燃起烽火向徐庭光等人告急，烽火燃了一夜，李懷光沒有看到增援的一兵一卒，只有烽火燃盡的一地灰燼。

長春宮下，鎮國節度使駱元光向守將徐庭光招降，卻遭到徐庭光的拒絕，徐庭光的理由很奇特：你是胡人，我不搭理你。

駱元光是安息人，從今天的地理規劃看，屬於烏茲別克布哈拉市，也就是說駱元光按今天眼光看應該是烏茲別克人，徐庭光不搭理這個外賓，而且還命人在城牆人扮演胡人小丑，專門出駱元光的洋相。駱元光幾乎咬碎了牙，在心中給徐庭光記上了一筆。

無奈之下還得請馬燧出馬，人家徐庭光說了，只降漢將。馬燧拍馬而至，徐庭光打開城門接受改編，馬燧率領數名騎兵入城安撫，所到之處朔方士兵山呼海嘯，不為別的，只為能夠再次回歸唐軍序列。

看到此情此景，渾瑊感慨道：「以前我以為馬公用兵比我高明不了多少，今天才知道我差遠了。」

馬燧接收城池完畢，傳皇帝詔書，封徐庭光為試殿中監兼御史大夫。

一切看起來很好，但徐庭光卻無福消受，幾天後徐庭光就為自己的民族歧視付出了代價，駱元光手起刀落將徐庭光斬殺，叫你不尊重外賓。

時間走到八月十二日，馬燧兵臨河中城下，河中將士已成驚弓之鳥，士氣盡失。到這個時候即便擁兵百萬也要土崩瓦解。

不久城中士兵開始傳呼口號「太平」、「太平」。惶恐中的李懷光知道，這不是自己定下的口號，「太平」聲起意味著馬燧已經進城了，等待自己的是什麼呢？

一切該結束了。

在「太平」聲中，原朔方軍名將、千里馳援奉天功臣李懷光自縊身死，時年五十六歲。

早知今日，何必當初。

歷史就是一面鏡子，放在我們每個人面前，試想如果我們處於李懷光的處境，千里馳援有功卻遭奸臣排斥，我們又該怎麼辦呢？

是忍辱負重打碎牙往肚裡嚥，還是怒髮衝冠一走了之？

歷史讓人不輕鬆。

冷箭突襲

長安，永崇里，李晟宅第。

月高，夜深，人靜。李晟靜坐竹林邊。晚風吹來，竹影搖曳，思緒飄遠。

李晟的思緒回到了剛剛光復長安那一刻。那是一個火紅的時刻，那是一個值得記憶的時刻，他在一番苦戰之後率軍光復長安，在平定朱泚叛亂的功勞簿上寫下了重重的一筆。就是在那個月，他的父親李欽被追贈太子太保，母親王氏被追贈代國夫人，永崇里的宅第、涇陽的上田、延平門的林園以及女樂八人也是那一次由皇帝李适賜予的。

喬遷新宅那天，京兆府供帳酒饌、賜教坊樂具鼓吹迎導、宰臣節將送之，長安上下為之轟動，有唐以來一位將軍的喬遷能有如此大動靜的少之又少，這一切都來自皇帝的恩寵。

在那之後，皇帝又下詔為他立記功碑，石碑立於長安東渭橋，與天地悠悠同在，碑文由皇太子李誦親自撰寫，然後由皇太子親自將碑文詞贈送李晟。

人生至此，夫復何求？

李晟微閉雙眼，心底有一絲滿足，他一直拒絕自傲，但小小的滿足感還是會浮上心頭。

想起不久前親隨的一句提醒，李晟微微一笑。

話題由李晟引起，李晟對親隨說道：「本朝魏徵能直言進諫，從而讓太宗美名位列堯舜之上，魏徵真是一位忠臣，我非常崇拜他。」

行軍司馬李叔度搖搖頭，說道：「直言進諫這種事讀書人做是可以的，但像您這樣的功臣就不太適合做了。」

李晟聞言，嚴肅地回應道：「李司馬說錯了。俗話說：『邦有道，危言危行。』如今是昌明之朝，李晟有幸備位將相，如果心中知道有些事情不可以做卻不吭聲，這怎麼能稱得上有犯無隱，知無不為呢？我們做將相的只管進言，是非曲直聖上自會明察。」

李叔度面有慚色，悻悻而退。

李晟知道李叔度是好意，但在直言進諫這件事上他有自己的度，能言則言盡大臣本色，同時又有另外一個度：保密。

沒有皇帝喜歡臣子大嘴巴，李晟深知這一點。

「大人，夜深了，早點歇息吧。」

僕人的提醒打斷了李晟的思緒，李晟緊了緊身上的衣服起身離座，回望搖曳的竹林，林欲靜而風不止，李晟轉身回房，他知道已至瓊樓玉宇最高處，高處不勝寒。

李晟的謹慎沒有阻止他繼續立功，不久他兼任鳳翔、隴右節度使，他在鳳翔節度使任上再一次讓皇帝李适看到了自己的能力。

興元元年八月，李晟來到鳳翔，此行他有一個特殊任務——追查殺害前任節度使張鎰的元凶。此張鎰便是被奸相盧杞排擠的那位。一番追查之下，十餘名元凶被就地正法，李晟此舉意在殺雞儆猴，警告那些心猿意馬之人，發動兵變殘害上司就是這個下場。

在鳳翔追查完，李晟又將目光鎖定在涇州，在那裡還有一個兵變的受益者——田希鑒。田希鑒原本是一名別將，涇州士兵在朱泚叛亂時也發動了兵變，將前任節度使殺害並擁立了田希鑒。田希鑒先是投靠朱泚，在朱泚兵敗後又向皇帝投誠，如今還原地留任，鎮守涇州城。

李晟已經在鳳翔清算完畢，接下來的目標就是田希鑒。

李晟給皇帝李适上了一道奏疏：近者中原兵禍，皆起涇州，且其地逼西戎，易為反覆。希鑒凶徒，將校驕逆，若不懲革，終為後患。

李适點頭，田希鑒的末日到了。

李晟以巡邊為名來到涇州，田希鑒早早在城外恭迎，一心想給李晟留下一個好印象。令田希鑒喜出望外的是李晟沒有一點架子，拉著田希鑒的手噓寒問暖，讓田希鑒心中激動萬分。田希鑒的妻子也是一個精明人，非常討巧地稱呼李晟為「叔父」，以侍奉叔父的禮節侍奉李晟。

一天、兩天、三天過去了，時間走到第四天，「叔父」李晟知道自己該辦點正事了。

這天上午，李晟召集涇州將帥，在他來涇州之前心裡已經有數了。

李晟拿出一份名單開始點名，名單上有三十幾個人，李晟一一點出然後挨個問道：「誅殺前任節度使有你的份吧？」

三十幾個人垂頭喪氣，前怕後怕，這一天還是來了。

李晟回頭一指正襟危坐的田希鑒：「田郎，你也有錯，你說是不是？」

到這時田希鑒才徹底明白，李晟的溫情之下藏著的是明晃晃的屠刀。手起刀落，三十幾個元凶伏法，李晟的追查就此結束。

回到鳳翔，李晟向皇帝李适推薦了新的涇原節度使，同時上了另外一道奏疏：河西、隴右陷落並非因為吐蕃力取，而是因為戍邊將帥貪婪殘暴，導致士兵離心離德，百姓不堪壓迫，進而輾轉向東遷移，實際上是我們自己放棄了這些地方。況且吐蕃土地貧瘠，百姓不堪征役之苦，嚮往大唐的心從未停止，吐蕃的人心值得我們利用。

對於李晟的奏疏李适深表同意，於是李晟開始行動，不僅動用公家財物安撫吐蕃降者，在公家財物不足時，李晟甚至搭上了自己的私人財物。

在一系列招撫行動中，李晟著重培養了一個榜樣。榜樣的名字叫浪息囊，李晟奏請皇帝李适將浪息囊封王，同時用錦袍玉帶將浪息囊好生打扮一番，每逢吐蕃使者到訪，深受李晟恩寵煥然一新的浪息囊必然在座。時間一長，效果就出來了，吐蕃思慕唐朝之心越來越盛，浪息囊就是他們的好榜樣。

李晟的招撫計畫還在進行，吐蕃的反間計畫也同時啟動了，這次計畫的目標人物有三個：李晟、馬燧、渾瑊。整個唐朝就這三位武將最為厲害，如果將這三人除掉，唐朝在吐蕃眼中從此不設防。

吐蕃的陷阱已經為李晟布下了，接下來還得有將李晟推落陷阱的人，啟動反間計畫的人是吐蕃宰相尚結贊，他希望能在唐朝內部找一個人跟自己裡應外合。

誰是合適人選呢？

當尚結贊苦思冥想之時，合適人選竟主動站了出來，這個人不是為了呼應尚結贊，而是為了報私仇。此人名叫張延賞，時任劍南西川節度使，是開元年間宰相張嘉貞的幼子。

張延賞原名張寶符，開元十七年張嘉貞病逝時他才四歲。後來李隆基為了表達對功臣的優撫接見了張寶符，並賜名「延賞」，取《尚書》中「賞延於世」之意，希望張延賞繼續父親的遺志將來好好為帝國服務。

長大後張延賞步入官場，官聲不錯，不過在取得交口讚譽的同時，也在歷史上留下了「錢可通神」的典故。

有一次張延賞下決心平反一個錯案，他對下屬說這個錯案的存在時間已經很長了，現在限令你們在十天之內解決問題。第二天早上一上班，張延賞發現自己的辦公桌上放著一份帖子，內容針對自己要平反的那個錯案。帖子上寫著出價三萬貫，請不要過問這件事。看過帖子之後張延賞拍案而起，立刻找來屬下要求他們加大力度盡快結案。

第三天早上張延賞走進辦公室後看到又一份帖子擺在辦公桌上，這一次開出的價錢是五萬貫。這種連續出現的帖子和一次比一次高的價錢無疑是一種挑戰，張延賞越發憤怒，嚴令下屬必須在兩天之內結案。

張延賞在明處，對方在暗處，張延賞的一舉一動對方都瞭若指掌，張延賞對於對手卻一無所知。第四天早上，帖子再一次出現在辦公桌上，開出的價錢攀升到十萬貫。張延賞看過之後選擇了沉默，那個案子再也沒人過問了。

這件事過去之後，有人找機會問起這事，張延賞解釋道：「錢至十萬，可通神矣，無不可回之事。吾懼及禍，不得不止。」錢一旦到了十萬貫這個份上就能買通神鬼了，沒有辦不成的事，張延賞害怕引禍上身，不得不接受這個現實。

官聲不錯的張延賞、明哲保身的張延賞，兩個張延賞疊加到一起一路做到劍南西川節度使，正是在西川節度使任上他與李晟發生了矛盾。

當時西川發生叛亂，神策軍先鋒使李晟奉命前去平叛，沒幾天叛亂就被平定，李晟的一段豔遇也隨之開始。李晟在西川邂逅了一個美豔的官妓，此女姓高，姑且稱為高小姐吧。如同一縷春風，高小姐讓李晟如癡如醉，班師回長安時，李晟難以割捨這段豔遇，便帶上高小姐一同上路。一路上高小姐的內心充滿著幸福的感覺，憧憬跟著李晟從此過上美滿的生活。

張延賞的信使來了，幸福的憧憬戛然而止。

高小姐被張延賞用嚴厲的措辭索回，理由很簡單：她是官妓，不是李晟的私人財產。

一段豔遇戛然而止，從此李晟與張延賞不共戴天，既然你不仁，別怪我不義。

李張二人的仇一直綿延，綿延到李晟功成名就、一言九鼎時。

原本皇帝李适對張延賞青眼有加，將張延賞調出西川準備委任為宰相。張延賞對於這次調任心知肚明，像他這個級別的官員自然在朝中會有幾個朋友，朋友們告訴他此次進京皇帝將委任他為宰相。

張延賞興沖沖而來，等來的卻是一盆冷水。

皇帝的任命不是宰相而是尚書左僕射，尚書左僕射位高權輕，基本等同於閒職，這讓千里而來的張延賞心涼到了腳後跟，說好的宰相任命呢？

張延賞一打聽，謎底揭曉了，原來是李晟拆了他的臺，李晟在奏疏中寫道：張延賞沒有宰相之才，不配做宰相。

就這樣說好的宰相之位沒了，一切只因為李晟的那道奏疏。

張延賞還在等待，他知道皇帝李适看重自己，一定會再次給自己機會。果然不出張延賞所料，李适還是想用張延賞，藉著李晟進京面聖的機會，李适想當一回和事佬，化解一下李晟與張延賞之間的恩怨。

李适先是讓與李晟交好的官員去給李張二人傳話，基本意思是皇帝希望你們化解恩怨，從此你好我好大家好。

事態開始向著良性的一面發展，張延賞在中間人的帶領下來到李晟府中，說了一番肝膽相照的話；接下來李晟和張延賞兩人又一起接受中間人的邀請，喝了兩頓酒，說了兩番肝膽相照的話，酒桌上的氣氛很融洽，大家就像相知朋友的朋友。到了這一步，中間人向李晟提出建議：向皇帝推薦張延賞出任宰相。

酒喝了不少，李晟卻始終是清醒的，他知道這一切幕後的導演是皇帝李适，至於中間人只是跟皇帝一起演雙簧的那個人。李晟借坡下驢，向李适推薦張延賞，李适自然同意，這樣張延賞終於官拜宰相，成為家族中第二位成為宰相的人。

順著張延賞成為宰相的話題說下去，說一個有趣的評選。

晚唐時李肇在他的《國史補》一書中評選出唐朝最為尊貴的婦女，這個評選有一個先決條件，那就是皇室的婦女不得參加，不然的話武則天理所當然的會奪得第一。武則天具備以下條件：公公是皇帝，丈夫是皇帝，兒子是皇帝，孫子是皇帝，更重要的是她本人也是皇帝，僅憑這一點其他人就不能相提並論了。

在李肇心目中，苗晉卿的女兒苗夫人應該是唐朝最為尊貴的婦女，當選的理由是：苗夫人的父親是宰相，公公是宰相，丈夫是宰相，兒子是宰相，女婿享受宰相待遇。

這位苗夫人就是張延賞的妻子，張延賞的父親是唐玄宗開元年間的名相張嘉貞，張延賞本人是唐德宗時期的宰相，他的兒子張弘靖是唐憲宗時期的宰相，他的女婿韋皋帶著檢校司徒兼中書令的頭銜坐鎮西川二十一年。

張家在唐朝號稱「三相張家」，唐朝父子擔任宰相的不少，祖孫三代都擔任宰相的則只有張家一例。河東張，不尋常。

河東張，同時也很記仇。

幾頓酒喝過之後，李晟以為自己與張延賞的恩怨已經一筆勾銷，為了鞏固來自不易的良好局面，李晟準備好上加好，他向張延賞提出了婚約，想讓自己的兒子與張延賞的女兒結為百年之好。

張延賞居然拒絕了。李晟頓時明白了，之前的酒席和肝膽相照的話都是廣告，不能算數的，他與張延賞的恩怨還沒有完，兩個人的纏鬥還要繼續下去，沒有盡頭。

李晟哀歎道：「武人性快，幾杯酒下肚，所有恩怨就會一筆勾銷；而文人不能輕易冒犯，一旦冒犯，即便表面和解了，心裡卻還沒有放下。如此一來，我怎能不擔憂呢？」

李晟不知道自己的仇家還不只張延賞一個，這個名單有點長。

仇家排行榜第二位——工部侍郎張彧，張彧還有另外一個身分——李晟的女婿。

女婿仇視自己的老丈人，這有點意思，因為什麼呢？因為嫁妝。

李晟在鳳翔擔任節度使時，曾經將一個女兒嫁給自己的幕僚崔樞，在女兒出嫁時，李晟為女兒操辦了很多嫁妝。一對新人都很高興，但身為連襟的張彧卻非常不高興，他看到老丈人陪送的嫁妝比自己結婚時多了很多。

同樣是女兒出嫁，為什麼嫁妝厚此薄彼？

心胸不開闊的張彧就這樣因為嫁妝恨上了老丈人李晟，一咬牙一跺腳居然站到了張延賞的陣營，與外人一起編排起自己的老丈人。

仇家排行榜第三位——給事中鄭雲逵。鄭雲逵曾經當過李晟的行軍司馬，因為一些事情失去了李晟的信任，自感失落的鄭雲逵從此恨上了老上司。

仇家排行榜第四位——河東節度使馬燧。嚴格說來，說馬燧是李晟的仇家稍微有點過，不過兩人關係不睦倒是事實。翻看史料沒有發現兩人公開失和的有力證據，只有一條關於河北平叛的記載。

馬燧在河北平叛的過程中，因為不滿同僚李抱真只顧自己藩鎮利益憤而退兵行列。李晟見狀不妙，連夜前往馬燧大營調停，好說歹說總算說服馬燧留了下來。可能是這次調停讓馬燧心中不快，從此兩人貌合神離，馬燧總是和李晟唱反調。

四位仇家或聯手、或各自為戰，一時間不利於李晟的傳言越來越多。

李晟暫且不去理會，他將主要精力放在吐蕃身上，這個對手著實強大，需要認真對待。李晟在汧城給吐蕃宰相尚結贊設下了埋伏，他要打尚結贊一個有去無回。

李晟交代部將王佖率精兵三千在城下設伏，再三囑咐道：敵人從城下通過時，不要攻擊前軍，即便你打敗前軍，敵軍集中兵力向你席捲而來也會無法阻擋。等前軍通過之後，看到舉五方旗、穿虎豹衣的就是它的中軍，出其不意攻擊中軍就會取得大捷。

一切正如李晟所料，王佖猛攻吐蕃中軍，吐蕃軍隊潰散四下逃命，由於將士們不認識吐蕃宰相尚結贊，白白讓這條大魚從手邊溜走。

經此一戰，尚結贊更加意識到李晟的可怕，此人不除將會後患無窮。

尚結贊糾結隊伍，兩萬大軍挺進鳳翔境內，吐蕃軍隊這次竟然秋毫無犯，莫非吐蕃軍隊洗心革面重新做人了？

吐蕃士兵兵臨鳳翔城下，尚結贊衝城中大喊道：李令公既然招我來，為何不出城犒賞三軍？鳳翔城上的士兵竊竊私語，李將軍和尚結贊有何隱情？為何吐蕃軍隊這次一反常態？疑惑長久不散，即便第二天尚結贊引兵退去，留在鳳翔士兵心態的疑惑依然揮之不去。

李晟知道這是尚結贊的反間之計，他一笑了之，他不信如此低級的反間計能成功，這不就是當年劉邦離間項羽和范增的小伎倆嗎，不足掛齒。不以為意的李晟繼續對吐蕃的討伐，勝仗連連，戰功疊著戰功，他並不知道自己的戎馬生涯已經接近終點，朝中不利於他的傳言漫天飛舞，皇帝李适的態度已成為關鍵。

李晟終於知道「三人成虎」的威力，即便你問心無愧，又怎能堵住朝中的悠悠之口，百口難辨的李晟默默流淚。

為了自救，李晟派子弟進京，向李适表明願意出家為僧，從此不問朝中事非，李适不准；不久之後李晟面聖，以足部有疾為由，請求辭去鳳翔節度使職務，李适依然不准。

李适真的不猜忌李晟？

非也，他連自己的兒子都猜忌，何況李晟。

這一切只因為時機不到。

李适從心裡感激李晟，沒有他自己何時能重返長安還是個未知數，但身為皇帝還是不免要猜忌。李晟的功勞太大了又手握兵權，即便李晟沒有二心，難保李晟身邊的人沒有二心，長久之計還是早點罷了李晟的兵權，省得夜長夢多。

李适在等待合適的機會，吐蕃宰相尚結贊也在等待。連日來尚結贊聽到的都是壞消息，李晟攻克了吐蕃的軍事重鎮摧沙堡，馬燧、渾瑊也率兵進逼，這三個人攪得尚結贊日夜不得安寧，必須想辦法將這三人除掉，否則永無寧日。

令尚結贊更加擔憂的是，去年冬天到今年春天氣候反常，牛羊死亡率甚高，這對以牛羊為主要財產的吐蕃而言可謂損失慘重。此時此刻不能再與唐朝硬拼，該換個玩法了。

孫子兵法有云「兵以詐立」，這一回尚結贊玩的是詐和。

所謂詐和就是打著和談的旗號，實現自己不可告人的目的。尚結贊先是派人到長安，向皇帝李适提出和談請求，想不到李适不接招，和談請求一律拒絕，不談就是不談。

詐和第一回合沒有效果，尚結贊再次開動腦筋，不得不說他是一個漢化程度極高的吐蕃人，當大多數吐蕃人還停留在結繩記事的階段，他已經把漢人的兵法研究透了，這一次他不僅要詐和，而且還要反間計套著連環計，給唐朝來一個連環炸。

尚結贊開始布局，他將突破口選擇在馬燧身上，河東節度使馬燧位高權重，說話相當有分量，如果能先說服他，計畫就成功了一半。

尚結贊的使者來到馬燧面前，隨身帶著兩樣東西：謙卑的話語和豐厚的禮單。這兩件糖衣炮彈還是很有殺傷力的，一般人都抵擋不住，馬燧不是一般人，他勉強抵擋住了。使者又提出一個請求，建議唐朝與吐蕃重新回到談判桌前，共同遵守西元七八三年的清水之盟，按照那次兩國劃定的疆界，吐蕃將退回多侵佔的土地以表示他們的最大誠意。

馬燧心中有些含糊，他知道吐蕃是個難纏的對手，但眼前這個對手太有誠意了，莫非他們幡然醒悟了？

第一批使者回去之後，第二批使者接踵而至，還是老話題，還是十足的誠意。一撥撥的吐蕃使者在路上絡繹不絕，這次尚結贊玩的詐和是車輪戰。一番車輪戰下來，馬燧徹底被打動了，於公於私和談都是好事，自己實在沒有理由不去促成這件美事。

馬燧隨即下令全軍屯守石州，不必做渡河準備，待回京請命後準備與吐蕃和談。從此刻起，馬燧已經中了尚結贊的連環計，他本人的戎馬生涯也在不知不覺間開始倒數計時。

長安皇宮中，馬燧的和談建議遭到了李晟、邠寧節度使韓遊瓌、鎮海軍節度使同平章事韓滉的強烈反對。韓滉官居宰相，令後世津津樂道的是他的書法以及傳世畫作《五牛圖》。

李晟聽罷，不住地搖頭，「戎狄無信，不如擊之。」

邠寧節度使韓遊瓌贊同李晟的說法，「吐蕃弱則求盟，強則入寇，如今深入塞內而求會盟，必然有詐。」

韓滉接言道，「如今兩河無虞，如果在原州、鄯州、洮州、渭州築城，讓李晟、劉玄佐率十萬大軍戍守，那麼河湟二十餘州可以收復。至於行軍錢糧，臣願意籌措。」

這次會談，馬燧與李晟一派人數對比為一比三，馬燧一張嘴沒有說過三張嘴，馬燧在形勢上暫時落後。形勢總是會變化的，不久，韓滉辭世，李晟失去了一個堅定的同盟，此消彼長，馬燧新增一個同盟——李晟的死敵張延賞。

馬燧本就和張延賞同列李晟仇家排行榜，這一次因為吐蕃會盟的問題又堅定地站在一起，形勢發生改變，雙方陣營暫時形成二比二對峙。這時就得看辯論賽主席李适的態度了，他這個秤砣往哪邊偏，哪邊就要勝出了。

李适有自己的偏重，他偏向了馬燧一派，這一切因為他心中有個疙瘩。李适心中的疙瘩叫回紇，當年唐朝向回紇借兵平叛，回紇可汗對李适大為不敬，而且鞭撻了他的幾位隨行官員，其中兩位傷重不治。從那時起，回紇兩個字就是李适心中的陰影，常年揮之不去。現在李适想和吐蕃會盟聯手打擊回紇。

當皇帝站到了主張會盟一邊，李晟一派只能面對失敗了，而他的戎馬生涯也即將畫上句號，無論他的仇家張延賞還是皇帝李适，都不會讓李晟繼續擔任鳳翔節度使了。

張延賞不斷進言：「李晟不宜久掌兵權，不如用鄭雲逵代替他。」

權衡一番後，李适覺得時機已到，該跟李晟攤牌了。

這次攤牌，李适做足了面子工程，他拿出了十足的誠意請李晟推薦自己的繼任者。李适做出一副推心置腹的姿態：「朕因為百姓的緣故，決定與吐蕃會盟。大臣（指李晟）既然與吐蕃有恩怨，就不宜繼續擔任鳳翔節度使了，應該留在朝中朝夕輔佐朕，另外由你自己推薦一人接任鳳翔節度使。」

話說的這個份上，李晟知道自己的戎馬生涯結束了。他在心中暗自歎了口氣，表情如故。推薦都虞候邢君牙出任鳳翔節度使，他能做的也就這麼多了，剩下的事情就聽天由命吧。

事情發展到這一步，尚結贊的計畫進展順利，接下來又將目標鎖定在河中節度使渾瑊身上，他要把渾瑊也拉進會盟的渾水之中。尚結贊向唐朝使者建議道：「吐蕃將相以下二十一人都與渾瑊共過事，知其忠信，靈州節度使杜希全、涇原節度使李觀在吐蕃也很有威望，不如請他們一起來主持會盟。」

尚結贊的胃口真不小，他想把對自己有威脅的唐朝將領一勺燴了。

他的計畫在發展中打了個折扣，杜希全和李觀因為各種原因沒有參與最後的會盟儀式，尚結贊等來的唯一一條大魚是河中節度使渾瑊。

渾瑊帶領本部人馬兩萬餘人啟程前往會盟之地，此去會盟的地點居然變動了兩次。開始雙方約定在清水會盟，一如西元七八六年的舊例，不曾想尚結贊並不同意，他建議定在原州的土梨樹。唐朝方面經過研究認為土梨樹地勢險惡容易埋伏伏兵，再次建議將會盟地點改在平涼。

地點總算定下來了，不變了，就在平涼。

渾瑊啟程之前，李晟再三囑咐道：「小心，再小心，會盟時一定要嚴加戒備，防止偷襲。」這是一個老兵對另外一個老兵的囑託，句句是真理，但這些真理在仇敵張延賞那裡卻不入耳。

由於張延賞的復仇心理作祟，凡是李晟反對的，就是張延賞贊成的，他已經失去了基本的判斷。以他的宦海經歷和泛讀史書不可能不知道吐蕃一直是虎狼之師，如此上趕子（**東北方言，指主動接近或討好別人**）的會盟背後必然有詐，可他愣是沒看出來。仇恨容易讓一個人心理扭曲，同時也會蒙蔽雙眼。

張延賞將李晟的話添油加醋報告給了李适，李适皺起眉頭，李晟怎麼這樣說話，簡直是胡鬧。

李适馬上召見渾瑊千叮嚀萬囑咐，此次會盟一定要讓吐蕃看到我們的誠意，我們這邊不能出問題，千萬不能因為猜疑而壞了會盟的大事。

如果說張延賞是因為個人的恩怨而被蒙蔽了雙眼，那麼李适同樣也因為個人的恩怨而被蒙蔽，他太想聯合吐蕃打回紇了，因此不惜祭出這樣一個「騎虎驅狼」的昏招。

渾瑊帶著李适的重託走平涼與吐番會盟，他向李适奏報已經和吐蕃定下了會盟日期，會盟大局已經不可逆轉。

此時李适的心裡比蜜還甜，張延賞的心裡也無比舒坦，舒坦在於這一次他贏了李晟。張延賞舉著渾瑊的奏疏示意群臣，嘴裡振振有辭：「李晟李太尉一再說與吐蕃的會盟成不了，可是渾瑊已經給皇上發回奏疏了，會盟的日期已經定了。」

張延賞一定不知道「行九十者半百里」這句話，世間很多事不到最後一刻都無法下定論，而他卻早早地下了定論，這一切只因為他太想贏李晟了。

張延賞的得意很快傳到李晟的耳朵裡，李晟悲憤地流下了熱淚：「我從小在邊陲長大，太了解吐蕃人的伎倆了，因此我才上疏反對與吐蕃會盟，可是他們不聽，恐怕朝廷要受犬戎侮辱了。」

英雄路，英雄淚，在李适和張延賞高舉會盟大旗的背景下，李晟顯得那麼孤獨。

會盟前線，渾瑊還沉浸在即將會盟的喜悅之中，而一同前往的邠寧節度使韓遊瓌、鎮國軍節度使駱元光卻興奮不起來，他們一直覺得這裡面有問題，但又不敢明確提出來，畢竟會盟是皇上欽定的政策，此時反對就是抗旨不尊。

按照李适的部署，駱元光屯兵潘原，韓遊瓌屯兵洛口，兩軍作為渾瑊的援軍，一旦發生不測可以前去救援。

對於這個部署，烏茲別克外賓駱元光有不同意見：「潘原距離會盟地有七十里，一旦渾公有急，元光如何知曉？不如元光跟渾公一起前往，也好有個照應。」

渾瑊不以為意地擺擺手，不必，聖上已經做好部署，我們奉命行事就可以了。

渾瑊按照原定計劃繼續行軍，沒想到一回頭竟然看見駱元光跟在後面，這個駱元光，真拿他沒辦法，好吧，小心沒大錯。

距離會盟地三十里，渾瑊紮下營寨，駱元光挨著渾瑊紮營，渾瑊大營的柵欄稀鬆矮小，人馬可以輕鬆翻過，而駱元光的大營溝深柵高難以翻越。

渾瑊還是渾然不覺，駱元光卻嗅到了空氣中異常的味道。除了正常戒備，駱元光還在大營的西邊埋伏了一支伏兵以備不時之需，同時韓遊瓌也派來五百騎兵策應，必要時可以分散吐蕃人的兵力。

平涼，會盟地，渾瑊與尚結贊如約舉行會盟儀式。

按照約定，設立高壇，雙方各安排三千甲士分列兩側，唐朝在壇東，吐蕃在壇西。所不同的是，唐朝的三千甲士是實打實的，而吐蕃則是打著埋伏的，除了三千甲士另外還埋伏著好幾萬。

一方以誠相待，一方磨刀霍霍，火藥桶已經備好了，就差最後點火了。

尚結贊做了一個請的動作，請渾瑊到幕後更換禮服，渾瑊不疑有他，進入幕後開始更換禮服。

渾瑊一邊換，一邊想，一會就要正式舉行儀式了，一定不能給大唐王朝丟臉，表情，注意表情。

突然三聲鼓響，渾瑊打了個激靈，不好，果真有詐。

渾瑊三步併作兩步衝出來，眼前已經亂成一團，數萬吐蕃士兵掩殺過來，渾瑊心中暗暗叫苦，哎，哎，早沒聽李晟的話。

渾瑊四周掃視正巧看見一匹無主戰馬，衝到馬前渾瑊才發現這匹馬居然沒有裝馬鐙，顧不上那麼多了，渾瑊一躍跳上馬背，一拽韁繩才發現戰馬連勒口都沒有套上，無奈的渾瑊只能俯身抓著馬的鬃毛奔跑。這是渾瑊一生中最狼狽的一次，也是沒齒難忘的一次。

跑了十餘里，渾瑊才把馬的勒口套了上去，這下不用再拽著鬃毛不放了，跑了三十里終於到了自己的大營，他滿心以為安全了。一進大營，傻眼了，大營空空如也。原來部將聽說渾瑊被劫，心中沒底，索性腳底抹油棄營而逃了。

渾瑊恨不得抽自己幾個嘴巴，可眼前顧不上，吐蕃追兵一直緊追不捨，好幾支冷箭都擦著他的後背飛過。還好旁邊就是駱元光的大營，渾瑊打馬跑進了駱元光的大營。這時駱元光早已嚴陣以待，不給吐蕃追兵一絲機會。吐蕃追兵見無機可乘，只能在心中哀歎放走了渾瑊這條大魚，灰溜溜地回去覆命。

渾瑊恨不能找個地縫鑽進去。駱元光拍拍渾瑊的肩膀，把自己大營的糧草軍械分給渾瑊一些，兩人一起撤營退去，一路上渾瑊收拾殘兵敗將，頭始終沒抬起來。

會盟就這樣以慘敗收場，而李适還在長安城內洋洋自得，他自認為與吐蕃會盟是自己下的一個妙著。

李适對宰相們說道：「今日與吐蕃會盟，從此兩國罷兵，可謂是社稷之福。」

馬燧連忙附和道：「是啊，是啊。」

宰相柳渾向來直率，不以為然地回應道：「吐蕃，豺狼也，非盟誓可解也。今日會盟之事，臣心中一直有所擔憂。」

李晟接言道：「確實如柳渾所言，臣也擔心。」

原本心情大好的李适遭遇這兩盆冷水，心情頓時轉壞，臉色突變：「柳渾是書生，不懂邊防大事也就罷了，大臣為何也說這種沒水準的話？」

李晟、柳渾見情形不妙，只能叩頭謝罪。忠言逆耳啊，用心良苦的他們還得為自己的忠言告饒謝罪。會議不歡而散，眾人都在等待會盟的結果。

半夜，結果出來了，韓遊瓌奏報：吐蕃劫持大唐會盟使者，大軍再次壓境。

李适驚呆，許久說不出話來，天哪，居然讓柳渾言中了。

李适定了定神，命人將韓遊瓌的奏疏送給柳渾過目，真讓你言中了。

第二天一早，李适召見柳渾，悔意埋在心底：「卿一介書生，如何對吐蕃軍隊了解得如此深刻？」

從一開始，很多人都看出了這是一場騙局，唯獨李适看不出來。

平涼會盟以鬧劇收場，李适還想找回一點面子，命人持詔書前往吐蕃譴責尚結贊負約，這就是無能孩子的表現，明明吃了大虧偏偏還想在嘴上找回點面子。令李适沒想到的是尚結贊居然將傳詔使者拒之門外，這下連嘴上的面子也沒找回來。

李适打碎了牙往肚裡嚥，尚結贊卻要把自己的連環計繼續實施下去。

他先叫過來一位跟隨渾瑊會盟的官員，指手畫腳地說道：「我本來已經準備好囚車，就等著抓了渾瑊獻給我們的國王，沒想到讓他給跑了，結果抓了你們這些小蘿蔔頭，要你們有什麼用。」

轉過頭，尚結贊和顏悅色地問道：「聽說你們中有人是馬燧的侄子？」

馬燧的侄子馬弇站了出來。

尚結贊拿出一副世家長者與晚輩交談的姿態：「我們吐蕃人以馬為生，當初在河曲時，草還沒長出來，戰馬餓得跑不動，那時如果你叔叔渡河掩殺過來，我們恐怕就全軍覆沒了。後來我求和，你叔叔可是幫了大忙。如今我們全軍已經脫離險境，怎麼能忘了你叔叔的恩情，就更不能關押他的子侄了。」

馬弇愣愣地聽著，不知如何作答，一旁一同被俘的宦官卻眼珠亂轉，尚結贊嘴角掛著一絲微笑，他知道連環計要成了。

在尚結贊的一系列計畫中，他用離間計對付李晟，用抹黑手法對付馬燧，用請君入甕對付渾瑊。如果一切都達到效果，那麼唐朝三大名將將被一鍋端。

現在李晟已經被剝奪了兵權，尚結贊抹黑馬燧的一番話也傳到了李适耳中，馬燧的戎馬生涯要結束了。不久馬燧被免去副元帥、河東節度使職務，出任司徒兼侍中，從此他與李晟一樣只是長安城中賦閒養老的老人。

渾瑊呢，因為會盟一事弄得灰頭土臉，好長時間抬不起頭。

雖然反間計、連環計的計策並不高明，卻讓大唐三位名將遍體鱗傷，也讓那位一直與李晟唱對臺戲的張延賞羞愧難當，自己玩了一輩子鷹，到頭來卻被鷹啄傷了眼。

原本張延賞還有心氣，想調動劉玄佐、李抱真這些武將到西北築城，收復河湟二十餘州。沒有

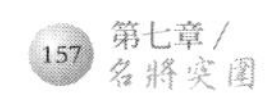

想到的是他面對的是一個個軟釘子。調動劉玄佐，劉玄佐自稱有病，即便皇帝下詔，劉玄佐也只是趴在病床上接旨；調動李抱真，李抱真不從，收復河湟二十餘州任務太重，另請高明吧。

到這時張延賞才發現，自己整了一個李晟，卻得罪了整個武將陣營。

無論是李懷光、李晟，抑或是馬燧、渾瑊，他們都是那個時代出色的名將。他們出生入死，有功於社稷；他們功成名就，卻又受皇帝的猜忌；他們登上瓊樓玉宇，卻又擋不住背後的凜冽寒風；他們在仕途中脫穎而出，然後又用一生的時間在官場中突圍。

或許應了一段相聲裡的臺詞——誰讓你優秀？

李泌拜相

拜相對於一個讀書人而言是夢寐以求的事情，對李泌而言則是一件微妙的事情，這一切只因為他是道教中人。

信奉道教的李泌骨子裡追求清靜無為，他卻偏偏學了一身帝王術。如果追求清靜無為就不能施展帝王術，如果施展帝王術勢必與當初追求的清靜無為相衝突，於是李泌就一直在矛盾中掙扎。時而帝王術佔了上風，時而清靜無為佔了上風，幾番交鋒下來，李泌已經從壯年步入老年，回望靈武追隨肅宗李亨歲月，不經意已經過去了三十餘年。

李泌最初受李隆基賞識，被推薦給當時的忠王李亨，李泌與李亨亦師亦友的關係持續了數年，直到被楊國忠趕出長安。李泌被趕出長安據說是因為寫了一首《感遇詩》，奸相楊國忠從詩中挑出了毛病，指責李泌影射自己，奏報給李隆基後李泌就被趕出了長安。究其根本原因，可能是楊國忠為了剪除太子羽翼，因此把太子最得力的李泌掃地出門。

安史之亂後，李亨與李隆基在馬嵬坡分道揚鑣，李泌跋山涉水追到靈武，輔佐李亨登基，然後逐步平定安史之亂。

以李泌之才，在靈武時李亨便要拜他為相，但李泌拒絕了，他寧願以山人身分輔佐李亨，死活不要別人看得眼熱的宰相之位。經過幾輪磨合，李泌選擇了以皇家資政的身分走上前臺，當起了實際上的宰相。

李泌一邊輔佐李亨，一邊觀察李亨，如果李亨具有賢君之才，李泌準備一直追隨下去，既施展自己的帝王術，又一展平生抱負。理想與現實之間總是有那麼大的差距，李泌期望李亨是一代明主，但事實上李亨讓李泌失望了，李亨不是翱翔蒼天的雄鷹，只是一隻飛上草垛的家雞。

按照李泌的戰略意圖，他主張對付安祿山要兩手抓，兩手都要硬，一隻手穩固西面防線，把安祿山叛軍堵在長安以東；一隻手直撲安祿山的范陽老巢，這樣讓安祿山在范陽、洛陽、長安一線來回奔波疲於應付，時間一長實力自然消耗殆盡。

圍棋上有一句俗語：「金角銀邊草肚皮。」下圍棋時要先搶佔角和邊，打下自己的勢力範圍，在角和邊站住了腳，再往中心推進就成了順理成章的事情。李泌為李亨勾畫的藍圖就是這樣一盤大棋，如果李亨下好了，安史之亂可以逐步平定，而且不留後患。可惜李亨看不到那麼遠，也等不了那麼長時間，他急於收復長安，在長安將自己的皇位坐穩，因此只能將李泌的龐大棋局打了折扣，變一場大勝為慘勝了。

眾所周知，在《三國演義》中，諸葛亮與劉備有一場隆中對，在這次會面中，諸葛亮為劉備定下了「三分天下有其二」的戰略，在這個戰略中，諸葛亮為劉備描繪了一個宏偉藍圖：將軍既帝室之胄，信義著於四海，總攬英雄，思賢如渴，若跨有荊、益，保其岩阻，西和諸戎，南撫夷越，外結好孫權，內修政理；天下有變，則命一上將將荊州之軍以向宛、洛，將軍身率益州之眾出於秦川，百姓孰敢不簞食壺漿，以迎將軍者乎？誠如是，則霸業可成，漢室可興矣。

世上的很多事情經不起仔細推敲，諸葛亮的宏偉藍圖也經不起仔細推敲，因為隆中對裡是有漏洞的。諸葛亮讓劉備「西和諸戎，南撫夷越，外結好孫權」，待天下有變時即北伐曹魏，興復漢室。實際上「結好孫權」是其中關鍵，當雙方需要共同抗曹時，雙方自會結盟，而當蜀漢以興復漢室之心大行北伐之事時，局勢就悄悄發生了變化，孫權一方焉能眼睜睜看著蜀漢坐大而無動於衷，到那時「結好孫權」就是一句實現不了的空話。由此可見「結好孫權」與「天下有變興復漢室」是相互矛盾的，兩者不可能同時成立。

歷史就是這樣殘酷，一個充滿BUG的隆中對流傳千古，一個可以將安史之亂無後患撲滅的曠世布局卻被歷史無情湮沒，李泌，你的運氣不太好，誰讓你沒成為羅貫中筆下的主角。

對李亨失望，又對新朝廷的爭鬥厭倦，李泌選擇了歸隱嵩山，李亨百般挽留無果，只能同意李泌歸隱。同時下令地方官員以正三品官員俸祿供應李泌，正三品相當於現在的正部級，也就是說在嵩山歸隱的李泌是享受正部級行政待遇的歸隱山人。

從此之後，李泌與大唐官場時而遠離、時而接近，嵩山道觀幾出幾進，大唐官場幾度浮沉。打壓他的人從宦官李輔國換成了宰相元載，又從宰相元載換成了宰相常兗；皇帝則從唐肅宗李亨換成了唐代宗李豫，再換成唐德宗李适，而李泌也從三十出頭走到了六十出頭。

三十年間，李泌遭遇官場傾軋，也曾遭遇殺身之禍。有一次劫匪洗劫了嵩山道觀，順手將李泌扔下了山澗，李泌慘叫一聲便失去了知覺。不知道過了多長時間，李泌甦醒，發現自己掛在一棵松樹上，身手敏捷的他攀援而上，徒手爬回道觀，生生撿回了一條命。在其子李繁撰寫的《鄴侯外傳》中，李泌是一個有仙氣的人，能夠在屏風上行走，仙風道骨不似世間眾人。李繁的話不太可信，不過李泌注重養生、身手敏捷倒是可信的。

三十多年遭受傾軋的李泌沒有心灰意冷，他一直在等待機會，等待明主出現，從爺爺輩等到了孫子輩。李泌悲哀的發現一蟹不如一蟹，爺爺李亨不行，父親李豫不行，身為孫子的李适其實也不行，老之將至，李泌已經不能再等了。

不再等待的李泌抓住了人生最後的機會，西元七八七年六月，李泌被李适委任為中書侍郎兼任宰相，就此開始宰相生涯。幾天後，李泌與宰相柳渾一起覲見李适，與他們一同前往的還有兩位已經退居二線的老臣李晟和馬燧。別人只把這次覲見當成一次普通的覲見，而李泌則要與皇帝做一個約定。

李适見到新任宰相李泌，打心眼裡欣慰，李唐王朝從祖父李亨那輩就想拜李泌為相，一直想了三十多年，如今終於夢想成真。

對於拜李泌為相，李适內心也有自己的想法，他想給李泌定一個規矩：不准挾私報復。這個規矩是李适痛定思痛後琢磨出來的，他從楊炎、盧杞身上看到了挾私報復的嚴重危害。因為公報私仇，楊炎整死了劉晏；因為公報私仇，盧杞整死了楊炎。一環扣著一環，簡直成了殺人的食物鏈，報仇的人快意恩仇了，最終損害的卻是王朝的統治根基。

李适和顏悅色對李泌說：「昔日在靈武時，卿就應該官居宰相之位，你推辭掉了。如今朕終於將你拜相，在這裡跟你做個約定，希望你上任以後，不要脅私報復、公報私仇，如果你要報恩，朕幫你報。」

李泌正色回應道：「臣向來信奉道教，與別人沒有私仇。以往陷害臣的李輔國、元載已經自斃，不需要報仇了。至於對臣有恩的人，要麼已經顯達，要麼已經辭世，臣也沒有需要報恩的人了。」

李适一抬手：「卿所言極是，不過小恩也是需要報的嘛。」

李泌接話道：「既然陛下與臣有約，那麼今天臣也想跟陛下做個約定，不知可行與否？」

李适點點頭：「有何不可，但說無妨。」

李泌拱了拱手：「臣懇請陛下不要加害功臣。臣受陛下厚恩，說話就沒有顧忌了。李晟、馬燧有大功於國家，現在外面有很多人說他們的壞話，想必陛下也不會聽信那些讒言。今天當著他們兩位說這番話，就是讓他們內心不再忐忑。倘若陛下加害他們，則禁衛將士、地方節度使們都會扼腕歎息，內外變亂就在旦夕。對於人臣而言，得到陛下信任就是最大的幸事，當不當官沒那麼重要。臣在靈武時沒有官爵，但將相都聽臣差遣；相反，陛下委任李懷光當太尉，他卻惶恐不已，以至於最後叛亂，這些都是陛下親眼所見。如今李晟、馬燧已經富貴到頂點，如果陛下能坦誠對待他們，國家有事則掛帥出征，無事則回朝隨侍左右，這是何等的幸福。臣懇請陛下不要因為兩位大臣功大而猜忌，兩位大臣也不要因為位高而惶恐不安，如此則天下無事。」

李适聽完，信服地點了點頭：「朕初聽卿言，不知你想說什麼，等到聽到你的細細剖析，方知是有利於江山社稷的良言。朕當將這番話書寫在衣帶上，兩位大臣與朕一起共勉。」

李晟、馬燧聽罷，禁不住流下熱淚，從登上瓊樓玉宇那一刻起，他們就一直生活在惶恐之中，生怕富貴不能持久，有朝一日被打落馬下一無所有。如今李泌的仗義執言將皇帝架到為了江山社稷的道德高度，如此一來此生無憂。

李晟、馬燧向皇帝李适拜謝，同時向李泌致意，有了這次君臣對，穩妥了。

六年後，李晟在長安去世，終年六十六歲，走完了自己壯麗的一生；二十四年後，李晟之子李愬雪夜入蔡州平定淮西叛亂，李晟一脈長留青史。又過了兩年，馬燧走完了自己的人生路，享年

六十九歲；又過了五年，渾瑊辭世，享年六十四歲。

至李适手下三大名將全部凋零。

三大名將凋零意味著李适一朝大規模對外作戰已無可能，想要爭取長時間的和平，只能靠外交途徑了，而高屋建瓴的布局還得靠李泌完成。

先給李泌點時間。

妙手天師

也是在這次會見中，李适對李泌囑咐了一番：「今後軍旅糧儲的事務由你負責，吏部、禮部的事務由張延賞負責，刑部司法方面事務由柳渾負責。」

李泌笑了笑，向李适進言道：「不可。陛下不以臣不才，讓臣待罪於宰相之位。宰相的職權是不能分割的，不能像御前監督官一樣分文武兩班，中書舍人那般分六個科。至於宰相，天下的事都應該參與管理，如果各有負責的具體事務，那就是有關官員而不是宰相了。」

李泌說的確實有道理，所謂宰相就應該胸懷天下，而不僅僅拘泥於具體事務。

李泌笑道：「朕剛才失言，卿所言極是。」

李泌見李适心情不錯，便趁熱打鐵，懇請李适讓之前被裁減的州縣官員官復原職。

李适不解，問道：「設置官吏是為了管理，如今戶口較之當年太平時期少了三分之二，而官吏數目卻增加了，這怎麼可以呢？」

李泌回應道：「陛下說的沒錯，戶口確實減少了，但各州縣的事務卻比當年太平時期多了十倍。而且本次所裁減的官員都是有具體事務的，冗官卻沒有減少，因此這次裁減並不恰當。安史之亂後，設置的編制外官員越來越多，已經相當於正式編制官員的三分之一，對於這些官員應該計算他們的工齡，該退休的退休，如果正式編制官員出缺，則由他們遞補，如此一來不僅大家沒有怨氣，而且還會十分歡喜。」

叫停裁減官員，給編制外官員轉正，這是新任宰相李泌給同僚們帶來的福利，李泌並非濫賞，而是因地制宜實事求是。隨著時代發展，王朝的事務性工作必然越來越多，此時如果一味地為了裁減而裁減，那麼最終裁減掉的一定是那些真正做事的人，不做事卻在其位的人絲毫不受影響。

李泌叫停形式大於內容的裁減，又給編制外官員轉正，之後又為在京官員漲工資，幾步棋下來他贏得了同僚的信任，接下來就有足夠的空間可以展拳腳了。

李泌很快地遇到了第一個難題——軍費緊張。

當時來自潼關以東的各支秋防部隊雲集關中，俗語有云：「兵馬未動，糧草先行。」如今這麼多部隊集結，所需糧草自然不在少數，而國庫卻很吃緊，眼看就要負擔不起這筆高昂的軍費了。

李泌冥思幾天，想到了一個辦法。

李泌向李适奏報道：「自從實行兩稅法以來，各藩鎮、州、縣實際上還在兩稅法之外額外徵收，而朱泚叛亂後，各地為了徵兵自保又額外徵收了很多錢。朱泚後來被平定了，各州縣對自身非法徵收的錢糧心知肚明，但只能隱匿不敢聲張。臣懇請陛下讓使者到各地宣旨，赦免這些官員的罪，同時要求他們限期改正，除了按比例留夠當地應留部分，剩下的全部上繳國庫。如果有人還敢隱匿不報，則鼓勵大家舉報，同時嚴懲被舉報者。」

李适聞言大喜，按照李泌這個辦法，不僅軍費有著落了，國庫也能多出不少的進項。

李适得隴望蜀：「卿的策略很長遠，不過立法太寬，恐怕國庫裡收到的錢也不會很多吧。」

李泌胸有成竹：「此事臣已經深思熟慮過了，立法寬則國庫收到的錢糧多而且迅速，立法太嚴則收穫的少而且慢。立法寬鬆，眾人都欣喜於被赦免而樂於上繳國庫；立法嚴峻，眾人只能百般藏匿，除非嚴刑逼供才能拷問出真實數目，這樣收繳上來的錢財不僅不足以供應軍隊，而且錢財可能都落入貪官污吏之手了。」

李适點了點頭，照方抓藥，各地多徵繳的錢糧很快地匯聚京城，不僅解決了軍費，而且還有不少盈餘，這一切得益於李泌的靈活應對。

軍費的難題化解了，又一個難題接踵而至。這個難題是外賓太多。

安史之亂後，西北邊防部隊調往東部平叛，吐蕃軍隊便趁虛而入，吞併了河西、隴右之地，如此一來不僅侵佔了大唐領土，同時還切斷了大唐與西域的交通聯繫。天寶年間以來，安西、北庭兩個都護府的奏事官以及西域各國的使節便在長安逗留，吐蕃軍隊切斷大唐與西域交通後，這些人的歸路被斷，歸家遙遙無期，索性在長安長期住了下來。這些人員和馬匹都靠鴻臚寺供應，其中的貴賓由京兆府跟所屬各縣供應，由全國財政總監署列入財政預算。由於國庫空虛，財政預算不能及時下撥，這些來自西域的貴賓們不能得到及時供應，便入鄉隨俗不拿自己當外賓了，偷盜搶劫的事情時有發生，長安百姓不勝其擾。

李泌上任後著手整頓這些外賓，通過調查在長安逗留時間最長的已經四十餘年了，不僅買了房買了地，還娶了妻生了子，顯然在沙家濱住下，不走了。李泌讓人細細調查，凡是在長安買了房買了地的一律停止供應，這一停就停了四千餘人的伙食供應。

外賓們一下炸了鍋，憑什麼啊？免費餐吃了幾十年了，怎麼就不讓吃了？

一眾人等聚集到鴻臚寺上訴，李泌正等在那裡。

李泌舉起雙手向下壓了壓，示意大家安靜：「諸位，聽我說幾句。這些事呢，都是之前宰相的過錯，哪有讓外國朝貢的使臣在長安一待就是幾十年還不恭送回國的道理？如今諸位可以從回紇繞道回國，也可以走海路回國，有不願意回國的到鴻臚寺報到，我們將授予職位，按照我朝官員的標準發放俸祿。人哪，應該抓住機遇，施展自己的才華，哪有終身在別人國家最終客死他鄉的道理呢？」

外賓們聽完李泌的話都明白了，這是一個聰明宰相，想在他手下混免費餐沒希望了。

眾人各回各家，各找孩子他媽，沒有一個人願意回國，既然在長安買了房置了地，就在這裡落地生根了。

四千餘人陸續到鴻臚寺報到，李泌將這些人全部編入神策軍，其中地位高的如各國王子和使節給了如散兵馬使類的官職，其餘一律為卒，從此之後他們不再是吃免費餐的外國使節，而是靠自己本事吃飯的神策軍士兵。

經過李泌的整頓，真正需要鴻臚寺供應的外賓只有十餘人，僅此一項一年可節省經費五十萬貫，長安百姓自此也不再遭受外賓騷擾。

難題一一解決，李适的眉頭還是沒有舒展，他的心中還有一個結，這個結叫做府兵。在與李泌幾次深談後，李适意識到恢復府兵制的重要性，如果天下重回府兵制體系，府兵平時為農，戰時為兵，兵權牢牢掌握在皇帝手中，如此這般天下必定長治久安。李适被恢復府兵制的前景打動了，他想加速這個過程。

李适再次招來李泌，話題還是恢復府兵制。

李泌回應道：「今年徵調關東士兵參加長安以西秋季邊防的士兵有十七萬，累計需要二百四十萬斛粟米。粟米的市價是每斗一百五十錢，這樣僅糧食一項就需要三百零六萬貫。如今國家遭遇饑荒和喪亂，國庫空虛，就算有錢也沒有那麼多粟米，顯而易見，現在還不是討論恢復府兵制的最好時機。」

李适有些失落：「那怎麼辦呢？裁減秋防部隊，讓一部分士兵回去，可行嗎？」

李泌在這等著李适呢。

李泌有些故弄玄虛地說道：「如果陛下真能採用臣的策略，那麼可以不裁減士卒、不驚擾百姓、糧食豐足，粟米和小麥的價格不斷下降，府兵制也可以恢復。」

李适不由地眼前一亮：「果能如此，怎能不用你的良策？」

李泌娓娓道來：「這事需要緊急操作，過十天就來不及了。如今吐蕃盤踞在原州和蘭州之間，用牛運送糧食，糧食運完了牛也就沒什麼用了，懇請陛下把左藏庫那些年久掉色的綢緞調撥出來重新染成彩綢，通過党項部落向吐蕃人買牛，一頭牛價錢不過兩三匹彩綢，有十八萬匹彩綢，就能買到六萬頭牛。同時下令各地鑄造農用器具及購買麥種分發到邊境的各軍事據點，以此招募戍守邊防的士卒，讓他們開墾荒田耕種小麥。與他們約定明年小麥成熟後雙倍償還麥種，其餘的糧食按照現有價格上浮五分之一由官府敞開收購，來年春天耕種其他糧食也採用這個辦法。關中土地肥沃而撂荒已久，一旦開荒成功收穫必然很多，只要士卒獲利就能帶動更多的人去開荒種田。邊疆人少，而且士兵的糧食又由官府供給，種出來的糧食無處銷售，長期下去必然會價格下降，雖然收購時價格上調五分之一，但兩相比較糧食的總體價格還是下降了。」

李适的眼睛更亮了，有道理有道理，立即執行。

「邊疆地區官員缺少，建議公開拍賣，鼓勵百姓用上繳糧食的方式換取官位，這樣今年的糧食就足夠了。」李泌接著奏報。

李泌要拍賣的官位應該都是一些榮譽性的虛職，並非事務性的實職，此舉實則是鼓勵百姓用糧食換榮譽，非常時期所用的非常之法。

李适被李泌說得怦然心動，追問道：「你說府兵制也可以一併設立，該如何操作？」

李泌描繪道：「戍邊的士卒因為屯田致富，便樂於戍邊，不再想回家的事。按照過去的規定，戍邊士兵滿三年更換一次，陛下可以在三年期將滿時下一道命令，有願意留下戍邊的其所開墾的荒田即為永業田，永遠歸其所有。在老家的家人願意到邊疆的，所在州縣頒發路條，沿途州縣負責供應。然後將統計的數字知會他們原屬戰區，下次輪防時扣減相應人數，如此操作河朔各戰區也能逐漸免除輪防的麻煩。幾個三年下來，戍守邊疆的士兵都成了本土士兵，這時再用府兵的辦法進行管理，就可以把貧苦凋敝的漢中變得富強起來。」

大手筆大藍圖，如果李泌的策略得到執行，府兵制即便不能在全國恢復，至少也可以在關中恢復，如此則大唐基業安穩。

上天會給李泌足夠的時間嗎？

李适被李泌描繪的藍圖深深打動，不禁笑道：「如此，天下無事也。」

「不，這還不夠。臣能不動用中原之兵就讓吐蕃陷入困境。」李泌卻沒有附和。

李适更有興趣了，李泌卻賣個關子：「臣現在還不敢說，等屯田之事有了成果後，再議不遲。」

李适看著李泌，宰相葫蘆裡賣的是什麼藥呢？他到底有什麼錦囊妙計呢？

李泌緊閉牙關，不說就是不說。其實不是不說，而是時機不到，一旦時機到了，他將和盤托出。

皇帝李适只能暫且按下躁動的心，先將李泌的屯田計畫頒布天下，計畫一公布立刻得到了熱烈的迴響，願意留下屯田的士兵高達一半以上，這個資料表明李泌的計畫確實可行。

智救太子

時間一天一天過去，李泌在宰相任上的找到了如魚得水的感覺，帝國的事情太多了，真想把一天當兩天過。

這天皇帝李适又交給李泌一個任務：調查禁衛將軍李升和郜國大長公主的關係。

李泌一聽這兩個名字，頓時意識到有人要在這兩人的身上做文章。

李升，禁衛將軍，東川節度使李叔明之子。皇帝李适逃難經過駱谷時，因天氣惡劣道路濕滑，隨行軍隊隊形渙散，秩序大亂。李升與郭子儀之子郭曙、令狐彰之子令狐建等六人咬破手臂對天發誓，六人用布帶纏腿、腳穿釘鞋輪流為李适牽馬，不准其他人靠近，深一腳淺一腳護送李适到了梁州。等到李适重返長安後，李升等人被視為忠臣代表，李升被擢升為禁衛將軍，恩寵甚重。

郜國大長公主，唐肅宗李亨之女，論輩分是李适的姑媽。郜國大長公主還有一個身分，當今太子李誦的岳母，太子妃正是郜國大長公主的女兒。李唐皇室的輩分真夠亂的，論輩分，郜國大長公主是李适的姑媽，結果兩人卻做了兒女親家；論輩分，李誦該稱呼郜國大長公主的女兒為姑媽，結果兩人成了夫妻。李唐皇室輩分亂套的還不只這一起，李誦的兒子李純後來娶了郭子儀的孫女，按輩分李純娶的也是姑媽。

李泌將兩個人的名字在心中過了幾遍，發現這兩個人一定是得罪了什麼人。

李适對李泌說道：「郜國大長公主已老，李升那麼年輕，兩人應該不會是曖昧關係。你幫朕好好查查。」

李泌接言道：「一定是有人想動搖東宮、陷害太子，敢問陛下是誰跟陛下說的這些？」

李适不動聲色：「卿勿問，只管替朕好好查訪便是。」

李泌久在官場，知道同僚傾軋那些招數，剛才他在心中盤查了幾遍，心裡大致有了答案。

李泌決定從李适口中詐出這個告密的人，遂斬釘截鐵地說道：「此必是張延賞向陛下告的密。」

李适果然中招：「你怎麼知道？」

李泌笑了笑，果然不出所料，當年張延賞出任西川節度使，與時任東川節度使的李叔明有矛盾，而李升又是李叔明之子，顯然是張延賞在報復。

李泌回應道：「李升蒙受陛下恩寵掌握禁軍，張延賞抓不住什麼把柄，而郜國大長公主是太子妃蕭氏之母，她的目標大，於是張延賞就利用李升曾經出入郜國大長公主私宅這件事做文章，實際上還是想陷害李升。」

李适不由地佩服李泌，什麼事都瞞不過你，確實如此。

李泌遂建議道，還是將李升調職吧，不再擔任禁衛將軍，這樣李升受到的恩寵不那麼扎眼，張延賞也就不會老針對他。

由此李升由禁衛將軍轉任太子詹事，由一名將軍轉變成太子宮總管，看起來職位不再像以往那般榮耀，張延賞不會再針對他了吧。張延賞確實不再針對李升了，也不能針對了，西元七八七年七月，張延賞辭世，他與李升父子的恩怨也被他帶到了另外一個世界。

李泌原以為青年將軍李升會就此遠離了嫌疑，想不到更大的麻煩向李升撲來，問題還是出在李升與郜國大長公主的曖昧關係上。

儘管當初李泌在李适面前極力否認了李升與郜國大長公主有曖昧關係，並把話題成功地轉移到張延賞與李升父親的恩怨上，但李升與郜國大長公主之間確實存在曖昧關係，即便李泌一時否認了，時間長了還是會慢慢浮出水面。

同以往一些行為不檢點的公主一樣，郜國大長公主的作風非常豪放，經常出入她家中的太子詹事李升、蜀州別駕蕭鼎、彭州司馬李萬、豐陽令韋恪，這四位均與郜國大長公主保持著曖昧關係，久而久之變成了長安城中眾人皆知的秘密。在唐代，男女關係混亂不算什麼大事，唐朝皇帝太宗李世民、高宗李治、玄宗李隆基都沒有起到什麼好的帶頭作用，一般而言這種事只會當成緋聞傳播，不算嚴重事件。

然而郜國大長公主一邊傳著緋聞、一邊行事高調，他身為太子的岳母自我感覺非常良好，經常坐著轎子隨意進出東宮，頤指氣使，儼然一幅當家人模樣。皇帝李适原本對這位姑媽兼親家恩寵有加，畢竟打斷骨頭連著筋，更何況中間還有一門親。

但是處在郜國大長公主這樣位置上，不惹事還會有人生事，何況她還那般高調。時間一長，朝中對郜國大長公主的議論不斷，東宮內部對她也有微詞，議論和微詞交織到一起，郜國大長公主便陷入到了漩渦之中。

如果僅僅是淫亂，問題也不嚴重，嚴重的是在對郜國大長公主的指控中還有一條：厭禱。所謂厭禱即是以巫術祈禱鬼神，是為皇家大忌，厭禱歷朝歷代後宮之中是明令禁止的，如有違背輕則打入冷宮，重則賜死甚至連累家人。

現在有人將厭禱的帽子扣到郜國大長公主的頭上，這下問題嚴重了。李适一聲令下，郜國大長公主被囚禁於皇宮之中，李适覺得還不解氣，將火撒到了太子李誦身上：「看你岳母幹的好事。」

李适明裡是說李誦岳母行為不端，暗裡實際還有一層意思：太子，你岳母行厭禱之事，是你迫不及待想登基嗎？

李誦頓時感到渾身發冷，他早知道岳母行為不檢點，但沒想到還有厭禱這種事，不僅她自己身陷囹圄，還把自己牽連進去。怎麼辦？怎麼才能跳出這個泥潭？

思來想去，李誦想到了一個高招：斷臂求生。

這一招不新鮮，李誦的曾祖李亨曾經用過，而且先後用過兩次，這一次李誦也要用，他上奏李适：要求與太子妃蕭氏離婚。

離婚的申請報到李适那裡，李适還是按捺不住心中的怒火，他甚至動了廢黜太子之心。廢黜太子這種大事還是得慎重，李适找來了李泌一起商量，他對太子實在太失望了，不僅能力平庸，而且還有那麼一個行為不檢的丈母娘。

李适話中有話地說道：「舒王李誼已經長大了，孝悌友愛溫和仁慈，是個人才。」

李泌一聽便聽出其中的深意，皇帝已經起了廢立之心，朝中恐怕有人已經悄悄站到了舒王李誼一邊，這是要動國本啊。

李泌應對道：「何止於此。陛下只有一個嫡子，為何一起疑心就要廢嫡子而立侄子呢？」

「卿為何要離間朕父子？誰跟你說舒王是朕的侄子？」李适聲調高了起來，臉色異常難看。

李泌依然從容應對道：「陛下自己告訴臣的。大曆初年，陛下有一天跟臣說今天得了幾個兒子。臣追問陛下何故，陛下說昭靖太子（李适二弟李邈）的幾個兒子由代宗皇帝作主交給你撫養了。如今陛下連自己的嫡子都懷疑，何況子侄呢？舒王雖然孝悌，但從今以後陛下還是自己把握吧，別一味指望舒王的孝悌。」

「卿不愛自己的家族嗎？」李适的話中已經有了威脅的味道，他心中的天平已經偏向了舒王李誼，容不得李泌這樣一番搶白。

李泌看著李适，知道皇帝心中已經失衡了，此刻侄子李誼的地位遠遠高於兒子李誦，八匹馬恐怕也難拉著李适回頭。李泌還是想試一試。

「臣正是因為愛自己的家族，因此不敢不盡力進言。倘若臣因為懼怕陛下盛怒而屈從陛下，回頭陛下後悔了，一定怪罪臣獨自為宰相卻不力諫，以至於事情到了這個地步，一定要殺了你的兒子才能解氣。臣已經老了，死不足惜，但若殺了臣的兒子，讓臣以侄子當成後嗣，臣不知道能否得到他的祭祀啊。」說完後李泌老淚縱橫，他不想看到太子平白無故被廢黜，更不想將來有一天皇帝找自己算後帳。

李泌的話擊中了李适內心的最軟處，他也被觸動了，由於遷怒於太子眼中便只有舒王李誼，被李泌一說倒有些左右為難了。

李适問道：「事已至此，朕該怎麼辦？」

從李适的眼神中李泌看到了回轉的希望，他必須牢牢抓住這稍縱即逝的時機。

李泌侃侃而談，從唐肅宗李亨冤殺建寧王開始，說到太宗李世民同時廢黜太子李承乾和魏王李泰，最後勸解李适三思而後行，從容考慮三天再作打算。即便一定要廢黜太子，則一定要冊立皇太孫，那樣千秋萬代之後皇帝依然是李适一脈。

李适看著李泌，他知道李泌說的不無道理，但似乎有些太熱心了：「此乃朕之家事，於卿有何關係，而卿卻力爭到如此地步。」

「天子以四海為家，而臣獨任宰相，只要四海之內有一點事不合理都要歸罪到臣的頭上。況且坐視太子蒙冤而不進諫，罪過大了。」李泌力爭道。

李适思慮一番：「好，朕就看在你的面子上留待明日再考慮廢立之事。」

「陛下能這麼做，臣知道陛下與太子還是當初一樣父慈子孝，不過陛下回宮後當自己細細思量，不要把廢立之意透露給左右，一旦洩漏必然就有人想擁立舒王，太子就危險了。」李泌囑咐道。

李适點了點頭：「好，朕已知卿意。」

回到家中，李泌疲憊不堪地對兒子們說道：「我本來不貪戀官場的富貴，可命與願違，今天的事恐怕將來會連累你們了。」

雖然與李适費了半天口舌，但李泌心中還是沒有底，一旦皇帝決意冊立舒王，那麼他的兒子們將來免不了會遭到打擊報復。李泌心中暗歎一口氣，誰讓你學帝王術，誰讓你伴君如伴虎呢？

李泌閉上眼想養養神，這番進諫下來太累了，如果皇帝一意孤行呢？李泌輕輕地搖了搖頭。

這時下人來報，東宮的人來了。

來人附在李泌耳邊輕語：太子感謝宰相救命之恩。如果事情不可挽回，太子準備服毒自盡，宰相您的意思？

李泌一下子清醒了，囑咐來人道：「回去告訴太子，肯定不會到那一步。只要太子還像以往一樣孝悌，一定平安無事。不過如果李泌不在了，後面的事就不知道了。」

隔了一天，李适在延英殿單獨召見了李泌，話剛起了頭李适便流下了熱淚：「如果不是卿一再進諫，朕今天便悔之晚矣。一切確實如卿所言，太子仁孝沒有不軌行為。從此之後，軍國大事以及朕的家事都委託給卿了。」

李泌心中的一塊石頭終於落了地。

「陛下聖明，覺察出太子無罪，臣對國家的報效就到此為止吧。前日臣被已故亡魂驚嚇到了，恐怕不能再任宰相了，懇請陛下允許臣退休。」

李适連連擺手：「朕父子全靠卿得以保全，方才還囑咐子孫，一定要讓卿世世代代富貴下去，何來退休之言。」

李泌的退休之言高高舉起，又輕輕放下，正是大展宏圖之際豈能說走就走。不久處理結果出來了，彭州司馬李萬屬李唐皇室宗親，卻不避血親與郜國大長公主淫亂，亂棍打死；李升等以及郜國大長公主五子一併流放嶺南以及邊疆地區。

李誦的太子之位終於被李泌保住了，但由此受到的驚嚇卻影響他的一生。李誦後來也登基當了皇帝，但他這個皇帝卻是李唐皇帝中的奇葩。他以病體登基，在位不到二百天，連自己的年號都沒有就駕崩了，而他又是唐朝擁有最多皇子的一位皇帝。

因為惶恐，精力不濟，時間長了身體便落下了病根；因為怕父親猜忌，不敢在政治上有所建樹，於是只能用東宮的聲色打發時間，而即便接觸聲色還得小心翼翼，不然還要留下好色縱欲的惡名。

勵志不成，墮落不能，身為太子，身在夾縫。二十六年如此太子當下來，鐵打身體又如何？

在這裡延伸說兩句唐德宗李适的詭異之處，詭異之一在於相信侄子勝過兒子；詭異之二在於他喜歡太子李誦的一個兒子，居然讓人抱到皇宮當兒子養，生生把孫子升格為兒子，以前這位見了李誦叫父親，之後見了李誦叫大哥。

到底是怎樣一種心理呢？

折騰了一番，李泌終於保住了太子，很難說太子李誦和舒王李誼孰優孰劣，至少有一點是肯定的，如果李誦失去太子之位，他的兒子李純就沒有希望在後來登基，也就沒有了後來的元和中興。

北和回紇

夜深了，李泌房間還有亮光。

李泌的面前是一張他爛熟於心的大唐山河圖。他的目光落在了吐蕃身上，這個心腹大患一直讓李泌耿耿於懷。多年來大唐一直受制於吐蕃，帝國重兵沿邊防守，但始終處於被動地位。人家來去如風，你守家守土，終究還是被動挨打的份。

是時候走這步棋了，這步棋如果不走帝國永無寧日，如果這步棋走好了吐蕃不足為患。

拿定主意，李泌沉沉睡去，他需要養足精神，明天的任務可不輕鬆。

天剛濛濛亮，李泌進宮面聖，為了這個計畫他已經準備了很長時間，只是苦於時機不成熟，現在時機趨於成熟。

李泌看到皇帝李适正在翻邊防將領的奏疏，眉頭緊蹙，顯然是被什麼難題難住了。李泌不動聲色，他知道癥結所在，他知道奏疏奏報的主題。

缺馬。

沒錯，讓李适頭疼的正是缺馬。

一段時間以來，缺馬成了每個邊防軍將領必須面對的問題，李适每天接到關於缺馬的奏疏數不勝數，馬已經成了李适做夢都惦記的東西。如今在邊境貿易中馬價越來越高，而且可以買來當成戰馬的馬還嚴重偏少，進而影響了唐軍的戰鬥力。冷兵器時代，騎兵對步兵基本都是完勝，以唐軍步兵對付外藩騎兵，不僅吃力而且沒有勝算。

李泌要藉助的就是缺馬這個時機。

李泌開言道：「陛下如能採用臣的計策，數年後馬價將只有現在的十分之一。」

李适立刻眼前一亮，十分之一？有何良策？

李泌看看李适，懇請道：「願陛下真正開誠布公，為了江山社稷能夠委屈自己，臣才敢言。」

李适覺得李泌有些怪怪的，往日沒有這般婆婆媽媽，今天這是怎麼了？

「卿何至疑心到如此程度，但說無妨。」

李泌這才說道：「臣懇請陛下北和回紇，南通雲南，西結大食、天竺，則吐蕃自困，戰馬自然也很容易得到。」

李泌此舉是一個外交大手筆，利用外交為大唐打造一個限制吐蕃的聯合陣線，只要跟這幾個國家聯合起來，吐蕃再也沒有朋友，四處強敵、孤立無援，自然慢慢陷於困頓之中。

在這條聯合陣線中，回紇最為重要。當年唐朝向回紇借兵，在陝州迎接回紇大軍時因為接待禮儀規格之爭，回紇可汗對年輕的李适頗為不敬，盛怒之下將李适的手下施以鞭刑，以致兩人慘死。在李适的記憶中陝州之恥是他一生的傷疤，輕輕一碰就會疼，在他登基後大唐與回紇的關係降到了冰點，即便回紇新任可汗幾度拋出橄欖枝請求和親，李适依然置之不理。

北和回紇？李适一聽就搖起了頭，跟誰都能和，跟回紇萬萬不能和。

李适一臉凝重：「其他三國可以按照卿的意思辦，至於回紇，不可能。」

李泌知道會在這個問題上碰到釘子，他早就準備好了說辭：「臣知道陛下會如此反應，所以之前沒敢進言。但是為今之計，聯盟之事必須啟動，而重中之重還是回紇，至於其他三國，可以緩緩。」

李适有些無奈了，卿既然知道朕的心結，又何苦來難為朕呢？

「什麼都可以提，聯合回紇的事就別提了。」

李泌並不放棄：「臣擔任宰相自然要進言，進言是否合理、措施是否可行需要陛下批示，陛下為何在回紇的問題上連話都不讓臣說了。」

李适面色依然凝重：「卿的進言朕都可以採納，唯獨聯合回紇不能採納，還是留待子孫解決吧。朕當政時，此事絕不可能。」

李泌不達目的絕不甘休，他一定要解開李适的心結。

「陛下是否還是因為陝州之恥？」

李适點了點頭：「是的。當年韋少華等人因為維護朕被回紇人羞辱最終慘死，這一幕朕始終沒忘。當年國家多難沒有精力報仇，如今想聯合回紇絕不可能。卿不要再說了。」

李泌接過話頭，從容進言道：「害死韋少華的是回紇的牟羽可汗，他在陛下剛即位時率兵入侵，結果被如今的合骨咄祿可汗誅殺。從這個角度來說，如今的合骨咄祿可汗對陛下有功應該受封賞，哪裡來的怨仇呢？之後本朝守邊大將誅殺了九百多名回紇官員和百姓，合骨咄祿可汗並沒有因此報復，反而釋放了朝廷使者，因此合骨咄祿可汗根本也沒有罪。」

李泌說的句句在理，將回紇兩任可汗一分為二，前者有仇不假，後者卻有功無仇，與前者和解不合情理，與後者和解其實在情理之中。

李适看著李泌，都是你的道理：「卿以為與回紇和解是對的，那麼朕就是錯的？」

李适的話裡帶著情緒、帶著怨氣，在回紇的問題上他不想讓步，他要守住自己的底線，不然韋少華那些人就白死了。

李泌迎難而上，他不能讓李适的怨氣擊倒：「臣進言是為江山社稷，如果僅僅為了自身，一味迎合陛下，那將來有何面目見肅宗、代宗於地下。」

李适態度有所緩和：「此事容朕慢慢思量。」

這天的進言沒有取得實際進展，李泌並不著急，冰凍三尺非一日之寒，想要搬開李适心頭的冰山顯然一次是不夠的，李泌做好了打持久戰的準備，一次不行，兩次、三次、四次……

前後總計十五次。

還是不行。

李泌迎來了第十六次，李适還是不准。

李泌歎口氣，說道：「既然陛下執意不應允與回紇和解，臣懇請陛下批准臣退休。」

李适連忙阻止：「朕不是拒絕納諫，只是想和你講講道理，卿何至於急於離朕而去？」

講講道理，好，今天就好好跟你講講道理。李泌回應道：「陛下肯與臣辯論道理，此乃天下之福，陛下請開始吧。」

李适說道：「朕願意與回紇和解，但實在不能辜負韋少華那些人，他們是因為朕才死於非命。」

李泌一下子看到了希望所在，既然皇帝這麼說，機會來了。

李泌徐徐道來：「以臣之見，是韋少華他們辜負陛下，而不是陛下辜負韋少華。昔日回紇親王領兵幫助討伐安慶緒，肅宗皇帝只是命臣在元帥府宴請了他，並沒有親自面見。回紇親王力邀臣到其軍營作客，肅宗皇帝也不同意，等到回紇大軍即將開拔時，肅宗皇帝才與他們相見。之所以如此是因為考慮到夷狄之人藏有豺狼之心，又率軍進入中原心腹地帶，不得不加以防範。陛下去陝州時還是二十出頭的年輕人，韋少華等人不能深謀遠慮，讓陛下以皇帝嫡子身分輕易地就進入回紇大營，而事先又沒有與對方商量好會見的禮儀，以至於回紇人桀驁不馴對陛下不敬，這難道不是韋少華等人辜負陛下嗎？」

黑的能說成白的，李泌的口才是為辯論而生，為了達到與回紇和解的目的，李泌將陝州之恥的責任推到了韋少華等人身上。

平心而論陝州之恥的責任還是在回紇人身上，兵強馬壯的回紇人沒有把唐朝放在眼裡，更沒有把李适這個年輕王爺放在眼裡，因此發生陝州之恥也是必然，即便韋少華等人提前商定好接待禮儀，回紇人還是有可能找到其他事情借題發揮。當一方手裡握著大棒，另一方手裡只有胡蘿蔔時，沒有公平可言、沒有道理可講，冷兵器時代的外交就是拳頭說話，其他都是廢話。

李泌將回紇人的不敬按下不提，把韋少華等人沒提前商定禮儀的失誤無限放大，為的就是要消除李适心中的恨，徹底打開對回紇的心結。

李泌用心良苦，只可惜委屈了冤死的韋少華。

李泌接著說道：「臣以為回紇不可恨，當今的回紇可汗誅殺了對陛下不敬的牟羽可汗，他的軍隊還有幫助唐軍光復京城的功勞，何罪之有。而吐蕃趁我們內亂，侵佔河西隴右數千里之地，還舉兵攻入京城，令先帝倉促出行到陝州，這才是一定要報的仇。當初侵佔我們領土的吐蕃國王還健在，那些宰相卻還建議聯合吐蕃攻擊回紇，這才是最可恨的。」

李适心中的底線被李泌突破了，他早知道回紇對於大唐的重要性，只是有舊怨耿耿於懷，與回紇和解進而結盟就被長時間擱置了。如今李泌鍥而不捨，李适也不再堅持抱著舊怨不放，他所考慮的還是面子問題。

「朕與回紇人結緣久矣，如今他們聽說吐蕃劫盟，如果我們前去和解卻遭到他們拒絕，這樣我們不就成了夷狄眼中的笑話了嗎？」

李泌早有準備：「陛下多慮了。臣當年在彭原時，如今的回紇可汗當時是胡祿都督，他和如今的宰相白婆帝一起追隨回紇親王幫助唐朝平叛，臣與他們的感情很深厚，當他們知道臣當宰相並主張和他們和解，他們答應還來不及，怎麼會拒絕呢。如今臣就給他們定五條規矩，對唐稱臣、給陛下當兒子、每次來京使臣不得超過二百人、每次販賣馬匹不得超過一千匹、不得攜帶中國人及經商的胡人出塞。如果五條全都答應，陛下才下令和解並准以和親。這樣一來陛下威名天下皆知，足以讓陛下一吐往日惡氣。」

稱臣？可行嗎？

李适疑慮道：「自從至德年間以來，回紇一直與唐約為兄弟之國，如今讓他們稱臣，他們能答應嗎？」

李泌回應道：「他們想與我朝和解之心由來已久，其可汗和國相都相信臣，如果一封信還不能完全溝通，臣再發一封信就可以了。」

李适聽罷，點了點頭，好，就按卿說的辦。

不久，回紇可汗的使臣來到長安，帶來回紇可汗的奏表，在這份奏表中回紇可汗對唐稱臣、對李适稱兒，李泌所約五事全部照辦。

李适難得地笑了，抬頭對李泌說：「回紇為何畏服卿到如此程度呢？」

李泌自不貪功，將功勞拱手讓給領導：「此乃陛下聖明，臣能有什麼力量。」

至此北和回紇宣告成功，李泌在反覆十六次進言後終於收到成效，他不僅打破了李适心中的堅冰，並由此為唐朝建立了一條龐大的聯合陣線。有回紇的示範作用使其餘三國的聯合變得簡單，最終都完成了與唐朝的結盟。

沒有永遠的朋友，也沒有永遠的敵人，回紇之前為敵，但在吐蕃為患的背景下，回紇這個敵人可以轉化為友，畢竟世間事並不是一成不變，斗轉星移的同時還需要與時俱進。

從此時起回紇成了唐朝真正的朋友，在危難之際始終站在唐朝一邊，更關鍵的是由於回紇與唐結盟，吐蕃遭遇到空前的壓力和限制，李泌所言的「吐蕃自困」逐步變成現實。對於唐朝而言，邊境軍事壓力因為形勢變化而驟降，帝國重兵可以逐步向京城以及東部調集，軍事布局的變化為後來的元和中興打下基礎。

這一切都是來自於那個深謀遠慮的妙手天師。

歸去來兮

歷史留給李泌的時間太短了，他真正以宰相身分運籌帷幄的時光只有一年多的時間，在這不長的時間裡他竭盡所能，對於這個帝國他已經用盡了心力，到頭來還是痛心地發現他所面對的皇帝是個扶不起的阿斗。

皇帝李适頗為苦惱地對李泌說：「以前地方上額外進貢的錢一年有五十萬貫，今年才三十萬貫，顯然不夠用啊。我知道說這話有些不成體統，但皇宮的用度確實吃緊。」

李泌在心中歎了一口氣，糾纏於二十萬貫的額外進貢，哪裡是一個明君作派。李泌不動聲色地建議道：「古時天子不聚私財，因為天下財富都是他的。皇宮用度不足，臣可以從國庫裡撥一百萬貫用於皇宮，只是陛下以後不要再接受地方的額外進貢了，這樣不僅敗壞風氣，而且還會有貪官污吏藉機向百姓敲詐。」

一邊是五十萬，一邊是一百萬，李适比較了一下，還是一百萬實惠，便點頭同意了李泌的建議。

看到這裡，可能有些讀者會產生疑惑，李适身為皇帝，花錢還得李泌同意嗎？

是的，在一個正常的王朝就是這樣的。

皇帝富有四海不假，但皇宮的用度每年是有額度控制的，不能隨意增加，國庫裡黃金白銀有的是，但身為皇帝也不能隨便動用，但凡正常的皇帝都不會打國庫的注意，只有那些亡國之君才會把國庫和宮庫混為一談，試想如果國庫被皇帝搬空了，這個國家還能正常運轉嗎？當一個國家不能正常運轉時，皇帝的皇宮也該進廢品回收站了。

李泌想以增加皇宮用度的方法按住皇帝聚斂私財的心，他以為能按住，事實證明只要皇帝聚斂私財的心一起，當臣子的想按是按不住的。

時間走到西元七八七年十二月一日，皇帝李适來到新店（今河南三門峽市西南辛店村）打獵，

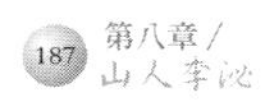

這次打獵收穫頗豐，李适的心情格外好。

李适心情好不僅是因為打獵，這一年糧食收成是近三年來最好的，稻米和粟米的價格較之往年都有大幅下降，為了保護農民種糧的積極性，李适還特意下令各地與農民議價收糧，盡可能保證農民的收益。

手中有糧，心中不慌，糧食豐收，農民的日子該好過了吧。

李适信步走進農民趙光奇家，他想做一個實地調查。李适問道：「你們快樂不快樂啊？」但凡領導這麼問，一般都得回答：「快樂，很快樂，多虧您的英明領導。」

李适也以為會得到趙光奇同樣的回答，趙光奇卻出乎他意料地甕聲回應道：「不快樂。」啊，怎麼不按套路回答啊。

李适不解：「今年是個豐年，你為什麼不快樂？」

趙光奇解釋道：「因為政府不講誠信。以前政府說除了兩稅之外不再徵收其他稅賦和差役代金。現在不僅繼續徵收，而且比兩稅還重。今年政府說要議價收糧讓老百姓得實惠，但我們卻沒有拿到錢，拿到手的都是白條。地方官原來說只要把糧食交到糧庫就可以了，現在卻讓我們自己往邊防軍的大營裡送，而邊防軍的大營動不動就在幾百里之外。稅賦這麼多，差役這麼重，我們怎麼能快樂？」

李适被趙光奇的話震住了，他知道自己頒布的政策會在執行過程中走樣，但沒有想到會走樣到如此地步。兩稅之外還有稅，議價收糧老百姓拿不到錢，哎，這些地方官都在幹什麼？

李适搖了搖頭，當場宣布免除趙光奇一家的稅賦和差役，這下你們可以快樂了。

隨行地方官員緊張地看著李适，他們期待著李适能有進一步的動作，如果能將趙光奇一家的快樂普及到整個地區甚至整個國家，那將是多麼快樂的一件事。

李适沒有表態就快步離開了，快樂只停留在趙光奇一家，沒有放大，沒有普及。

當李泌得知這一切後，深深歎息一聲，自己等啊等，就等來了這樣一個皇帝，明明已經知道民間疾苦卻視而不見，明明可以適度降低百姓負擔，卻貪戀稅賦不顧百姓疾苦，難道在他心中只有私財兩個字？

李泌不斷地搖頭，早知今日何必當初，輔佐這樣的皇帝，對得起自己早年學習的帝王術嗎？

不久，李泌又得到一個消息：皇帝李适向各地派出宦官宣讀聖旨，繼續索要額外進貢。李泌呆在了原地，他知道皇帝貪婪，卻沒想到皇帝貪婪到了這個地步。為了補足皇宮的用度，他已經從國庫裡調撥了一百萬貫，皇宮用度較之以往已經有了大幅度提升，但還是沒能滿足皇帝的胃口。

李泌徹底心寒了，自己從唐肅宗李亨熬到了李亨的孫子輩，李唐王朝一直沒有從安史之亂中恢復元氣，而皇帝也是一個不如一個。如果說唐肅宗有收復長安再造帝國之功，那麼代宗皇帝只能算作守成之主，至於現在這位皇帝，一言難盡哪。

自此之後，李泌儘管擔任獨相卻已經意興闌珊，至於皇帝陸續向各地派出索要額外進貢的宦官，他已經不加以阻止了，他知道李适的脾氣，一旦認準了一件事，八頭牛也拉不回，更何況聚斂私財這種事樂趣無窮。

李泌越來越感到力不從心，帝國的重擔壓得他已經快要吃不消了，是時候找人一起分擔了。李泌向李适推薦的人選有兩個，御史中丞兼戶部侍郎竇參和太常卿董晉。竇參通達敏捷，董晉規矩正

直，如果兩人能夠補充進宰相班子，對帝國來說是件好事。

出乎李泌意料的是皇帝李适拒絕了他的提議，李适眼中還是只有李泌一個宰相，讓其他人當宰相，李适還有些不適應。不過時間已經不等人了，李泌的身體越來越差，生命時鐘進入到了最後的倒數計時，如果李适還不同意李泌的提名，待李泌辭世後，李适將面臨無相可用的境界。

蜀中無大將，廖化當先鋒，就勉強將這兩位「廖化」扶上馬吧，以備不時之需。

西元七八九年二月二十七日，李适下令，任命董晉為門下侍郎，竇參為中書侍郎兼全國財政暨運輸總監，兩人都兼任宰相，充實到李泌的宰相班子裡。

此時的李泌進的氣沒有出的氣多，他為了這個王朝奮鬥一生，到頭來還是要面對積重難返的困局。他曾經制定出平定安史之亂的曠世良策，卻因為當值皇帝的鼠目寸光大打折扣。人到暮年，為了一展平生抱負終於接受拜相走上前臺，雖然經手辦了一些大事，但時日無多，想做的事太多，真正完成的事又太少，他還是輸給了時間。

三月二日，一代良相李泌走到了人生的盡頭，本來他是可以比肩諸葛亮的良相，但命運給他的時間太短了，李适與他的君臣際遇也沒有像劉備和諸葛亮一樣被傳為千古佳話。

如果讓李泌給自己的人生做一個總結，他會給出怎樣的評語呢？

沒病走兩步

李泌這一頁翻過去了，大唐朝堂上翻開了宰相竇參這一頁。

竇參在歷史上名氣並不大，不過他卻處在一個關鍵地位，他的前任是中唐一代良相李泌，他的繼任也是一位良相，就是久違了的翰林學士陸贄。

陸贄在收復長安後就淡出了政治舞臺，其實不是他有意淡出而是因為母親病逝，陸贄按照慣例回家丁憂去了，直到三年丁憂期滿，陸贄才重返長安繼續擔任翰林學士，同時代理兵部侍郎。

身處兩大良相之間，竇參注定是不走運的，因為他無論做得再好，都要被兩大良相的光芒掩蓋，這是竇參的悲哀，也是他人生的局限。如果竇參本身過硬，完全可以與李泌、陸贄並稱三大良相，可惜的是竇參雖然通達敏捷，但與一代良相還是有太大差距。

竇參出身官宦世家，他的祖上與隋唐兩朝皇室都有淵源。竇參的祖上可以追溯到隋朝洛州總管、陳國公竇榮定，竇榮定的妻子正是隋文帝楊堅的姐姐，這樣竇家就與隋朝皇室有了瓜葛。到了竇榮定之子竇抗這一代，交好的是唐高祖李淵。李淵與竇抗關係甚篤，稱之為兄，後宮則尊稱竇抗為舅。竇抗與李唐皇室的關係還不僅於此，在李淵起兵時竇抗和堂弟一起追隨李淵，後來跟著李世民攻打東都洛陽，居功至偉。再後來竇抗的兒子竇誕娶了唐高祖李淵的二女兒襄陽公主。

竇參正是竇誕的玄孫，不過到竇參父親這一輩相比祖上就非常寒酸了，竇參父親竇審言僅僅官至聞喜縣尉，一輩子也沒奮鬥上七品官。後來等到竇參拜相，已在九泉之下的竇審言終於升官了，被追贈吏部尚書，總算邁過了七品官那道坎。

年輕時的竇參是個有原則、有義氣的人，在萬年縣尉任上，竇參有過一次大義之舉。一位同僚正在值班，突然得到家人報信：母親急病。同僚便央求竇參代為值班，自己快跑回家探望生病的母親。就在這天晚上，萬年縣監獄有人越獄，上級追查，按照值班表，應該由那位同僚對此事負責。同僚垂頭喪氣，自認倒楣，這時竇參卻站了出來：「那天他回家探望母親了，是我替他值的班，犯人越獄的責任應該由我來負。」

經此一舉，竇參被貶為江夏縣尉，但他的義舉卻讓很多人豎起了大拇指。

經過多年努力，竇參轉任奉先縣尉，在奉先縣尉任上遇到一個棘手的案子。

奉先縣城有一個人叫曹芬，非常有權勢，不僅橫行鄉里，而且還託關係將自己的名字寫進了禁軍的花名冊，禁軍的花名冊意味著特權，很多行為不受地方管制，曹芬千方百計將自己的名字擠進去就是為了享受特權。

一天曹芬酒後滋事，將自己的胞妹狠狠打了一頓，父親苦勸不住，氣急之下竟然跳井自盡，以這種決絕的方式與這個不孝子決裂。案子報到了竇參那裡，很多人勸竇參不要管了，當事人的父親都已經死了，事情就這麼過去吧。

竇參將案子接了過來，然後將曹芬兄弟都關押了起來，最終判決曹芬兄弟當死。

眾人勸竇參不要節外生枝，竇參回應說：「子由父生，父因子死，如果因父親已死而兒子免罪，那以後殺了父親就不用再追查了。」

在竇參的堅持下，名列禁軍花名冊的曹芬被亂棍打死，為他的荒唐行為付出了代價，而奉先城的治安從此變好，因為大家都知道城中有個不好惹的竇參。

竇參幾經努力得以拜相，人們都期待著他能成為一位良相，竇參自己也是這樣期待的。竇參很努力，他想做一個良相，他想青史留名，他想為帝國做更多的事，但上任後不久他發現其實他最應該做的是先保住自己的宰相位子。不當宰相不知道，當上宰相後才發現原來宰相要面對這麼多事情，不僅要處理國家大事，還要應對各方面複雜關係。另外還要小心皇帝移情別戀，一旦皇帝看上了別人，這來之不易的宰相之位恐怕就會不翼而飛了。

年輕時的竇參無所畏懼，現在的竇參貪戀宰相之位，因為他怕失去所以他要拚命捍衛。

當一個人被某種東西牽掛或者羈絆時就無法從容，竇參被宰相位置絆住了，他自認沒有李泌那般才能，也沒有李泌那般與皇帝有著那麼深的淵源，他所能做的就是籠絡人心，然後將有可能威脅自己官位的人一一清走。這時的竇參已經變了，他不再是那個為了原則寸步不讓的人，現在的竇參為了官位可以不擇手段。

人就是這樣，變化總在不經意中，變化之時連自己都無法察覺，等到察覺時，自己已經在歧途上越走越遠了。

第一個被竇參猜忌的是翰林學士陸贄。陸贄的能力竇參心知肚明，假以時日陸贄必然拜相，那時竇參可能就要靠邊站了。必須將危險扼殺在搖籃之中，竇參先出手了。竇參上奏李适，鑒於兵部侍郎一職重要，不如讓陸贄正式擔任兵部侍郎，至於其翰林學士等職位一併停止，安心做兵部侍郎吧。

與竇參尚在蜜月期的李适批准了，他得給竇參這個面子，就先委屈一下陸贄吧。

陸贄被打壓後，福建道觀察使吳湊也成了竇參的打壓對象。史書沒有明確記載竇參與吳湊為何結緣，按照兩人性格推測，這兩人年輕時都屬於性格直率、稜角分明的人，兩個同類的人容易相互排斥，或許就是因為兩人的性格太類似而在不經意中結下了恩怨。

竇參一心想把吳湊踢出官場，因此向李适奏報：吳湊患風濕麻痺，行動不便，不如令其退休。

這一次竇參打錯了算盤，他千算萬算漏算了吳湊在皇帝李适心中的位置。

論官聲，吳湊官聲不錯，在福建觀察使任上治理地方井井有條，聲名遠播；論親疏，吳湊是李适的舅公（唐肅宗李亨皇后吳氏的弟弟），打斷骨頭連著筋；論功績，當年朱泚叛亂時，滿朝文武不敢回長安城給朱泚送信，吳湊的兄長吳漵挺身而出，將李适的信送到了朱泚面前，並由此遭了朱泚的毒手。幾條因素疊加到一起，吳湊在李适心中有著非常高的位置，這樣的位置不是一個小報告就能輕易挪動的。

李适將竇參的奏表往旁邊一放，輕描淡寫地說了一句：「召吳湊回京，看看情況再說。」

竇參知道這次的奏報是搬石頭砸自己的腳。吳湊如約來到李适面前，苦著臉的竇參也站在一邊。

「有人說你患上了風濕麻痺行動不便，你走兩步給朕看看。」李适對吳湊說。

走兩步，走兩步，沒病走兩步。

走兩步就走兩步，吳湊在朝堂上大步流星地走了起來，吳湊走得虎虎生風，竇參感到自己的脊背發冷。李适笑了笑，擺手讓吳湊停了下來，轉頭看了竇參一眼，這一眼意味深長。

幾天後，李适下令福建道觀察使吳湊調任陝虢道觀察使，福建道遠在福州，陝虢道在今天的三門峽，在唐代後者的位置要高於前者。吳湊接替的人叫李翼，此人還有一個身分——宰相竇參的親信。

事情發展到這個地步，竇參離倒臺也就不遠了，官場中人最怕的是失去上級信任，一旦信任喪失，再高的官職也都是虛無。竇參意識到李适已經與自己漸漸疏遠，他有些無能為力，君王心深似海，一旦君王心發生偏移，做臣子的想要拉回難上加難。為今之計只能小心行事、用心觀察，力爭能讓皇帝回心轉意。

弄巧成拙

竇參的危機正在撲面而來，他已經嗅到了危險的氣息，他正在努力自救、笨拙地自救。

有一次李适與竇參聊了起來，話題聊到了竇參的堂侄、給事中竇申身上。

「聽說你侄子有個外號叫喜鵲，你聽說過嗎？」李适問道。

竇參心中咯噔一聲，他當然知道這個外號，也知道外號的由來。自從自己擔任宰相之後，提拔官員時經常跟竇申商量，時間一長竇申就嗅到了其中的商機，經常收受各級官員的賄賂，然後回來向他推薦官員。世上沒有秘密，竇申的秘密很快成了官場的談資。只要竇申出現在誰家門口，誰可能就要升官了，這樣竇申就得了一個綽號——喜鵲。

竇參定了定神：「臣確實不知道，倒是可以回家問問。」

李适微微點了點頭：「回去問問吧，再不問，他遲早會連累到你。」

李适的話中已經潛藏刀鋒，久歷官場的竇參知道其中的利害，看來皇帝的信任真的要喪失了，那件大事要抓緊辦了。

時隔不久，一批誹謗皇帝和政府的文件出現在李适的案頭，這些文件都指向了同一個人——陸贄。

如果這些文件真的出自陸贄之手，那麼陸贄就危險了，誹謗皇帝可是死罪。

李适將文件一頁一頁看過去，一邊看一邊搖頭：「拙劣，太拙劣了。」

李适是了解陸贄的，他了解陸贄的脾氣，也了解陸贄的文筆，眼前這些文件雖然盡力模仿了陸贄的口吻，但還是相去甚遠。

查，一查到底。

在李适的追查下，左金吾大將軍虢王李則之、左諫議大夫兼知制誥吳通玄、給事中竇申就是假文件的三個製造者。他們的目的很簡單，就是要搞臭陸贄，以防李适重用他。

李适心知肚明，三人搞臭陸贄為的是竇參，看來他們為了達到目的真的是不擇手段。

李适提筆寫下了處理意見：李則之貶為昭州司馬，吳通玄貶為泉州司馬，竇申貶為道州司馬。

李适還是覺得不解氣，尤其對吳通玄，身為知制誥是皇帝近臣居然參與製造假文件，是可忍孰不可忍。

賜自盡。

自從侄子竇申被貶之後，竇參就意識到自己的宰相當到頭了，八天後竇參終於看到了自己的處理結果。原中書侍郎竇參貶為郴州別駕，原道州司馬竇申貶為錦州司戶；原尚書左丞趙憬、原兵部侍郎陸贄一同出任中書侍郎，兩人同時成為宰相。

竇參兩次搬起石頭想砸別人的腳，結果兩次都砸在了自己的腳面上，被貶為郴州別駕的他還沒有意識到還有第三塊石頭等著他呢。

竇參到了郴州才知道什麼叫作「冤家路窄」，怎麼就碰上他了呢？

竇參碰上的人叫李巽，原本擔任左司郎中，竇參看李巽不順眼便把李巽貶出長安，出任常州刺史。等到竇參被貶為郴州別駕時，抬頭一看才發現李巽已經升任湖南觀察使，正好是自己的頂頭上司。

竇參頑強地在郴州住了下來，他以為自己只要行得正，李巽就拿自己沒辦法。

李巽還在尋找報復的機會，竇參卻不小心躺著也中槍了。

在他被貶郴州之後，太子左庶子姜公輔活躍了起來，他看到朝中人事更迭，想在這波人事更迭的過程中為自己謀一個位子，便找到了宰相陸贄請求幫忙。

陸贄弄清姜公輔的來意後有些為難：「我聽說之前宰相竇參曾經幾次向皇帝推薦過你，可皇上一直沒有同意，據說皇上對你很不滿意。」

陸贄把姜公輔當成自己人，把這般等級的秘密都向姜公輔交了底，這次交底卻讓姜公輔嚇得手腳冰涼，自己都不知道是如何回到了家。

思想前後，姜公輔上疏李适——請求出家。

出家的請求讓李适驚訝萬分，好好的太子左庶子當著為何想到了出家，這其中一定有原因。

面對李适的詢問，姜公輔支支吾吾，最後索性坦白回答：「臣聽說陛下對臣不滿意。」

李适大驚，這樣的話是傳出去的？

再次逼問，姜公輔不敢承認是陸贄說的，一個腦筋急轉彎把責任推到了竇參的頭上：「臣聽竇參說的。」

姜公輔因此被貶為吉州別駕，竇參卻因為姜公輔的張冠李戴躺著中槍，氣憤填膺的李适派出宦官專程去郴州責備竇參：「有你這麼當宰相的嗎？把過錯都推給皇帝。」

竇參百口難辯，有些官場中的事是解釋不清楚的，再大的黑鍋也得背上，忍吧，熬吧。

竇參一個勁地苦熬，竇參的冤家李巽則在雞蛋裡挑骨頭，皇天不負有心人，李巽終於找到了。來到郴州後，竇參曾經收過五十匹絹。五十匹絹數目也不大，但送絹的人不簡單，宣武節度使劉士寧。於是李巽將竇參、劉士寧、絹組合到一起，形成了一條指控：竇參結交藩鎮節度使。還記得劉晏是怎麼死的嗎？也是受到指控，非法募兵、圖謀不軌、結交藩鎮、書信求援。李适又一次震怒了，這個智商不高、生性多疑的皇帝總是會被這些指控所刺激，他又一次動了殺機，這是繼劉晏、楊炎之後的第三次殺機。

竇參危了。不出意外的話他將被處死，一如劉晏和楊炎的結局。

這時陸贄站了出來，他不是來落井下石的，而是幫竇參說話的。陸贄堅持認為竇參罪不至死，應該網開一面。聽完陸贄的建議，李适點了點頭，也罷，且放他一條生路。

然而李适並非一言九鼎之人，話說完沒多久就後悔了，他還是想處理竇參。

李适派出宦官告訴陸贄：「竇參結交藩鎮其意難測，此事關係到江山社稷，愛卿應就此事盡快進言給出處理意見。」

決定權交到了陸贄手中，如果想報私仇，機會已經來到眼前。

陸贄提筆寫道：「竇參乃朝廷大臣，誅殺他得有站得住腳的理由。昔日劉晏被處死的罪名不明不白，至今眾人議論起來都憤憤不平，叛臣更是拿劉晏的事為自己當說辭。竇參貪污縱容親屬一事天下共知，至於圖謀不軌則事實不清、證據不足。如果不加審查就處以重刑恐怕會引起震動。陛下知道臣與竇參並無半點情分，臣這麼做不是為了救他，只是為了維護司法的公正。」

西元七九三年三月，竇參連郴州別駕也做不成了，被貶為驩州司馬，驩州位於今天越南榮市，路途有多遠大家可以自己看地圖。

竇參倒楣，家人也跟著一起遭殃，家裡男女老少一起發配邊疆。

到了這一步，李适還沒完，還想一併處罰竇參的親戚朋友，陸贄又說話了：「犯罪有首犯從犯之分，法律判決有重判輕判之別，竇參已經受到陛下的寬大處理，他的親戚朋友也應該受到寬大處理。何況在竇參受罰之初親戚朋友已經被連坐，如今人心已經安定，還是不要再過問了。」

李适勉強同意了陸贄的意見，過了幾天，李适又有了新想法，他想將竇參的家產和家人全部沒收。這個想法也被陸贄否決了，叛賊的家產和家人才會被全部沒收，竇參只是經濟犯罪，不至於。

李适點了點，也罷。

陸贄以為事情到此為止沒想到事情居然還沒有結束。

竇參得罪的人太多了，不僅李巽恨他，李适身邊的宦官也恨他，在竇參擔任宰相期間曾經在李适面前有過不利於宦官的進言。如今竇參落難，宦官們自然不會放過落井下石的機會。宦官們搬起一塊塊石頭砸向竇參，他們的說辭是竇參居心叵測、圖謀不軌。如果李适對竇參還有一絲信任，竇參或許還有一條活路。

現在李适收回了他的全部信任，給竇參發出了一張賜死通知書。

這是李适皇帝生涯中賜死的第三位宰相，賜死的過程和方式幾乎一模一樣，有唐一代接連賜死宰相的李适是第一個。內心的不安全感放大了他與宰相的矛盾，即便宰相下臺依然感覺心中不安，非要肉體消滅才能高枕無憂。

竇參終究沒有走到驩州，他被傳詔的宦官追上了，驩州不用去了，就地自殺吧。

竇參歎了口氣，搬了一輩子石頭，最後自己卻被石頭砸死了。

竇參之後，他的侄子竇申被亂杖打死，家產和奴婢被沒收，奮鬥了一輩子的結果是罰沒清零。

陸裴過招

陸贄終於站到了前臺，以前的他和李泌一樣有宰相之實卻無宰相之名，如今實至名歸，該是幹一番大事的時候了。

陸贄摩拳擦掌準備大展拳腳，卻在拜相三個月後迎來了官宦生涯的最大勁敵。

西元七九二年七月一日，戶部尚書兼判度支（**全國財政總監**）班宏去世，誰來接替他的位置，滿朝上下都在議論。

陸贄屬意湖南道觀察使李巽，便上報李适準備讓李巽暫時代理全國財政總監，李适沒有反對。

正當陸贄準備發出調令時，李适卻變卦了，他想任用原司農少卿裴延齡。

陸贄一聽裴延齡這個名字就犯起了嘀咕，怎麼能用這麼個人呢？

陸贄趕緊上奏：「判度支負責調配全國萬種貨物，主管官員如果過於刻薄吝嗇則必生禍患，如果過於寬大縱容則容易包藏奸邪。裴延齡是個愚妄怪誕的小人，如果任命他為判度支恐怕不久就會有人說他不稱職，那時大家會指責微臣，同時心裡恐怕也會嘀咕陛下沒有知人之明。」

陸贄把話說到這個份上已經很直白了，如果堅持任用裴延齡會影響李适的光輝形象，還是不用為妙。

李适會聽陸贄的話嗎？

七月六日，李适發出任命——裴延齡代理全國財政總監。

這就是李适的領導作風，看上一個人就不管不顧，就算天下人都說這個人不好，只要他說好就足夠了。這是李适一意孤行的表現，也是他拙劣的行政手段之一，目的很簡單，就是要用裴延齡牽制陸贄。

前面說過李适沒有安全感所以對所有人都不信任，在他的宰相裡只有李泌因為與李唐王朝的淵源而得到較為充分的信任。無論是楊炎還是盧杞，再到竇參和陸贄，他們都位列宰相，但他們始終沒能走進李适的內心。在李适的內心中，宰相們依然是需要防範的，抬出裴延齡牽制陸贄也是有必要的。陸贄看得懂李适的棋局，他不為所動，只要一心為公，身正自不怕影斜。陸贄又一次上疏，直指王朝一大隱患：邊境倉庫缺糧，而造成這一隱患的直接原因是官員管理不當和處置錯誤。

陸贄寫道：所謂管理不當，即士兵不直接隸屬於將領，將領不直接隸屬於統帥。以至於一個守城的將軍、一個駐防的部隊，陛下都要派去一個監軍宦官直接頒發指令。邊境線長達千餘里，不相互隸屬，沿著邊防線有十萬軍隊卻不設最高統帥。每當賊寇進犯，邊防士兵要等到中央做出指令才能出擊，而等到指令到達時賊寇早已得手撤走。吐蕃原本不是我們的對手，然而人家進攻綽綽有餘，而我們防守卻疲於應付。這大概是因為吐蕃軍隊由將領直接發號施令，而我們則是由中央做出最後部署。

所謂處置失誤，陛下最近曾下令武裝屯田，鼓勵墾荒士兵種田，收穫的糧食由墾荒士兵與政府議價收購，陛下還指示應該按照議價的兩倍收購以鼓勵農耕。而在實際執行過程中地方官員吹毛求疵，墾荒士兵根本拿不到陛下允諾的好處。地方官員在豐收時不肯收購，歉收時又壓價強行收購，所謂鼓勵墾荒根本落不到實處，進而導致糧價不穩，物價飛漲。

最後陸贄給出建議，讓全國邊境地區打開倉庫高價收糧。

這個建議總算得到了李适的認可，李适一聲令下，各地倉庫開始高價收糧，一波收糧高潮之後邊境倉庫得以充實，墾荒士兵的利益得到了最大限度的保證，邊境較之以往更加安定。

陸贄一生給皇帝上了很多奏疏，多數奏疏言之有物、言之有理，如果李适是個有為之君，在陸贄的輔佐下可以成就一番大業，只可惜陸贄的滿腔熱情只得到了一小部分認可，這是陸贄個人的不幸，也是大唐王朝的不幸。

在李适心目中陸贄是個好宰相，只是不那麼可愛，不那麼接地氣。李适有些不甘心，他想讓陸贄變得更可愛、更接地氣一些。

李适提醒陸贄：「你清廉謹慎得有些過分了，以後各戰區送你禮物，有些不太貴重的，比如馬鞭啊，皮靴啊，是可以收下的，不要讓人家覺得你不近人情。」

從表面上看李适是為陸贄好，為了讓陸贄更接地氣，實際上他是為自己，為自己的收受賄賂找個掩護。說起來有些可笑，這個富有四海的皇帝把各地送來的賄賂看得很重，只要有段時間沒收到賄賂，心中還會有些不安。這一切都是在奉天被圍時留下的後遺症。

各地官員看透了皇帝的私心，也看到了希望，既然皇帝這麼喜歡錢，那就送吧，如果是錢能夠解決的問題那就不是問題，反正錢總是有來路的。各地官員開動腦筋，各找各的門道，有人截留正常稅款、有人剋扣官員薪水、有人增加百姓稅收，在給李适送錢的道路上掀起了一浪接一浪的高潮。

江西道觀察使李兼每月呈獻李适一次，稱為「月進」；西川節度使韋皋每天呈獻一次，稱為「日進」；常州刺史裴肅因為不斷送錢而被擢升為浙東道觀察使，刺史這一級的送錢風潮由他開始；宣歙道判官嚴綬在上司去世後主持宣歙道工作，利用職務便利搜刮倉庫裡的金銀珠寶上貢李适，不久晉升為刑部員外郎，自此判官們也開始向李适送禮了。

再發展下去，掃大街的、修馬桶的是否也得給皇帝送點禮呢？荒唐皇帝。

陸贄心中苦笑，皇上居然連我清廉謹慎都看不過去了，難道我真的是不近人情？不，這是我的原則。

陸贄依然故我，他渴望用自己的才智為帝國更多地出謀劃策，然而在不經意中他的敵人已經悄然出現了，除了裴延齡，還有一位他的宰相同僚趙憬。

裴延齡自不必說，之前陸贄強烈反對李适提名裴延齡，這次的反對就讓兩人結下了一輩子解不開的樑子。而趙憬恨上陸贄，是因為一次任命。

西元七九三年五月二十七日，趙憬由中書侍郎改任門下侍郎，宰相職位不變，只不過辦公地點由中書省改到了門下省。陸贄以為這只是一個正常的工作調整，況且趙憬能出任宰相還是自己推薦的，這樣一個小小的工作調整實在沒有必要再跟趙憬做過多解釋。

陸贄沒有往心裡去，趙憬卻往心裡去了，趙憬認為這是陸贄想獨攬大權。

宰相聯合辦公的地方設在中書省政事堂，以前趙憬在中書省辦公，宰相們一起協商事情也方便，現在出任門下侍郎只能去門下省辦公，要商量事情還得從門下省跑到中書省，折騰不說，而且不容易得到第一手資訊。

沒有證據表明陸贄是故意排斥趙憬，但辦公地點的變化卻讓趙憬心中不爽，他索性泡起了病號不過問政事，從這一刻起陸贄在他心中已經從朋友變成了敵人，而陸贄卻渾然不覺。

此時此刻的大唐官場高層，陸贄直面的是裴延齡，他不知道還有一個潛在的趙憬。

陸贄繼續著自己的人生軌跡，再次上了一道奏疏，陸贄在這道奏疏中指出邊境防務六大危機：一是制度缺陷，政策錯誤；二是是非不分，賞罰不明；三是兵員增多，財力枯竭；四是將領太多，軍力分散；五是待遇不均，怨恨日深；六是遙控指揮，貽誤戰機。

在這道奏疏中陸贄針針見血、拳拳到肉，如同一位良醫把準了邊境防務的全部脈絡。

結果呢？

李适十分重視，但不能全部採納。

扁鵲見蔡桓公時反覆強調蔡桓公有病，蔡桓公諱病忌醫，直至病入膏肓無藥可救，現在陸贄也在不停地提醒李适有病，李适的反應是十分重視，但打著折扣採納。

時機如白駒過隙，稍縱即逝，一旦錯過再回頭找尋就難了。身為中唐時期在位時間最長的皇帝，李适本來有機會一改帝國弊病，李泌、陸贄都為他開出了藥方，可惜他都錯過了。

李适看不到陸贄描繪的未來，他看到的只是裴延齡描繪的現在。

相比於陸贄的奏疏，裴延齡的奏疏實惠多了。

裴延齡上奏道：自從臣出任判度支以來，查出各州欠繳稅款八百餘萬貫，欠繳交易稅三百餘萬貫，欠繳貢品折合現金三十餘萬貫。請陛下允許另設一個「季庫」，每三個月結算一次，負責追收欠繳款項。至於織染綢緞，則另設「月庫」，每月結算一次。

李适看得心花怒放，這個裴延齡就是能幹，才幾個月的工夫就有這麼大的業績。李适沒學過會計，也不懂得官場的貓膩，以他的智商便一廂情願地相信這是裴延齡能幹的結果，其實裴延齡所做的一切玩的只是數字遊戲。

所謂欠繳稅款實際上是一筆呆帳，欠繳稅款的是各地貧苦百姓，根本無力上繳欠下的款項，裴延齡的前任追不上來，他同樣也追不上來，只不過他給皇帝畫了一個餅：看，還有這麼多欠繳稅款呢。

至於交易稅，由各地徵收後隨時用完，這筆錢也只是一個數字；至於各地進貢貢品和織染綢緞本來存放於國庫，現在另設一倉庫顯得貢品看起來很多，實際上只是倉庫多了而貢品一點沒多。官出數字，數字出官，如果一切都停留在數字上，一切看上去都很美。

明眼人都能看出裴延齡在玩數字遊戲，李适看到的卻是裴延齡的能幹，即便再多的人指責裴延齡，他依然堅信這是一個能幹的大臣。

左補闕權德輿看不下去了，狠狠地參了裴延齡一本：裴延齡把正常稅款結餘部分當成他查出來多餘的錢，進而當成自己的功績。縣裡的官員先低價買進常平倉儲藏的貨物，在高價時賣出所得差額另行保管也成了功績。邊防部隊從今年春天以來所有缺額已經取消，不再領取錢糧，裴延齡所說多餘出來的薪餉從何而來？陛下一定認為裴延齡因為忠貞受到孤立，以至於大家都對他誹謗，陛下何不派信得過的大臣仔細調查探求真相，公開進行獎賞或者處罰。如今群情激憤、眾口一詞，難道京城官員和百姓都是朋黨專門針對裴延齡？陛下應該稍稍考慮一下是否該明察了？

奏疏被李适扔到了一邊，朕信得過裴延齡。

背後有皇帝撐腰，裴延齡的腰桿越來越硬了。御史中丞穆贊卻不管這些，他的眼中只有法律，沒有裴延齡。

說起穆贊，這是個狠角色，他的成名是因為一次為父伸冤。

穆贊的父親穆寧時任和州刺史，因為剛正不阿受到誣告，被貶為泉州司戶參軍。穆寧準備低頭認罪，穆贊卻心中不服，連夜奔赴皇宮門前號啕大哭為父伸冤。穆贊的伸冤驚動了皇帝，在皇帝的過問下穆寧得以洗清罪名。在皇帝頒發的詔書中如此寫道：令子申父之冤，憲臣奉君之命，楚劍不衝於牛斗，秦臺自洗於塵埃。

由此穆贊一戰成名。

此次穆贊要觸裴延齡霉頭並非出於私人恩怨，而是接到了舉報：裴延齡屬下官員有人貪污。

穆贊開始著手調查，裴延齡卻庇護自己的屬下，三番兩次給穆贊帶話：高抬貴手，得饒人處且饒人。

穆贊冷笑一聲，繼續查案。

眼看穆贊不給自己面子，裴延齡也冷笑一聲，轉身向皇帝李适狠狠參了穆贊一本。

一方是剛正不阿秉公辦案，一方是阿諛奉承勢利小人。一個回合下來，御史中丞穆贊被貶為饒州別駕，案子不用你查了，到饒州辦公吧。

經此一戰，裴延齡士氣更加高漲，繼續自己掩耳盜鈴的遊戲。

裴延齡給李适支出一個高招，只要這個高招施行，國家可以不費吹灰之力增加收入，效果會非常顯著。裴延齡建議道：「目前國家官員太多了，以後官員出缺不用再遞補了，省下來的俸祿充實國庫。」

聽起來不錯，不再遞補官員就可以減少官員數量，而且還可以省下大筆官員俸祿，可問題是這樣的措施對國家真的有利嗎？如果按照裴延齡的邏輯，任由官員出缺不再遞補，二十年下來官員估計能減少一半，只是這樣一來誰為王朝出力呢？

餿主意，餿得不能再餿的主意。李适卻同意了。

過了不久，李适想要重修神龍寺，重修寺廟自然需要材料，尤其需要五十尺長的松木，李适命人尋找半天還是一無所獲。就在李适一籌莫展之際，裴延齡來了，他給李适帶來了一個好消息：臣在同州山谷發現幾千棵大松樹，高達八十尺。

李适大喜過望，問道：「開元天寶年間，有關部門在京師附近到處尋找，也沒找到這麼高的松木，現在怎麼出現了？」

裴延齡接話道：「天生奇材，要等到聖明君主出現時才會出現，開元天寶年間哪裡會有。」

李适看了看裴延齡，他知道裴延齡在拍自己的馬屁，可這馬屁拍得怎麼就那麼舒坦呢。這個裴延齡真是個人才。

過了不久，裴延齡又給李适帶來一個好消息：過去左藏庫官員遺落了很多財物，臣接手後清倉檢查重新登記造冊，竟然在塵土中找到了十三萬兩紋銀，另外還有棉布、綢緞等，總價值有一百萬兩紋銀。這些都是遺落的財物，應該移交給宮庫以供陛下使用。

李适再次大喜，真是好消息。

並不是每個人聽到這個好消息都歡欣鼓舞，太府少卿韋少華便對這個好消息提出了質疑：這些財物都是正式登記過的國家財產，每月都會有清單呈報，怎麼會成了遺落的財物？還是請陛下仔細盤查一下吧。

陸贄等宰相也提出審查，李适拒絕了，遺落的就是遺落的，不用查了。

拿國庫的錢給皇帝上貢，裴延齡，真有你的。

國庫的錢你也閉著眼當賄賂收，李适，真有你的。

陸贄倒臺

面對裴延齡的上下其手，滿朝文武不敢多言，只有鹽鐵轉運使張滂、京兆尹李充、司農卿李銛還與其抗爭一下。他們的抗爭不為別的，因為他們的職權範圍與裴延齡有交叉，如果任由裴延齡指鹿為馬，將來他們還得幫裴延齡背黑鍋，由此他們時常指出裴延齡誇大其詞，用虛妄的言辭迷惑皇帝。

與張滂等三人不同，陸贄則看出裴延齡的奸邪，此人絕不可再用，必須盡早讓他下臺，陸贄變成了唐僧，每天都在李适面前念叨：裴延齡奸邪，絕不可重用。

西元七九四年十一月三日，陸贄發出一記重炮，他在奏疏中歷數了裴延齡的各種罪惡：裴延齡認為為官之道首先在於聚斂錢財，陰謀詭計反而成了最好的計謀。他搜刮聚斂，引起百姓仇恨，他卻假裝自己一心為了皇上而不顧個人聲名；他花言巧語、陷害忠良，卻假裝是嫉惡如仇盡一個臣屬本分；他把古代經典上最醜惡的事當成聰明的手段，違反聖人告誡的行為藉以顯示自己能力高超。

他就是堯時代的共工、魯國的少正卯，他的罪惡每天都在滋長，還有很多沒有顯露出來，但已經顯露出來的這些已經罄竹難書了。從前趙高指鹿為馬，在臣看來，鹿和馬至少還是同類，裴延齡卻把沒有說成有，把有說成沒有。

陸贄的奏疏有意氣用事的成分，但大部分還是言之有物，他想用這封奏疏將裴延齡狠狠擊倒，為帝國除去一個禍患，卻想不到李适和裴延齡是一丘之貉。事情發展到這個地步，陸贄的地位已經岌岌可危了。

對於李适，陸贄一心只念知遇之恩，恨不能將一顆心全交給李适，有時在急切之下會為了堅持真理與李适爭得面紅耳赤。身邊的親人一直替他捏一把汗：「以後還是要注意一些，觀點不要太尖銳，要顧忌皇帝和其他官員的面子。」

陸贄擺擺手：「吾上不負天子，下不負所學，其他一概不考慮。」

這一年陸贄四十歲卻仍然血氣方剛。血是熱的，是因為總抱有希望、是因為還有激情，滿懷激情的陸贄沒有想過退縮，他一定要把裴延齡扳倒。陸贄決定拉上一個幫手，同僚趙憬。

從陸贄決定拉上趙憬那一刻起他已經輸了。如果說他一個人與裴延齡還能打成平手，那麼拉上趙憬之後注定要一敗塗地。有趙憬這個間諜在身邊，陸贄變成了透明人，他的一舉一動都被裴延齡掌握，想要扳倒裴延齡只能靠做夢了。

趙憬將陸贄私下裡跟自己說的話悄悄告訴裴延齡，裴延齡馬上做出應對。一邊遮掩自己的過錯，一邊醞釀反擊，陸贄在明，他在暗，幾個回合下來始終是裴延齡贏。

陸贄不甘心總是被動，拉著趙憬一起到李适面前彈劾裴延齡，李适一聽陸贄抨擊裴延齡臉色大變，陸贄一看才知情況不妙，而同去的趙憬一言不發，看著陸贄往坑裡掉。直到這時，陸贄才意識到自己被人算計了。

陸贄就此倒臺，十二月二十三日，陸贄被免去宰相職務，出任太子賓客。太子賓客是個閒職，基本相當於退居二線。從此時起，一代賢相陸贄與宰相之位絕緣了，接下來看他的人生如何著陸。

裴延齡自不會放過機會，陸贄這條落水狗不但要痛打，還要跟其他幾隻一起打。

京兆尹李充、衛尉卿張滂、司農卿李銛三人曾經與裴延齡有過抗爭，他們為的是自己日後免於背黑鍋，與陸贄並非一夥，現在裴延齡卻把他們一勺燴了，指責三人與陸贄結黨。

為了提升指控效果，裴延齡來了一招借力打力。

原本他為了幫李适斂財剋扣了很多軍餉，不少軍隊中人饑馬餓，軍心已經不穩。這一切是裴延齡一手造成，現在他卻把黑鍋扣在陸贄等四人頭上。

「陸贄被罷免宰相後心中不免怨恨，曾經當眾說天下即將大旱、百姓將流離失所，全國財政總監署欠了軍隊很多糧草，人馬糧草無繼，可如何是好？他們不僅是中傷臣，而且在動搖軍心。」

陸贄說的沒錯，裴延齡確有本事，能把沒有說成有，能把有說成沒有。

李适正巧外出打獵，一位神策軍士兵當面向李适投訴：全國財政總監署一直沒有下撥今年的草料。

李适臉色大變，他經歷過兵變，他能嗅出兵變前夕的味道，神策軍將士向他當面投訴，說明軍心已經不穩了。李适火速回宮，狠狠處理陸贄等人的念頭已經在腦海中形成，讓你們煽動軍心，要你們好看。

西元七九五年四月二十五日，陸贄被貶為忠州別駕、李充被貶為涪州長史、張滂被貶為汀州長史、李銛被貶為邵州長史。相比於劉晏、楊炎、竇參，陸贄是幸運的，在裴延齡的唆使下李适一度動了殺機，還好在諫議大夫陽城等人的勸說下，總算打消了誅殺陸贄的念頭，改為貶黜。

到了忠州，陸贄一看頂頭上司心中暗暗叫苦，他的頂頭上司是忠州刺史李吉甫，當年陸贄剛拜相時，將時任駕部員外郎李吉甫貶為明州長史，沒想到在忠州兩人又遇上了，而且李吉甫變成了陸贄的上級。家人為陸贄捏一把汗，前幾年宰相竇參就是這樣落難，相同的一幕不會在陸贄身上上演吧？

萬幸，李吉甫沒有記仇，他不僅沒有報復陸贄，反而以宰相之禮侍奉陸贄，在他任內與陸贄的關係甚篤傳為佳話。李吉甫之後薛延繼任，對陸贄一樣禮敬，此時李适已經淡忘了對陸贄的恨意，還特意讓薛延傳旨以示宣慰。

身在忠州的陸贄已經不是那個血氣方剛的陸贄了，他不再過問政治，他在忠州十年只幹了一件事，為了治療忠州流行的癘疫，他查閱古書、抄寫古方，十年寫成《陸氏集驗方》，此書只關醫藥，至今流傳於世。

陸贄這次被貶再也沒能回去，等到再被朝廷想起時已經是十年後了。當李适的兒子李誦登基進而想把陸贄召回委以重任時，詔書未到，他已經在忠州走完了自己的人生路，時年五十一歲。

竇參、陸贄、裴延齡，他們各自扮演著自己的角色，生旦淨末丑，獅子老虎狗，在他們的時代各自演繹著自己的戲份，在他們的身後任由後人評說。

李适謝幕

宰相們起起落落、大臣們分分合合，皇帝李适始終穩坐釣魚臺，將自己的權力牢牢抓在手中，涇原兵變的陰影始終留在他的心裡，該把兵權交給誰呢？他一直在心中權衡。

權衡良久，涇原兵變後的一個畫面閃現在李适的腦海中。

李适清晰地看到領頭的是宦官竇文場，正是他帶著一百多個宦官忠心追隨，讓自己在慌亂之中吃下了一顆定下丸，如今似乎把兵權交給竇文場這些忠心耿耿的宦官更為穩妥，畢竟他們是忠誠的家奴，這些家奴遠比那些有野心的將軍靠得住。

涇原兵變後，李适開始逐步將禁軍的兵權交給以竇文場為首的宦官。西元七九六年六月，李适任命監勾當左神策竇文場、監勾當右神策霍仙鳴為神策軍護軍中尉，監左神威軍使張尚進、監右神威軍使焦希望為神威軍中護軍。至此神策軍、神威軍的兵權完全落入宦官手中，這一制度伴隨至唐王朝終結。藩鎮割據和宦官掌兵無疑是唐王朝身上的兩顆毒瘤。從李适之後，唐王朝皇帝的廢立基本都掌握在宦官的手中，中國歷史上第二個宦官當權的時代呼之欲出。

皇帝的重用讓竇文場這些宦官終於揚眉吐氣，為了一吐多年被歧視的鬱悶之氣，竇文場授意宰相們用麻紙發布關於自己的任命。竇文場為何如此在乎紙張，這裡面有一個淵源。

以往李适為禁軍設立了六個統軍職位，這個職位的行政待遇等同於六部尚書，專門用來安置原本鎮守四方的藩鎮節度使，雖然權不重但位置很高。對於統軍的任命就是寫在麻紙上，以示隆重和恩寵。現在竇文場授意宰相們用麻紙發布對自己的任命，這也就是要政治待遇。竇文場滿心以為事情很簡單，不過還是遭到了阻撓。

翰林學士鄭絪據理力爭，上奏道：按照慣例唯有封王、命相才用白麻紙發布任命，如今用來任命護軍中尉，不明就裡的人會以為陛下專門以此來宣示對竇文場的恩寵，難道以後還要成為慣例嗎？

依著李适的心思，用麻紙發布對竇文場的任命也沒有什麼大不了的，不過鄭絪將問題提了出來，他就不能不考慮了。

李适按下了用麻紙發布任命的心，對竇文場說道：「宦官在武德、貞觀年間最高不過當到員外將軍同正而已，穿紫袍的寥寥無幾，從李輔國之後制度就被破壞了。朕今日用你，不想讓別人認為我有私心。如果再以麻紙發布任命命令，朝臣一定會說是你脅迫我做的。」

竇文場明白問題的利害，連連叩頭謝罪。

皇帝和宦官一起上演了納諫的好戲，歸根結柢只是做給別人看的，李适對竇文場的恩寵滿朝皆知，拋開扎眼的麻紙，恩寵照樣向竇文場等人襲來。從這時起，竇文場和霍仙鳴的實力越來越大，藩鎮的將帥有很多出自神策軍，而宰相和各部尚書也有出自竇文場的門下。

宦官掌兵正向著登峰造極的方向發展，為了獲得更多的糧餉，不少邊防部隊主帥請求變更部隊番號，改為隸屬於竇文場統率的神策軍，雙方各懷鬼胎一拍即合。經過一段時間的變更，神策軍名下隸屬的部隊已經有十幾萬之多，成為最有實力的一支軍隊。正是有這支軍隊為後盾，竇文場和他的繼任者們一起呼風喚雨，影響著大唐王朝的朝政。

當然，這一切都拜李适所賜。

時間走到西元八〇五年，該到了李适謝幕的時候，這一年正月，文武百官進宮向皇帝李适道賀，唯獨太子李誦沒有來。李适心中一陣悲涼，自己冊立了那麼多年太子，沒想到這個時候太子居然沒能來。

太子李誦不是不想來，而是不能來，西元八〇四年九月，李誦突然中風，不僅身體機能嚴重受損，而且喪失了語言功能，帝國的大任即將放在他的肩上，他能挑得起這副重擔嗎？

李适本已抱病在身，再加上憂慮太子，這一次徹底病倒了。

太子本已在病中，皇帝又病倒，長安上空的空氣頓時緊張起來，二十多天過去了，宮門緊閉、消息不通，人們不知道皇帝和太子身體狀況到底如何，猜測自然多了起來。

猜測隨著真相的到來結束了，皇帝李适走完了自己的人生路，享年六十三歲，他的兒子李誦奉上廟號——唐德宗。

這是一個一生充滿矛盾的皇帝，他起初信任宰相，後來猜忌大臣，文過飾非、剛愎自用；他起初主張削藩，後來聽之任之、得過且過；他起初排斥宦官，後來委以重用，直至授予禁軍兵權；他起初節儉、拒絕各地進貢，後來大肆收受進貢，聚斂私財。

這就是唐德宗李适，一生充滿矛盾和糾結的皇帝，他的矛盾和糾結的分水嶺是涇原兵變，一場涇原兵變徹底改變了他的人生，讓他從一個矢志有為的皇帝變成了一個自相矛盾、沒有安全感的皇帝，他所做的一切，最後的落腳點都是為了安全兩個字。

臺灣名作家柏楊對其評價為「豬皇帝」。平庸、猜忌、得過且過、沒有安全感，將這幾個關鍵片語合到一起，大家可以得出自己的評價。

李适駕崩之後，翰林學士鄭絪和衛次公被召集到金鑾殿起草遺詔，這時有宦官說了一句話：

「禁中議所立尚未定。」這位宦官的意思是說，皇帝駕崩，到底誰承繼大統還沒有確定呢。

在場官員怔在了原地，誰都能聽出背後的深意，一看發言者的身分眾人閉口不言，不敢蹚這潭深水。

翰林學士衛次公看了宦官一眼，一字一句地說道：「太子雖然患病，但嫡子身分不變。即便太子不能承繼大統，也要立太子的兒子廣陵郡王，不然天下必定大亂。」

衛次公此言一出得到了眾人的附和，太子即位天經地義，無須多言。

太子李誦心知人心不穩尚在觀望，只能拖著病體出來現身說法，他穿著麻鞋紫衣，強撐著病體走出九仙門，召見了禁軍各軍將領，此次召見初步穩定了人心，朝中緊張的空氣得以舒緩。

幾天後，李誦在太極殿正式即位，是為唐代歷史上的唐順宗。

永貞革新

隨著李誦登基，李誦身邊的智囊開始登上政治舞臺，他的智囊很多，核心是兩個人，一個叫王伾，一個叫王叔文。

王伾，杭州人，擅長書法，翰林待詔，他是李誦當太子時的書法老師；王叔文，越州山陰（今浙江紹興）人，翰林待詔，因為擅長圍棋得以進入東宮成為李誦的圍棋老師。

在李誦壓抑苦悶的太子生涯中王伾和王叔文扮演著重要角色，他們不僅教授太子技藝，還與太子一起縱論天下大事，當然這只是小範圍的縱論，圈子裡只有王伾、王叔文以及另外幾個人，在這些當人中，最知名的當屬劉禹錫和柳宗元，於是這個圈子又被稱做「二王劉柳」。

在這個圈子裡王叔文是核心人物，他的見解遠在眾人之上，在眾人做出一個看似合理的決定時，他總能一眼看到問題的本質。

有一天，二王和劉禹錫、柳宗元等人又聚在東宮縱論天下大事，話題圍繞著宮市弊端展開，眾人越說越起勁，說得太子李誦躍躍欲試：「我要把這些弊端奏報給父皇，力爭短時間內全部革除。」劉禹錫等人拍手稱快，王叔文不動聲色、一言不發。

李誦看著王叔文，這不是他一貫的風格，為何一言不發，莫非他另有想法？

眾人退下之後，李誦單獨留下了王叔文：「剛才你為何不說話？是不是有什麼深意？」

王叔文看了看李誦，回應道：「臣王叔文得太子殿下信任，有一些意見和見解自然應該向殿下奏報。臣以為太子的職責乃在於侍膳問安，向皇上盡忠盡孝，不適宜對其他事情評頭論足。皇帝在位久了，如果懷疑殿下在收買人心，那殿下如何為自己辯解？」

一語道破天機，王叔文這番話猶如醍醐灌頂，儘管身為太子但朝政方面的事還是少說為妙，一旦被扣上「收買人心」的帽子想掙脫已然難了。

李誦連連向王叔文道謝：「如果沒有先生點撥，我怎能明白這其中的奧妙。」

因為這次進言，王叔文深得李誦賞識，李誦登基之後王伾先進入宮中，以皇帝李誦的名義將王叔文召進翰林院處理國家事務，然後再將王叔文的意思轉告宦官李忠言，由李忠言請示李誦後再下詔執行。

失語的李誦召見百官時拉上一道珠簾，他坐在簾子後面，由宦官李忠言和牛昭容（李誦的嬪妃之一）陪同，遇到百官請示李誦會示意李忠言和牛昭容，再由他們發出具體指令，這就是李誦處理國政的方式，一個殘障皇帝的行政程序。

為了給王伾和王叔文名分，李誦任命殿中丞王伾為左散騎常侍，翰林待詔身分照舊；王叔文為起居舍人、翰林學士。王叔文建議由吏部郎中韋執誼出任宰相與自己內外呼應，王叔文居翰林院運籌帷幄國家大事，韋執誼以宰相名義負責執行。

經過一段時間磨合，朝中形成了一道奇特的鏈條，鏈條共有五個人，王叔文、王伾、李忠言、牛昭容、李誦。王叔文如果有什麼決策，先通報給王伾，王伾通報給李忠言，李忠言通報給牛昭容，牛昭容通報給李誦，一番串聯之後王叔文的決策就可以實施。

這樣一來，李誦的朝中就形成了一個奇特現象，決策的執行不是先經過中書省，而是先經過翰林院，由翰林學士王叔文拍板，然後皇帝下詔給中書省，由宰相韋執誼具體執行。

顯然這是非常時期的非常之法，並不符合慣例，而且王叔文與李誦之間的環節太多，一旦中間環節斷裂，後果不堪設想。王叔文並沒有想太多，他面臨的是千載難逢可以大展拳腳的機會，怎能被現有的環節束縛住。王叔文的同盟軍韓泰、柳宗元、劉禹錫等人同樣熱血沸騰，他們看到機會就在自己眼前。

王叔文筆走龍蛇提出了若干建議，這些建議旨在革除唐德宗貞元年間的行政弊端，以前他不讓太子李誦說，現在可以讓皇帝李誦著手做了。

大赦天下、法定貢奉之外，不准再有進奉，取締宮市、取締五坊小兒。

宮市、五坊小兒都是貞元末年的惡政，所謂宮市，即宮中宦官到集市上隨意徵收商品，隨意給出價格，商人還不得不賣，否則就是抗旨不遵。白居易筆下的《賣炭翁》即是宮市的生動寫照，「一車炭，千餘斤，宮使驅將惜不得，半匹紅綃一丈綾，繫向牛頭充炭直」，說是宮市，實則與明搶差不多。在唐德宗李适年代，宮市存在了若干年，雖然文武百官都有進言，但宮市始終延續，不為所動。後來宮市登峰造極，發展成「白望」，出宮採購的宦官看中什麼直接拿什麼，要麼分文不給，要麼只給零頭的零頭，直接明搶。

現在李誦宣布取締宮市，宮中宦官不准再以皇家名義隨意徵收商人貨物。此舉大快人心，同時也傷了一小撮人的心，這一小撮人被侵犯了根本利益，從此將王叔文恨得咬牙切齒。

五坊小兒則是一幫無賴破落戶，頂著為皇家張捕鳥雀的名義橫行霸道。霸道到將鳥網支在居民家的大門口，不准居民出入，甚至支在井口，不准附近人家取水。一旦有人強行通過或者取水，則大呼「你驚動了供奉的鳥雀」隨之加以痛毆。

他們所做這一切只為勒索錢財，百姓敢怒而不敢言。在王叔文的主張下，五坊小兒也被取締了，從此再也沒有人拿著鳥網橫行霸道了。

初試拳腳之後，王叔文又有了大動作，他把目光鎖定在帝國的財權和兵權上，只有將這兩大權力握在手中才能真正掌握帝國權柄，否則一切都是枉然。由於兵權盤根錯節，不能急於求成，而財權可以通過任命直接拿到，若能掌控財權則可以盈縮兵賦、操柄市士。

在王伾和王叔文的運作下，王叔文順利出任度支、鹽鐵轉運副使，正使則由德高望重的老臣杜佑擔任。之所以選擇杜佑是因為他有能力可以服眾，更重要的是可以成為王叔文的擋風牆，名義上杜佑是正使，實權則掌握在王叔文手中。

歷史給王叔文時間太短了，龐大的度支和鹽鐵系統讓他一時無從下手，只能與同盟者一起緊急磋商，他們想盡快將這兩大系統納入自己的勢力範圍。

正事還沒理順，節外又生枝。

節外生枝的是王叔文的同盟軍劉禹錫，他與御史大夫武元衡發生了矛盾。

武元衡並非泛泛之輩，他的曾祖武載德是武則天的堂弟，祖父武平一擅長寫文章，官至考功員外郎、修文館學士。不過武元衡並沒有從祖上借太多光，他的父親武就最大的官只當過殿中侍御史，還是靠武元衡顯達武就才被追贈為吏部侍郎。武元衡完全是靠自己的本事登上仕途，他進士登第，一路做到監察御史，唐德宗貞元二十年被擢升為御史中丞。

有一次唐德宗與武元衡在延英殿對話，武元衡對答如流、反應得體，等武元衡辭別唐德宗李适出殿時，李适一直目送武元衡背影離去並對左右說：「元衡真宰相器也。」

李适果然沒有看錯，在唐德宗孫子唐憲宗元和一朝，武元衡果然官拜宰相。

與王叔文同盟軍發生衝突時，武元衡正擔任御史大夫，由於王叔文的同盟軍在貞元末年多數擔任御史，武元衡跟這些人關係不睦，進而使得武元衡從心底看不起王叔文，兩人關係非常緊張。等到武元衡兼任山陵儀仗使時，劉禹錫想在武元衡那裡兼任一個判官，沒想到遭到了武元衡的強烈反對。身為劉禹錫一派領軍人物的王叔文想居中調和，既讓劉禹錫出任判官，又順便把武元衡拉到自己的陣營，為此他派人對武元衡以權力相誘，沒想到還是遭到了武元衡的拒絕。

王叔文惱了，他不想再在武元衡身上浪費時間，索性一不做二不休，將武元衡從御史大夫的官位上擼了下來，改任閒職——太子左庶子，哪涼快哪待著吧。

武元衡雖然被擼了下來，王叔文一派的麻煩卻沒有結束，有人替武元衡打抱不平，矛頭直指劉禹錫。

侍御史崔群彈劾道：「屯田員外郎劉禹錫挾邪亂政不宜在朝，應該貶出長安。」

王叔文一聽頓時氣惱，真是一波未平一波又起，這個崔群想幹什麼？正想著，崔群居然不請自來，自己找上門來。

崔群道：「天下的事真的很難說啊。」

王叔文接話：「為何這麼說？」

崔群接著說道：「去年京兆尹、道王李實仗著皇親身分氣焰很是囂張，那時閣下逡巡道旁只是江南一個小吏（**王叔文時任蘇州司功**）。如今閣下處在了去年李實的位置上，焉知道旁沒有一個像閣下一樣的人？」

崔群話裡有話、綿裡藏針，扎得王叔文渾身不自在。王叔文的同盟軍看不過眼想把崔群貶出長安，卻被宰相韋執誼攔住了。算了吧，崔群一向強直，如果貶出長恐怕會輿論譁然。

王叔文歎了口氣，想做點事真的好難，既要面對宦官的反撲，還要面對同僚的抵觸，如果能多幾個人幫幫我多好呢。

王叔文格外懷念呂溫和李景儉，如果有這兩個人幫忙或許自己能夠更加從容，可惜他們都不在身邊。呂溫奉旨出使吐蕃，據說要在吐蕃待半年；李景儉正在家中服喪，一時半會兒也指望不上。

王叔文又歎了口氣，誰都指望不上，還是靠自己吧。

王叔文還在勉力而為，他的靠山李誦身體卻一天不如一天了。李誦雖然還經常上殿，但僅僅是坐在那裡，滿朝文武沒有一個人能當面向他奏報，時間一長李誦的身體狀況又成了談論的焦點。順著李誦的身體狀況延伸下去，是否應該早立太子成了更熱門的話題。

在立太子的話題上，滿朝文武分成了兩派。王叔文一派剛剛當權，自然不想在皇帝身體狀況不佳的情況下冊立太子，冊立太子就是分權的開始，王叔文一派不想把剛到手的權力分割出去。

縱然王叔文不願此時冊立太子，還是有大批想擁立太子的人，這些人也有自己的政治目的。宦官俱文珍、劉光琦、薛盈珍等人以前是唐德宗李适面前的紅人，隨著李适的駕崩，只能眼看著王叔文和李忠言這些新貴登上政治舞臺。倘若皇帝李誦身體正常，俱文珍這些人只有認命，從此默默退出歷史舞臺。偏偏李誦糟糕的身體讓俱文珍等人看到了希望，俱文珍打起了如意算盤，如果能在擁立太子的節骨眼上出一把力，那不就成了擁立太子的有功之臣？

俱文珍馬上行動，奏請李誦同意後，隨即召集翰林學士鄭絪、衛次公等人入金鑾殿，起草冊立太子的詔書。李誦同意了冊立太子，但冊立誰當太子還是個問題。陪侍李誦左右的牛昭容有自己的想法，廣陵郡王李淳與自己沒有半點瓜葛，冊立他為太子於自己沒有半點好處。牛昭容遂保持沉默，她想用沉默切斷李誦與大臣們的聯繫。

鄭絪索性不再請示，直接在紙上寫下四個大字——立嫡以長，鄭絪將紙呈到李誦面前，李誦微微點了點頭，嫡長子、廣陵王李淳為太子，改名李純。

冊立太子詔書下達之日，別人都在歡慶，王叔文卻感慨萬千，木已成舟不能再對太子說三道四了，只能借詩詞以抒懷。詩詞誦完，王叔文潸然淚下。

知我者，謂我心憂，不知我者，謂我何求。

危機已經向王叔文襲來，冊立太子一事就是前兆。以往王叔文一派能夠直通皇帝，現在俱文珍等人也能直通皇帝，王叔文已經沒有太大的優勢了。而且他將要面對的是兩股勢力，前朝的俱文珍一派和新冊立的太子一派，而兩派還有合併的趨勢，王叔文只能且戰且進，前面的路上是什麼，他的心裡並沒有底。

冊立太子一事讓王叔文敗下陣來，只能重整旗鼓從別的方面再扳回來，他要用氣勢證明自己在朝中的能量。

王叔文銳意改革之時，朝中有五位宰相，分別是賈耽、杜佑、高郢、鄭珣瑜、韋執誼，此時的宰相臨時工性質非常濃，很少能夠連續數年擔任宰相，這段時期的宰相有如走馬燈。

如今這幾位宰相對王叔文也是各有各的看法，賈耽因為看不慣王叔文專權索性稱病不出，屢次上書請求退休，再也不想與王叔文共事。其餘幾個宰相對於王叔文至少面和，但微妙的平衡還是因為王叔文的一個舉動被打破了。

一天，宰相們正在中書省用餐，王叔文到了門口，他想和宰相韋執誼談點事情。王叔文示意門衛進去通報，門衛告訴他按照慣例宰相們正在用餐是不能進去打擾的。

王叔文火冒三丈，慣例，什麼陳芝麻爛穀子的慣例，讓你通報就去通報，少廢話。

門衛不敢得罪王叔文，硬著頭皮進去向宰相們通報，韋執誼頓時臉就紅了，圍著桌子轉了幾圈，心裡鬥爭不斷，讓王叔文進來不符合慣例，不讓他進來自己又得罪不起。韋執誼終於下定了決心，起身出去將王叔文迎了進來，其他幾位宰相心中暗自嘀咕，唉，規矩就這樣被破壞了。

韋執誼將王叔文領進內閣，兩人在內閣中竊竊私語，杜佑、高郢、鄭珣瑜停下了筷子，等著韋執誼回來入席。等了一會，有人來報：王叔文要了一份飯，已經跟韋相在內閣裡用餐了。

杜佑、高郢互相看了一眼，心中明知不合規矩也不敢表露，鄭珣瑜則長歎一聲：「我怎麼還能坐這個位置呢？」隨即起身縱馬而去，再也不到中書省報到。

王叔文用自己的氣勢壓服了很多人，與此同時也為自己埋下了很多雷。以王叔文的處事風格，如果他的後面一直站著一個身強力壯的強硬皇帝，那麼他可以大有作為，然而支持王叔文的是一個重度中風的皇帝，他對王叔文的支持力度取決於他的身體狀況。一旦李誦的身體狀況更糟，等待王叔文的又會是什麼呢？

無論王叔文是否願意看到，暗潮已經開始湧動，宰相韋執誼與王叔文是同盟軍，但他的岳父並不是。韋執誼的岳父叫杜黃裳，在唐德宗李适時代屢次遭到裴延齡的打壓，連續十餘年不得升遷。他在李誦登基後升任太常卿，按道理這個職位是王叔文給的，杜黃裳應該感激王叔文才是，然而杜黃裳卻站到了另外一邊。

杜黃裳向韋執誼建議——率領群臣請太子監國。韋執誼聽後大驚：「丈人剛剛得了一官，怎麼就開口議論起禁中的事了。」

杜黃裳也不含糊：「黃裳受三朝之恩，豈是一個官就能收買的。」

翁婿二人不歡而散，太子一派與王叔文一派的矛盾也漸漸浮出水面。兩派的矛盾在於太子是否應該監國？如果太子監國，自然有自己一套人馬；如果保持現狀，王叔文還有施展空間。雙方就此進入角力階段。

為了試探太子的態度並且讓太子對王叔文一派有好感，王叔文與韋執誼商議擢升給事中陸淳為太子侍讀。為了避諱陸淳改名為陸質，改名的他帶著重任接近太子李純。

陸質在侍讀之餘，有意將話頭引到朝政上，陸質剛開頭，太子李純便發怒道：「陛下讓先生為寡人講解經義而已，先生扯別的事情幹什麼。」

陸質大驚失色，連連道歉，惶恐而出。

李純此時已經二十七歲了，已經是心思縝密能夠獨立思考的成年人了，朝中的暗流湧動他心知肚明，只是不動聲色、靜觀其變而已。

王叔文明顯感覺到自己已經危機四伏，宦官隨時可能反撲、同僚抵觸不斷。而改革就要觸動一些人的利益，這些人自然會成為自己改革過程中的阻力，必須頂住這些阻力改革才能成功，不然之前所有的努力都將化為烏有。為今之計還是盡快將兵權抓到手中，只有手握兵權才能為自己的改革保駕護航。

冰凍三尺非一日之寒，要想從宦官手中直接奪過神策軍的兵權顯然不現實，必須走一條曲線救國的道路，迂迴包抄將神策軍兵權搶到自己手中。

西元八〇五年五月，皇帝李誦頒布一項任命：右金吾大將軍范希朝為左、右神策京西諸城鎮行營節度使，這道任命意味著駐紮京西的神策軍以後將聽從范希朝的命令，這是王叔文向宦官奪權的開始。

起初俱文珍等宦官並沒有讀懂這項任命的深意，他們還當作是一般的任命，等到駐紮京西的神策軍將領紛紛告知日後將聽命於范希朝時俱文珍才恍然大悟，王叔文這是要奪權啊，老將范希朝只是一個幌子，真正掌握兵權的將是王叔文的同黨、度支郎中韓泰。

想奪兵權？

沒那麼容易。

俱文珍隨即發出指示：京西神策軍將領不准與范希朝見面，更不能交給他一兵一卒。

老將范希朝本就是趕鴨子上架，等他趕到奉天一看，沒有一個將領前來報到，范希朝頓時明白這是兩派槓上了，自己還夾在中間做什麼呢？

掉頭打馬，回家養老。

王叔文搶奪兵權的行動剛開了頭就收了尾，王叔文沒想到這次行動會遭遇宦官們的抵抗無疾而終。然而這次孤注一擲的行動讓王叔文一派與宦官一派原本還保持著微妙平衡的關係被打破了。

不久王叔文得到了新的任命，他被擢升為戶部侍郎，度支、鹽鐵副使照舊，然而翰林學士的頭銜卻被註銷了。詔書拿在手中，王叔文大驚失色，這麼快宦官就向自己動手了，自己每天要去翰林院處理國家大事，沒了翰林學士的頭銜，如何進得了翰林院？

王叔文連忙找王伾磋商，經過王伾的緊急協調，王叔文得到了一個安慰性的補償：每隔三五日可以進翰林院處理事務，但翰林學士頭銜依然取消。

形勢已經急轉直下，王叔文的心情糟透了。這時有倒楣蛋撞到了王叔文的槍口上，王叔文將怒火一古腦地發洩到了他的身上。

倒楣蛋叫羊士諤，原是宣歙道巡官，他得罪王叔文主要是因為大嘴巴。羊士諤因公出差到長安，正趕上王叔文大展拳腳、大肆攬權，羊士諤天生大嘴巴，便在公開場合指責王叔文專權，很快就有好事人將羊士諤的話傳到了王叔文耳中。王叔文正在煩躁時遇上羊士諤這種大嘴巴，氣火攻心，非要將羊士諤置於死地。

斬之，韋執誼不同意。

杖殺之，韋執誼不同意。

貶，韋執誼總算同意了。

倒楣蛋羊士諤被貶為汀州寧化尉，再讓你大嘴巴，到汀州去大嘴巴吧。

伴隨著羊士諤被貶，韋執誼與王叔文的革命友誼也出現了裂痕，在處理羊士諤的問題上韋執誼總與王叔文唱反調，這讓王叔文非常不爽，推薦你出任宰相不是讓你跟我唱反調的。

韋王二人矛盾漸起，往來兩人門下的人都為之提心吊膽，就怕兩人有一天會徹底撕破臉。旁人的擔心終究成為現實，在處理劍南支度副使劉闢的問題上，兩人矛盾再次升級。

劍南支度副使劉闢是西川節度使韋皋的副手，他到長安求見王叔文，把韋皋的意思傳遞給了王叔文：您如果能將劍南三川都劃給我，我必以死相報；如果不給，我也會有行動。

韋皋在西川二十餘年，山高皇帝遠，已然有西川王的感覺，與王叔文說起話來自然底氣十足，他的強硬與尋常官員的小心翼翼大相逕庭。

王叔文又一次動了怒，欺人太甚，居然敢威脅我。

一怒之下，王叔文又想斬了劉闢，這一次又被韋執誼攔住了。

王叔文暫時按下怒火，準備過兩天再找劉闢算帳，沒想到劉闢聽說羊士諤被貶往汀州後腳底抹油溜回了西川，王叔文又一次動了肝火，都是你韋執誼屢次壞事。

王韋二人的矛盾日益加深，兩人看待對方的眼光也與以往不同了。以前韋執誼在王叔文眼裡是自己的同盟軍、志同道合的戰友，現在則是一個忘恩負義的小人；以前王叔文在韋執誼眼中是一個有著遠大理想胸懷天下的文士，現在則成了一個睚眥必報心胸狹窄的鬥雞。

眼光不同了、友誼變淡了、誤解加深了、仇恨變濃了，隨著時間的推移兩人的政治見解分歧也越來越大，韋執誼經常跟王叔文唱反調。

王叔文出離了憤怒，韋執誼還在試圖修補，屢屢託人帶話：「我不敢負約，目前所作所為都是為了曲線幫助您成事。」

王叔文心中冷笑，騙鬼去吧。

王叔文的處境越來越難，同盟軍越來越少、敵人越來越多，先前給王叔文帶話的劍南西川節度使韋皋開始發力，他同時給皇帝李誦和太子李純上了一道表、一道箋，核心意思只有一個——請皇太子監國。

韋皋在給李誦的表中這樣寫道：陛下哀毀成疾，重勞萬機，故久而未安，請權令皇太子親監庶政，俟皇躬痊癒，復歸春宮。臣位兼將相，今之所陳，乃其職分。

在給太子李純的箋中寫道：聖上遠法高宗，亮陰不言，委政臣下，而所付非人。王叔文、王伾、李忠言之徒，輒當重任，賞罰縱情，墮紀紊綱。散府庫之積以賂權門。樹置心腹，遍於貴位；潛結左右，憂在蕭牆。竊恐傾太宗盛業，危殿下家邦，願殿下即日奏聞，斥遂群小，使政出人主，則四方獲安。

韋皋果然言出必行，既然王叔文沒有幫自己謀到三川之地，自己就站到王叔文的對立面向太子表忠心，將寶押在太子身上。

不久，荊南節度使裴均、河東節度使嚴綬也跟著上表，核心意思也是請皇太子監國。

三大節度使幾乎同時請皇太子監國，這就不是巧合了，而是有人在幕後操縱。滿朝上下能同時調動三大節度使的恐怕只有以俱文珍為首的宦官集團。而三大節度使權衡利弊之後清楚地發現，如果押寶在王叔文一派，背後只有病秧子皇帝，隨時可能樹倒猢猻散，如果押寶在宦官一派，同時還能抱住太子李純的大腿，寶押在哪一方的收益大已經很明顯了。

王叔文陷入四面楚歌的境地，他不知道自己如何度過這個難關，論謀略自己不輸給任何人，但論官場爭鬥自己實在是才疏學淺，以前自己真是低估了這個錯綜複雜的官場。

就在王叔文冥思苦想準備繼續與宦官集團抗爭時，家中傳來母親病危的消息。聞聽老母病危，王叔文方寸大亂，焦頭亂額之下居然想出了一個搖尾乞憐的高招。

王叔文在翰林院擺了一桌酒菜，請來了一些翰林學士以及俱文珍、劉光琦、李忠言等幾個宦官，書生意氣的王叔文想用這桌酒菜唱一齣戲。

王叔文一臉誠懇地端起酒杯，向著在座的宦官說道：「叔文母親病重，因為身擔國事一直沒有回去侍奉母親湯藥。如今叔文將告假回去侍奉母親，叔文自問一向兢兢業業、不避危難都是為了報答朝廷重用之恩。一旦叔文離去，恐怕各種誹謗就會不請自來，到時各位能否幫叔文說幾句公道話？」

此舉無非是與虎謀皮，王叔文昏頭了，病急亂投醫，居然投到了宦官門下。

俱文珍冷冷地看著王叔文，心中連連冷笑，你王叔文也有今天！

俱文珍接過王叔文話頭，一句接著一句地反駁，駁得王叔文啞口無言，今天王叔文有求於人，早已沒了往日底氣，明知俱文珍故意刁難，還是得笑臉相迎一個勁地勸酒。

各懷心思的酒宴幾巡過後便不歡而散，王叔文看著一桌子的殘羹冷炙難掩心中悲涼。

幾天後，王叔文母親去世，王叔文不能再上班了，只能按照慣例回家服喪。

壞消息一個接一個傳來，宦官步步緊逼，曾經的同盟軍韋執誼也越來越不聽話，王叔文在朝中的話語權逐步喪失。王叔文憤怒到了極點，他要拿回屬於自己的東西，雖然居喪但是只要皇帝批准就可以奪情起復。

按照王叔文的計畫，起復之日先斬了韋執誼這個背信棄義的小人，然後將那些抵觸自己的人一律誅殺，讓你們跟我唱反調。起復尚遙遙無期，計畫已不脛而走，曾經阻撓過王叔文的人個個驚慌失措，他們的腦海中都閃過一個念頭：絕不能讓王叔文回來。

滿朝上下可能只有一個人希望王叔文回來，這個人就是王伾。王伾與王叔文一直並肩作戰，王叔文靠王伾進宮幫自己爭取待遇，王伾則需要王叔文給自己出謀劃策，不然自己就會進退失據，他能寫一手好書法卻始終無法應對朝中的複雜局面。

王伾想要王叔文回來，但他並沒有好辦法，只能每天去央求宦官以及杜佑，請他們奏報皇帝李誦，任命王叔文當宰相並且統領禁軍。這顯然是異想天開，王伾沒能如願，他退而求其次懇請宦官讓王叔文出任威遠軍使並且擔任宰相，這個要求依然沒有被批准。

王伾已經意識到大事不妙，他不知道自己能否過得了這一關。

當天王伾枯坐翰林院，先後上了三道奏疏都石沉大海，王伾清楚地知道自己與皇帝李誦之間的聯繫被切斷，以後自己的話再也不能上達天聽了。王伾歪躺在榻上，腦海中一直無法平靜，到了夜裡突然大叫一聲，他中風了。

第二天，王伾乘車回到家中，再也不去翰林院上班，他的中風基本宣告了王伾王叔文一派倒臺，事情發展到這個地步他們已經無能為力了，等待他們的是任人宰割。

西元八〇五年七月二十八日，皇帝李誦下詔：鑒於自己長期患病不能康復，國政全部委託給太子李純。

這道詔書究竟是否出於李誦本意後人只能揣測，多數人認定這紙詔書並非他的本意，但羸弱的身體注定他將退出歷史舞臺，一個連自己身體都控制不了的皇帝，如何能控制一個王朝呢？

六天之後，也就是八月四日，李誦再次下詔太子李純繼位，自己改稱太上皇。

從太子到皇帝，再到太上皇，別人幾十年才能走完的路，李誦不到一年就走完了，這不是幸運，而是徹頭徹尾的悲劇，只能怪自己的身體不爭氣，不爭氣到連自己的生命權都不再掌握在自己手中。

在此期間後宮究竟發生了什麼事，宮外的人無從知曉，即使身在宮內的人也只有少數幾個人知道真相，中國的後宮就像是一個黑匣子，多少秘密永遠掩蓋在歷史的雲煙之中。

與李誦、李純生活在同一個時代的劉禹錫曾經寫道：當時太上皇身體有病，宰相大臣都不能得到召對。而宮掖事秘、建桓立順、功歸貴臣。劉禹錫如此寫，顯然在李誦與李純的皇位更迭中存在很多隱秘之事，外人是無從知曉的。

如果推測沒錯的話，此時的皇帝李誦早已被以俱文珍為首的宦官控制在手中，所謂的兩次下詔都不過是假冒他的名義，李誦連自己的生命都說了不算，就更別說朝政了。

一天後，太上皇李誦遷往興慶宮，同時下詔改年號為永貞。

想想李誦這個皇帝真夠窩囊，當了二十多年太子，四十四歲才輪到自己登基，沒想到只當了半年的皇帝就被自己的兒子給轟了下來。這還不算，當了半年皇帝居然連自己的年號都沒有。西元八〇五年八月五日之前算貞元二十一年，這是他爹唐德宗的年號，西元八〇五年八月五日之後算永貞元年，名義上是他的年號但實際上是他兒子唐憲宗的年號。

與他同病相憐的是明光宗朱常洛，他比李誦還慘，身為萬曆皇帝的長子，他在位僅僅二十八天，老爹萬曆的年號還沒來得及改，他就跟隨老爹駕鶴而去，在他身後兒子（明熹宗）將年號改為泰昌，說是他的年號實際上還是他兒子的年號。

西元八〇五年八月九日，李純在宣政殿登基，是為唐朝歷史上的唐憲宗。

兩個月後，曾經一度威脅李誦太子之位的舒王李誼辭世，是正常死亡還是非正常死亡史無明載，只是這個結果是李純願意看到的。

西元八〇六年正月初二，皇帝李純將年號改為元和，屬於李純的元和中興正式拉開了帷幕。

而在拉開帷幕的同時，李純還需要做一點善後工作，他那體弱多病的太上皇父親還在宮中呢，他還需要把戲做足。

正月初一這天，李純率群臣為太上皇李誦奉上尊號，正月十八日，李純下詔宣稱太上皇「舊恙愆和」。「舊恙愆和」的意思是舊病還沒有痊癒。此舉是向全天下宣告太上皇病危，在歷朝歷代都極為罕見，一般皇帝身體狀況是帝國的最高機密，不到萬不得已不會向外昭告，李純此舉是為下一步做鋪墊。一天後，李誦於興慶宮病逝，走完了自己來去匆匆的人生。

在父親李誦從皇帝變成太上皇，再從太上皇到駕崩，李純從始至終是心知肚明的，他究竟有沒有暗中授意或者默許宦官逼迫父親無從知曉，我們只知道在這一過程中他快速掌握帝國權柄，迎來了屬於自己的舞臺。

這是一個在唐朝歷史上與唐太宗李世民、唐玄宗李隆基並駕齊驅的皇帝，他的功業可以與兩位先祖比肩，歷史總是有驚人的相似，相似到彼此就是對方的模仿秀。

由李世民發端，唐朝歷史先後上演數次「子逼父退位」的好戲，李世民將父親李淵逼成了太上皇，李隆基將父親李旦逼成了太上皇，而李純的父親李誦也當過太上皇，他有沒有被逼迫呢？

孟子云：行一不義，殺一不辜，而得天下，皆不為也。

這是孟子的標準卻不是帝王的標準，在帝王的眼中一將功成萬骨枯，為了達到目的什麼都可以被犧牲，包括夫妻之情、父子之情。

親情，是皇家唯一用錢買不到的奢侈品。

沉舟側畔

第十一章

劉禹錫其人

沒有年號的李誦就這樣退出了歷史舞臺，而當初跟隨他的王叔文、王伾、劉禹錫、柳宗元等人得為失敗買單。

最先倒楣的是王叔文和王伾，王叔文被貶為渝州戶曹（戶籍官），一年後被賜死；王伾被貶為開州司馬，不久在開州憋屈地死去。他倆所主導的永貞革新徹底以失敗告終。

王叔文曾經的同黨、後來的仇敵韋執誼則被貶為崖州司馬，崖州在如今的海南省瓊山市，在那裡韋執誼度過了人生最後的七年，四十六歲時病逝於任上。

劉禹錫和柳宗元呢？

他們一生的悲劇剛剛拉開序幕。

在歷史的宏大敘事中，且容我用一點篇幅寫一寫大歷史中的小人物劉禹錫和柳宗元。

在王叔文和王伾被貶的同時，劉禹錫和柳宗元也遭到了貶黜。劉禹錫被貶為連州刺史（今廣東連州），柳宗元被貶為邵州刺史（今湖南邵陽），僅僅在幾天前他們還是炙手可熱的京官，現在他們就要到蠻荒之地報到了。

在那個「交通基本靠走」的年代，劉禹錫和柳宗元風塵僕僕地從首都長安趕往自己的貶所，一邊趕路、一邊感受著人生的巨大落差。

還有比這更差的結局嗎？

當然有。

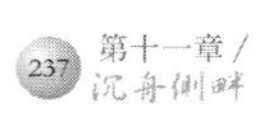

就在劉禹錫和柳宗元等人忙於趕路時新的聖旨又到了，新任皇帝李純認為把他們貶做刺史太便宜了，還是貶為司馬吧。

於是劉禹錫便由連州刺史貶為郎州（今湖南常德）司馬，柳宗元由邵州刺史貶為永州（今湖南永州）司馬，與他們一起被貶的官員同樣被降到了司馬一級。

除此之外，皇帝李純在詔書上還有特別規定：以後即使皇帝大赦天下，八司馬永不在大赦的範圍之內，永遠不准往內地調動。

一句話，死在外邊，別回來了。

至此，唐朝歷史上赫赫有名的「二王八司馬」事件脈絡徹底清晰，二王就是王叔文、王伾，八司馬就是以劉禹錫和柳宗元為首的八個州司馬。

現在這群原本充滿理想的人成了最失落的人。

世間的事就是這樣禍福永遠相依，如果杜甫不是遭遇那麼多苦難，或許也就無法成為詩聖，如果白居易不是遭遇挫折，或許也無法寫就《長恨歌》和《琵琶行》，現在劉禹錫和柳宗元也遭遇了人生的落差，這次巨大的落差會給他們帶來什麼呢？

人生的落差讓詩人的詩情噴薄而出。

在郎州，劉禹錫不斷地寫詩，用詩表達自己的情懷：

秋詞

自古逢秋悲寂寥，我言秋日勝春朝。

晴空一鶴排雲上，便引詩情到碧霄。

不是想看我落魄嗎？抱歉，你看不到。

在此期間，劉禹錫還有一首與蚊子戰鬥的詩，很有意思。

聚蚊謠

沉沉夏夜蘭堂開，飛蚊伺暗聲如雷。
嘈然歘起初駭聽，殷殷若自南山來。
喧騰鼓舞喜昏黑，昧者不分聽者惑。
露花滴瀝月上天，利觜迎人著不得。
我軀七尺爾如芒，我孤爾眾能我傷。
天生有時不可遏，為爾設幄潛匡床。
清商一來秋日曉，羞爾微形飼丹鳥。

鬥的是蚊子嗎？鬥的是人。

在劉禹錫與蚊子鬥的同時，柳宗元在永州也沒有閒著，他寫就了可以載進中國文學史的山水遊記——《永州八記》，其中《小石潭記》最有名，堪稱中國山水遊記的巔峰之作。

與蚊子鬥、與人鬥、寄情於山水、抒懷於筆端，劉禹錫便這樣消磨著在郎州的時光，這一消磨就是整整十年。

西元八〇五年他三十三歲，十年後劉禹錫已經四十三歲了。西元八一五年，隨著一同被貶的程異重新得到啟用，長安朝中漸漸有了將劉禹錫等人重新啟用的聲音，於是劉禹錫和柳宗元便滿懷期望地從各自的貶所回到了長安。

劉禹錫原本對這次回長安還抱有希望，不過仔細一想他的心便涼了下來，因為與他一直不睦的武元衡還在。當年正是因為與劉禹錫發生矛盾，武元衡遭到了王叔文的貶黜。現在乾坤倒轉，武元衡已經貴為宰相，而劉禹錫只是一個等待重新分配工作的貶官。

隨他去吧，愛咋地咋地。

抱著無所謂的心態，四十三歲的劉禹錫在玄都觀遊玩了一番，回來便寫下《玄都觀桃花》：

紫陌紅塵拂面來，無人不道看花回。
玄都觀裡桃千樹，盡是劉郎去後栽。

寫的是桃，諷的是人，意思是譏諷現在朝中那些忝列大臣的人，其實都是劉禹錫被貶之後才一個個提拔起來的。言下之意是你們神氣什麼啊。

寫到這裡得說唐朝的政治氛圍還是相對寬鬆的，如果這首詩放在宋朝，估計劉禹錫得脫層皮，如果放在清朝，媽媽咪啊。

《玄都觀桃花》一詩很快在朝中流傳了起來，武元衡等人找到了攻擊劉禹錫的把柄，索性藉著這首詩又將劉禹錫和柳宗元貶出了長安，劉禹錫被貶為播州（今貴州遵義）刺史，柳宗元被貶為柳州（廣西柳州）刺史，官職升了半級，然而離長安卻越來越遠。

這時劉禹錫沉默了，他知道自己闖禍了，遠去播州他可以不在乎，但他家中還有八十多歲的老母呢。更何況他是家中的獨子，老母只能跟著他生活，現在他被貶到了播州，難道還要八十多歲的老母跟著他去播州？

關鍵時刻，柳宗元站出來說話了：「播州是蠻荒之地，不適合人類居住，劉禹錫的母親八十多歲了，根本不可能跟著他去，這樣他們母子就要生離死別了。還是讓我去播州吧，讓劉禹錫去柳州。」

什麼是朋友，這就是朋友。

聽了柳宗元的話，劉禹錫無語了，他陷入到了艱難的抉擇之中，讓柳宗元做出犧牲他於心不忍，但是如果堅持去播州，那就意味著與母親生離死別，此生恐難再有相見的機會。這時御史中丞裴度站出來替劉禹錫向皇帝求情，好說歹說皇帝總算格外開恩，將劉禹錫改派到連州（今廣東連州）出任刺史，劉禹錫和柳宗元在被貶十年後再次踏上了被貶之路。

再出長安，內心有太多不甘，他們不知道還能不能回到長安？如果能，那會是什麼時候？

劉禹錫和柳宗元結伴走到了衡陽，再往前就要分道揚鑣了，劉禹錫去連州，柳宗元去柳州。

臨別之際，兩個詩人淚眼朦朧，互相贈詩留念，柳宗元在離別的船上作《重別夢得》：「二十年來萬事同，今朝歧路忽西東。皇恩若許歸田去，晚歲當為臨舍翁。」

劉禹錫內心同樣淒苦，他回應道：「弱冠同懷長者憂，臨歧回想盡悠悠。耦耕若便遺身老，黃髮相看萬事休。」

兩位大詩人都沒有想到，這次分別竟是永別。

這一別，柳宗元再也沒能回來，四年後客死柳州，享年只有四十七歲。

這一別，劉禹錫過上了四海為家的生活，再回長安已是十三年後。

西元八一九年，當柳宗元去世的消息傳到連州時，劉禹錫淚如雨下。悲痛之後，劉禹錫開始著手整理柳宗元的文集，此後他用畢生的精力整理了柳宗元的大部分文集，並讓這些文集永遠地流傳了下來。

余秋雨在《文化苦旅》一書中曾經這樣寫道：今天我們紀念柳宗元不是因為什麼，只是因為他那破舊篋箱裡那一札皺巴巴的詩文。這一切有劉禹錫的一份功勞，如果沒有劉禹錫，柳宗元的詩文能否流傳下來還是未知數。

帶著對朋友的深切思念，劉禹錫投入到自己的工作之中，儘管他只是一個貶官、儘管他的身上背著一個「永不受重用」的黑戳，但這並不影響他的工作熱情，他把自己的一腔真情投入到自己任職的每一個地方。

在連州，他剛正不阿、重士愛民、重教興學，連州的開化由劉禹錫而起。

為了推進教育發展，劉禹錫在連州登臺講學教澤州人、栽培人才，推動連州文化進入興盛時期，由此開創了連州重文興教的傳統。

皇天不負有心人，兩年後連州出了史上第一個進士——劉景。

此後數百年，連州名人輩出，有唐一代，廣東進士三十八名，連州佔十二名；北宋年間，廣東出了一百二十七名進士，其中連州佔四十八名。因此連州在廣東科舉場上有「科第甲通省」之美譽。這一切其實都跟唐代那位不得志的刺史劉禹錫有關，清朝人楊楚枝對此評曰：連州風物媲美中州，則禹錫振起之力居多。

在連州任職五年以後，劉禹錫轉任夔州，就此開始了夔州刺史生涯。他在夔州親民依舊，與此同時詩的創作也進入了一個高峰。夔州當地有傳統的民歌——「竹枝詞」，劉禹錫從中得到了啟發，於是便效仿屈原創作《九歌》，他創作了《竹枝詞九首》。劉禹錫的竹枝詞漸入佳境，便有了後世流傳最廣的那首竹枝詞：

> 楊柳青青江水平，聞郎江上唱歌聲。
> 東邊日出西邊雨，道是無晴卻有晴。

數年後，劉禹錫的夔州刺史任期也滿了，這時他又調任和州刺史。夔州在今天重慶的三峽庫區，和州則在今天安徽巢湖市下屬的和縣，從夔州到和州，最便利的交通工具是坐船。劉禹錫坐船順江而下，就在這次上任的途中，他又寫出了流傳千古的詩篇《西塞山懷古》：

> 王濬樓船下益州，金陵王氣黯然收。
> 千尋鐵鎖沉江底，一片降幡出石頭。

人世幾回傷往事，山形依舊枕寒流。
今逢四海為家日，故壘蕭蕭蘆荻秋。

西塞山位於今天湖北黃石大冶東的長江邊，三國時期是東吳的軍事要塞，然而當劉禹錫乘船路過此地時早已朝代更替、物是人非，此情此景令劉禹錫頓生感慨，所謂山川險要其實都是虛幻，歷史的推動終究還是靠人。

王朝興替、人事代謝，又有多少是以人的意志為轉移呢？帶著對歷史的感慨，劉禹錫到了和州，依然繼續著他親民、愛民的作風，與此同時又留下了流傳後世的經典——《陋室銘》：

山不在高，有仙則名；水不在深，有龍則靈。斯是陋室，惟吾德馨。苔痕上階綠，草色入簾青。談笑有鴻儒，往來無白丁。可以調素琴，閱金經。無絲竹之亂耳，無案牘之勞形。南陽諸葛廬，西蜀子雲亭。孔子云：「何陋之有？」

伴隨著《陋室銘》，劉禹錫的和州刺史任期也滿了，屈指一算此時距離元和十年的被貶已經過去了十三年。

這十三年中，他的母親去世了，他的朋友柳宗元去世了，他的政敵也去世了。

這十三年中，他的足跡到過連州、夔州和和州，他的每一步都留下了踏實的足跡，至今還能在當地找到與他有關的歷史印跡。

這十三年中，他培養出連州歷史上的第一個進士，又寫出了《竹枝詞》和《陋室銘》。

這十三年中，雖然蹉跎，但也充實。

現在他等來了重回長安的機會，而他的朋友柳宗元卻再也回不去了。

返回長安的途中，劉禹錫路過揚州，在這裡他結識了人生中的又一個至交——白居易，在席間寫下了「沉舟側畔千帆過，病樹前頭萬木春」的詩句，就此拉開了與白居易一唱一和的神交生涯。

告別揚州，劉禹錫繼續趕路，長安越來越近。長安，我終於回來了。一別十三年，劉禹錫從四十三歲走到了五十六歲，而長安城中已是物是人非。

在這十三年中，長安城中居然換了三任皇帝：西元八二〇年，唐憲宗李純駕崩，他的兒子唐穆宗李恆繼位；西元八二四年，唐穆宗李恆駕崩，他的長子唐敬宗李湛繼位。

西元八二六年，唐敬宗李湛被宦官謀殺，唐穆宗的次子唐文宗李昂繼位。

隨著皇帝走馬燈般地更替，劉禹錫當年的政敵要麼死去、要麼老去、要麼失勢、要麼有一搭沒一搭地在官場混著。或許對付政敵的最好辦法就是堅強地活著，活得比對方長。

回到長安的劉禹錫得到了朝廷的重新任用，他被委任為禮部主客郎中，負責對藩國的接待工作。不久，他又去了一次玄都觀，這次又有了新的收穫：

百畝庭中半是苔，桃花淨盡菜花開。
種桃道士歸何處，前度劉郎今又來。

桃樹沒了，種桃的道士也不知道去了哪裡，而那個曾經被貶的劉郎卻回來了。

在這首詩的正文之外，劉禹錫還寫了一個序，詳細記錄了自己與玄都觀的緣分，並在序中寫到，再過幾年自己還會來，到那時再看玄都觀變成什麼樣了。這就是劉禹錫，一個生命不息戰鬥不止的詩人，別人遇到挫折後萎靡不振，他反而愈挫愈勇，在被貶的二十三年裡從來沒有停止戰鬥。

出任禮部主客郎中之後，劉禹錫的仕途依然起伏不定，一度他還有宰相裴度做後盾，後來裴度罷相，劉禹錫的仕途又跌宕了起來。在朝廷不如意，劉禹錫索性又走出長安到地方任職，他的腳步又先後到了蘇州、汝州、同州，於是在這些地方又留下了與他有關的歷史印跡。在蘇州，他與韋應物、白居易一起並稱「三傑」，後來蘇州人民建造了「三賢堂」紀念他們；在汝州，至今還流傳著劉禹錫為民求雨的傳說；在同州，他愛民親民也有歷史記載。

到西元八三六年，劉禹錫六十四歲了，他終於承認自己老了，不再與別人鬥了，而是轉身與白居易開「鬥」。這時兩人都是閒職，都住在洛陽，於是便拉開了劉白兩人唱和往來的幸福時光。

後來有心的白居易還將兩人往來的詩編成了詩集，一式兩份，一份交給自己的侄子，一份交給了劉禹錫的兒子，算是兩人友情的見證。在白居易看來，劉禹錫就是「詩豪」，「其鋒森然，少敢當者」。

至此，唐代的大詩人各就各位，李白是「詩仙」，杜甫是「詩聖」，白居易是「詩魔」，劉禹錫是「詩豪」，還有一個「詩佛」叫王維。

白居易在詩集的序中如是寫道：

「我以前與元稹唱和頗多，這些詩很多流傳很廣。我曾經跟元稹開玩笑說，我跟足下二十年來可謂文友詩敵，真是榮幸，同時也是不幸。

吟詠情性，播揚名聲，其適遺形，其樂忘老，幸也。

然而江南士女說起才子，多稱元、白，正是因為你的緣故使我不得獨步於吳、越間，這就是不幸也。

今天垂老之際又遇夢得，難道不是另外的不幸嗎？夢得夢得，文之神妙，莫先於詩。若論妙與神，我怎麼能跟他比？

如夢得「雪裡高山頭白早，海中仙果子生遲」，「沉舟側畔千帆過，病樹前頭萬木春」之句之類，真謂神妙矣。所以夢得的詩篇，應該有靈物看管，僅僅由兩家子弟秘藏怎麼夠呢？」

誰說文人相輕？文人更有惺惺相惜。

西元八四二年，詩豪劉禹錫的生命定格在洛陽，享年七十歲，當年所有參與「永貞革新」的人中就數他的壽命最長，他當年的朋友或者敵人沒有一個活過他，他成為笑到最後的人。

在劉禹錫逝後，他被追贈為戶部尚書，活著一輩子沒能顯達，死了倒有了顯達的模樣。

後來劉禹錫被葬在河南滎陽，如今在滎陽還有一個佔地兩百八十畝的劉禹錫主題公園。

詩人已去，後人記住的是他的詩篇，他的《西塞山懷古》、他的《陋室銘》、他的《竹枝詞》、他的《金陵五題》：

朱雀橋邊野草花，烏衣巷口夕陽斜。舊時王謝堂前燕，飛入尋常百姓家。

撥亂反正

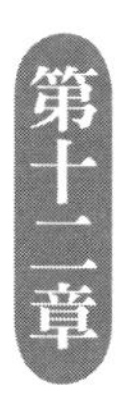

兵發西川

登基稱帝的李純終於迎來了屬於自己的時代，他等這一天已經等了很久了。

還是孩童時，他曾經在祖父德宗的膝蓋上玩耍，祖父故意問他：「你是誰家的孩子，為何在朕的膝上玩耍？」

李純奶聲奶氣地回答道：「我是第三天子。」

德宗李适一想，自己是天子，嫡長子是太子，太子的嫡長子可不就是第三天子嗎？由此李适對李純刮目相看。

李純注定不是一個普通人，如果是一個普通人，他會沿著「父慈子孝」的路子走下去，熬到父親自然死去，然後自己再接過帝國的權柄。李純更像一個貧困之家的長子，在自己成年後便要迫不及待接過家庭的重擔，無論家中的長輩是否願意。

經過那段可意會不可言傳的歲月，李純真正掌握了帝國的權柄，眼前的帝國危機四伏，河北藩鎮依然保持高度自治，蔡州的吳少誠依然不服從朝廷管教，李純登基之後又蹦出了一個新刺頭——劉闢。

此劉闢便是給王叔文傳話的劉闢，傳話時他是西川節度使韋皋的副手，擔任西川支度副使。西元八〇五年八月十七日，西川節度使韋皋辭世，享年六十歲。韋皋在西川二十一年，已經成為名副其實的西川王，他留下的西川讓劉闢怦然心動，劉闢想在韋皋的基礎上繼續當西川王，甚至當更大範圍的王。

韋皋逝後，劉闢自稱候補節度使，按照德宗時代的慣例，自稱候補節度使的一般都能遞補為正式節度使，這已經是大唐帝國不成文的慣例，雖然法無明文但一直都是這麼做。

在劉闢的授意下，西川將領們紛紛給朝廷上疏，要求朝廷給劉闢頒發旌節，正式委任劉闢為西川節度使。劉闢以為自己照方抓藥自然藥到病除，沒想到將領們的請求遭到了朝廷的拒絕，朝廷不僅沒有給劉闢發放旌節，反而任命了中書侍郎袁滋為新任西川節度使，同時徵調劉闢進京出任給事中。

劉闢這時才意識到時代不同了，眼前當家的李純顯然與其祖父不同，其祖父只求得過且過，而李純剛剛秉國就想要撥亂反正。

好，讓你看看我們西川的厲害。

劉闢馬上在轄區內將軍隊重新做了布置，用意不言自明，西川的氣氛頓時緊張起來。

新任西川節度使袁滋眼看就要抵達西川，早有線報打聽到劉闢的動作，袁滋心知不妙不敢繼續前進，停在原地等待皇帝李純的進一步命令。人家已經磨刀霍霍，自己何苦送上門去當待宰羔羊。

消息傳到長安，李純大怒，好你個袁滋，居然止步不前、徘徊觀望，要你何用。

西川節度使別當了，去吉州當刺史吧。

憤怒歸憤怒，李純清楚地知道他一時半會兒還收拾不了劉闢，祖父留下這積重難返的危局不是一天兩天就能逆轉的，一切還得從長計議。

李純只能無奈地任命劉闢為西川節度副使，代理西川節度使。這是一個不得已的權宜之計，李純非常不情願，但登基伊始他還沒有力量將劉闢一下子踩死，而且朝中形勢不明，支持對劉闢用兵的臣子又會有多少呢？

右諫議大夫韋丹隨後上了一道奏疏：如今陛下放過劉闢不予以處分，如此一來朝廷能直接指揮的將只剩下兩京地區，除此之外誰不背叛？

韋丹的奏疏遞到了李純的心裡，李純同樣擔心劉闢會起到壞榜樣的作用，如果全國的節度使都向他學習，後果將不堪設想。況且自己剛剛登基，天下百姓都看著呢，是走祖父的老路，還是走一條屬於自己的新路呢？

李純還在思考，劉闢卻步步緊逼。

代理西川節度使沒有讓劉闢滿足，他提出了進一步要求——兼領三川。也就是說他想同時當西川、東川、山南西道節度使，這是當年韋皋向王叔文提出的要求，如今劉闢舊話重提。

李純被深深激怒了，讓劉闢代理西川節度使已經讓他如鯁在喉，如今居然更進一步要求兼領三川，真是人心不足蛇吞象。李純立刻駁回劉闢的請求，劉闢一不做二不休，突然出兵包圍了東川節度使李康鎮守的梓州，而且東川節度使的人選已經選好了，只等城破之日進城宣誓就職。

是可忍，孰不可忍。新科皇帝李純不想再忍，他要讓劉闢知道自己的厲害，也讓全天下的節度使明白自己的態度，這是李唐的天下，不是你們這些飛揚跋扈節度使的天下。

轉念一想，李純又有些沒底，從祖父德宗多年來已經形成了慣例，節度使死後派出宦官到藩鎮觀察，看藩鎮將領推舉誰便任命誰為新任節度使，一直以來節度使的更迭就是由藩鎮將領決定。

慣例，可怕的慣例。

李純正猶豫時，新任宰相杜黃裳來了，杜黃裳正是韋執誼的岳父，之前主張太子李純監國，李純掌握帝國權柄之後投桃報李，將時任太常卿的杜黃裳擢升為門下侍郎，出任宰相。

杜黃裳是堅定的用兵派，他堅定地站到了李純一邊。

「劉闢只不過是一介狂妄書生，取之如拾草芥。臣知道神策軍使高崇文有勇有謀可堪大任，建議陛下讓他帶兵出征，不要再給他設置監軍，劉闢一定會被生擒。」杜黃裳建議道。

李純看著杜黃裳，知我者杜黃裳也。滿朝大臣都說蜀地偏遠不宜用兵，而你堅定地支持我，你的話我愛聽。

西元八〇六年正月二十三日，李純下詔，左神策軍行營節度使高崇文率領本部五千步兵騎兵組成第一梯隊，神策軍京西行營兵馬使李元奕率領兩千步兵騎兵組成第二梯隊，會同山南西道節度使嚴礪一同討伐劉闢。

詔書一出輿論譁然，比高崇文級別高、名望大的宿將大有人在，個個都以為自己將掛帥出征，為何偏偏選了這個名氣不大的高崇文呢？

杜黃裳有自己的考慮，他了解高崇文。

高崇文雖然只是率兵屯守長武城（陝西長武縣西北），士卒也不過五千，但這五千兵馬個個都是精兵，高崇文一直實行一級戰備，時刻準備應對外敵入侵。受詔之時是早上六時，兩個小時後全軍開拔，軍中物資一應俱全無一漏缺。正月二十九日，高崇文兵出斜谷，李元奕兵出駱谷，一同向梓州進發。

梓州的戰事由劉闢先勝一局，他的軍隊攻克梓州，俘虜了東川節度使李康。勝利的喜悅還沒有持續多久，高崇文已經攆了上來，劉闢的部將眼看形勢不妙，率兵撤出剛剛佔領不久的梓州，梓州又回到了高崇文手中。

秀才造反，十年不成，劉闢這個狂妄書生當初也不知哪根筋搭錯了，非要跟朝廷較勁，如今眼看高崇文大兵壓境頓時慌了神，連忙將俘虜的東川節度使李康送回，同時向李純上疏為自己辯解開脫。劉闢太天真了，謀反這條路要麼不走，要麼一條道跑到黑，如此首鼠兩端什麼事都成不了的。

高崇文冷眼看著被俘虜的東川節度使李康，敗軍失城，留你何用。斬。

西川的戰事還在繼續，為自己辯解失敗的劉闢層層設防，在鹿頭關（今四川省德陽市北黃許鎮）一連修築了八個營柵，駐軍一萬多人，矛頭指向步步緊逼的高崇文。營柵是死的，人是活的，士氣高漲的高崇文發起進攻大破劉闢軍隊，劉闢連忙亡羊補牢，在鹿頭關東萬勝堆再加一道營柵繼續死扛。

高崇文眼角冷冷掃過，令旗一指，勇將高霞寓攻克萬勝堆，鹿頭關盡收眼底，高崇文令旗再一揮，兵鋒過處八戰八捷。連勝還在繼續，山南西道節度使嚴礪也有好消息傳來，他的部將在綿州石碑谷擊破劉闢軍一萬餘人。

原本以為蜀道之難難於上青天，不料卻是勢如破竹，時間走到西元八〇六年九月十二日，高崇文與嚴礪的部將分別在鹿頭關和神泉擊敗劉闢的部隊，劉闢節節敗退，兵敗只是時間問題。

這時一位神秘人物的出現將劉闢失敗的時間表又提前了。提前為劉闢敲響喪鐘的是河東節度使嚴綬的部將阿跌光顏，他率領河東士兵計畫與高崇文在行營會師，不料蜀道艱難，阿跌光顏比預定時間晚到了整整一天。

阿跌光顏知道高崇文軍紀嚴厲，他不想把自己的腦袋送給高崇文練刀，索性率領所部士兵孤軍深入，直撲劉闢軍隊的心臟地帶。這一撲就撲出了奇效，居然誤打誤撞撲到了劉闢的運糧通道上，阿跌光顏一番拼殺將劉闢的運糧通道徹底切斷，在戰爭結束之前劉闢的士兵別想吃糧了。

連連戰敗的西川士兵聽到糧道被斷的消息之後，劉闢的軍隊兵敗如山倒，綿江沿線、鹿頭關等處的守將紛紛率部投降，投降士兵數以萬計。到這時劉闢兵敗的命運已不可避免，高崇文揮軍直指成都，所到之處劉闢的部隊一觸即潰，高崇文幾乎沒有遇到抵抗。

自知不妙的劉闢集合幾十名騎兵準備向西投奔吐蕃，希望能在那裡找到藏身之所，然而連這也是奢望，高崇文的部將高霞寓追了上來，劉闢縱身跳到江中求死，卻又被高霞寓撈了上來。別急著死嘛，回長安再死。

高崇文率軍進入成都，軍隊駐紮在大街小巷，士卒就地休息，市場正常營業，繳獲的珠寶堆積如山，卻沒有一個士兵敢打珠寶的主意。高崇文將劉闢用囚車押往長安，之後斬了劉闢的兩個屬下，其餘人等一律不問，劉闢叛亂這一篇就算翻過去了。西川境內一切事務，均按韋臯在世時定下的規矩辦，幾天之內西川戰火全部熄滅重回安寧。

從正月出征到九月平定，八個月中高崇文的軍事行動都是由遠在千里之外的杜黃裳運籌帷握，一場戰爭下來杜黃裳的謀略與高崇文的行動嚴絲合縫令人驚歎。

曾經長期不得升遷的杜黃裳確有過人之處，雖然推薦了高崇文卻也不忘敲打他，為了讓高崇文更加用心，杜黃裳一度派人警告高崇文：「好好幹，不然朝廷就派保義節度使劉澭去接替你。」

保義節度使劉澭是高崇文一向畏懼的人物，杜黃裳就是要用劉澭當激勵高崇文的大灰狼。

高崇文得勝的消息傳到長安，群臣一起進宮向皇帝李純道賀，李純衝著杜黃裳微笑道：「這一切都是你的功勞。」

如果與日後元和一朝一系列軍事行動相比，高崇文兵發西川只是一個規模較小的戰爭，但這次西征卻拉開了元和一朝平定藩鎮叛亂的序幕。討伐西川勝利也是向全國宣告當今天子不再對藩鎮睜一隻眼閉一隻眼，而是要撥亂反正、重回正軌。

幾乎與平定西川同時，夏綏戰區的叛亂也被平定。平定西川之後，鎮海節度使李錡的叛亂也被平定，皇帝李純為自己的執政開了一個好頭。

冰凍三尺

時間走到元和元年末，皇帝李純發布了一道人事任命：內常侍吐突承璀出任左神策軍中尉。這是德宗時代宦官掌兵的延續，也是李純對吐突承璀的信任。早在李純當太子時，吐突承璀就在李純身邊侍奉，辦事幹練的他給李純留下了良好的印象，於是有了這道任命。

在這次任命後，吐突承璀走上了歷史的前臺，整個元和一朝他都是風雲人物，元和十五年裡，他的戲份很重。

在這之後，有雄才大略卻不拘小節的杜黃裳被免去了宰相職務，雖然杜黃裳在對西川用兵立下奇功，但他的不拘小節令年輕皇帝李純很是不爽，於是便打發出去出任河中節度使，幾年後杜黃裳死於任上，享年六十九歲。

杜黃裳走了，接替他的宰相們卻是與他一脈相承，曾經受王叔文排擠的戶部侍郎武元衡出任門下侍郎，和主張對西川用兵的翰林學士李吉甫一同出任宰相，他們與杜黃裳的政治理念基本一致，全都主張對藩鎮加強管理，力爭全國重回一統。

俗語有云，一朝君子一朝臣，說的是君臣的相互依附，同時說的也是治國理念的相互切合。有什麼樣的皇帝就有什麼樣的臣子，德宗李适後期不思進取得過且過，他任用的宰相也多是左右逢源縫縫補補的平庸之輩；李純立志革除安史之亂以來的弊端，他任用的宰相多數是強硬派。

年輕的李純、上進的李純，登基雖然只有短短幾年卻已經有了賢君模樣，他思慕祖先太宗和玄宗，一心想做與他們一樣的皇帝，他羨慕兩位祖先有賢相輔佐，於是要求自己的宰相們也要披肝瀝膽、不斷進言。李純勵精圖治，因為他知道冰凍三尺非一日之寒，要想解決河北藩鎮以及蔡州的問題需要慢慢等待機會，找準下口的時機。

從李純登基以來，平盧戰區和成德戰區相繼發生節度使更迭，其中平盧戰區的更迭更早一些。元和元年，總部設在鄆州（今山東省東平縣）的平盧節度使李師古病重，誰來接替他被提上了議事日程。按照慣例父終子繼、兄終弟及，李師古有一個同父異母的弟弟叫李師道，一直以來被李師古排斥在外，生活水準一直不高，有時甚至會陷入貧困。

別人不理解李師古為何如此對待同父異母的弟弟，李師古自有自己的考慮：「我對師道並非沒有兄弟之情，只是我十五歲就手握兵權，時常遺憾自己不知道稼穡艱難，況且師道還比我小幾歲，我是想讓他知道衣食從何而來，因此讓他出去管理一些州縣。我的苦心恐怕別人不會理解。」

等李師古病重時，李師道正在密州代理刺史，平常喜歡的是繪畫和音樂，對於他的愛好李師古不斷搖頭，弟弟李師道恐怕不是能擔起大任的人。

李師古向自己的判官高沐和李公度詢問道：「趁我頭腦還清醒，我想問我死之後你們想擁立誰當節度使？」

高沐和李公度不敢馬上接話，兩人相互對視一眼，沒有作聲。

李師古接著說道：「難道不是李師道嗎？人之常情，誰會薄待自己的骨肉而厚待他人呢。不過我提醒你們，擁立節度使不當不僅會敗壞軍政大事還會毀滅我的家族。李師道是官宦人家子弟，不會帶兵也不懂政務，只知道跟小人物學一些雕蟲小技，怎麼能當節度使呢？你們一定要考慮清楚。」

元和元年閏六月一日李師古辭世，高沐和李公度秘不發喪，派人到密州接回李師道擁立為平盧節度副使。以高沐和李公度的閱歷，他們未必聽不懂李師古的勸告，但兄終弟及已經成為慣例，撇開李師道擁立誰都不合適，雖然李師道未必是合適人選，但目前除了他沒有更合適的人選，即使李師古說他不合適也只能死馬當活馬醫了。

相比而言李師道算幸運的，在他接替兄長時正趕上李純用兵西川無暇他顧，而李師古的高級參謀高沐也做足了面子工程，一方面將本地區官員缺額上報朝廷請求派遣，另一方面將本地區的兩稅以及食鹽專賣款項一併上繳朝廷，以此表明對朝廷的順服。這些舉動都是以前河北藩鎮沒有過的，自知無力征討的李純只能順水推舟表示同意，李師道就這樣當上了平盧節度使。

相比於李師道，成德（總部設恆州，今河北正定）節度使王士真的兒子王承宗就沒那麼幸運了，他的老爹死於元和四年，皇帝李純已經平穩執政了近四年，正想革除河北藩鎮節度使父死子繼的慣例，王承宗正趕上這個節骨眼。

此時朝中的宰相武元衡還在，李吉甫則暫時失寵被打發到淮南出任節度使，接替他的是原戶部侍郎裴垍。

裴垍，名門之後，武則天垂拱年間宰相裴居道七代孫，二十歲中進士，唐德宗貞元年間朝廷設立了「舉賢良極諫」特科考試，裴垍對策第一，由此特授美原縣尉。任期滿後，裴垍被擢升為監察御史，後來一路擢升直至出任宰相。

對於元和年間的宰相而言，裴垍是個承前啟後的關鍵性人物，在元和中興出力甚多的李絳以及裴度都是出自他的舉薦，而他本人也是一個具有大視野的人物，元和中興有他的一份功勞。

當王承宗上奏李純要求由自己接替父親繼任成德節度使時，李純沒有理睬，按照李純的計畫是準備從朝中選派一個合適人選直接空降成德出任節度使，如果王承宗不從則立刻發兵攻打。

裴垍並不認可李純的策略：「平盧李納當年稱王對抗朝廷罪不可赦，成德王武俊當年攻打叛臣朱滔對國家則是有功，陛下之前允許平盧的李師道繼任節度使，如今卻不允許王承宗接替，處理事情沒有固定標準，成德方面不會信服的。」

李純心中也有幾多彷徨，革除河北藩鎮自行推舉節度使的弊病勢在必行，但何時才是合適時機呢？如今是合適的機會嗎？

李純召來幾位翰林學士討論，李絳率先發言。

李絳，字深之，趙郡贊皇人。與武元衡一樣，李絳也是考中進士步入仕途，他考的科目是博學宏辭科，高中進士之後被委任為秘書省校書郎，後來一路升遷到拜監察御史。元和二年，李絳以監察御史身分兼任翰林學士。雖然在升遷的道路上官職不斷變化，但李絳對皇帝的匡諫之心始終不變，只要有不合理、不周到的地方，他一定會站出來說話。

「河北藩鎮不服朝廷管教人神共憤，但如今冒然拒絕王承宗接替恐怕也辦不到。成德自從王武俊以來父子相承四十餘年，當地人都習以為常了，不認為是違背常理。況且王承宗已經將軍政大權握在手中，一旦不允許他接替恐怕也不會立刻奉詔。況且范陽、魏博、易定、淄青幾個地方與成德情況一樣，他們一旦聽到朝廷直接委派節度使內心一定會惶恐不安，而如果朝廷派兵攻打他們一定會陽奉陰違。如今江淮水災，國庫空缺，軍旅之事不可輕動。」李絳說道。

裴垍和李絳的觀點是正確的，朝廷雖然想根治河北藩鎮節度使自行更迭的頑疾，但眼下並非最佳時機，況且成德並非孤軍奮戰，它的身邊還有一群兔死狐悲的節度使，表面上他們會服從朝廷指令，但暗地裡一定會幫助成德，因為他們知道一旦朝廷在成德取得成功，下一個可能就輪到自己。

有大局觀的人把河北棋局看得很清楚，沒有大局觀的人看不清河北棋局，他們只看到自己井口那塊蔚藍的天。此時左神策軍中尉吐突承璀出人意料地活躍起來，他成了堅定的主戰派，他久在李純身邊早已洞悉李純的心理，河北藩鎮就是壓在李純胸口上的石頭，壓得李純有些喘不過氣來，如果能早點將這些石頭搬開，對吐突承璀而言就是大功一件。

主張對成德用兵吐突承璀公私兼顧，於公是為國分憂，於私則可以藉機排擠裴垍從他手中奪權，一旦河北戰事一起，權力自然會集中到自己手中，畢竟自己才是皇帝最放心的人。

李純正在猶豫不決，宗政少卿李拭摻和了進來，李拭進奏道：「王承宗必須要征討，吐突承璀是陛下信得過的親近之臣，讓他率領神策軍出征同時統帥其他各軍，誰敢不服。」

李拭的進奏說到了李純的心坎裡，但李純卻將李拭的奏疏出示給幾位翰林學士看，說道：「此人是個奸臣，知道朕想起用吐突承璀所以上了這麼一道奏疏，你們都記住了，以後不能讓這個人升遷。」

馬屁拍馬蹄子上了，李拭拍對了地方，只是李純反彈琵琶有些出乎意料。

李純還在猶豫，對成德這一掌拍還是不拍呢，如果拍下去了，會收到預期的效果嗎？

以李絳為首的翰林學士們依然堅持自己的觀點，他們都不主張此時對成德用兵。成德戰區不同於西川和鎮海，雖然朝廷在西川和鎮海取得勝利，但經驗並不能複製。西川和鎮海平叛之所以取得勝利是因為兩個戰區割據時間都不長，而且周圍都是聽命於朝廷的戰區，加上叛亂不是自下而上，只是節度使一時頭腦發熱喪心病狂。然而成德割據已經四十多年了，軍中士兵父子、兄弟相次在軍中效力早已盤根錯節，而且四十年間王家在成德恩澤遍布，百姓早已習慣接受其統治，再者成德周圍多是與朝廷二心的藩鎮，他們都明白唇亡齒寒的道理。

總而言之，對成德用兵需要慎之又慎。

此時總部設於蔡州的彰義戰區出現了新情況，一向不聽命於朝廷的節度使吳少誠病重，已經時日無多，從李希烈割據淮西以來已經幾十年過去了，或許這是收復淮西的天賜良機。

李絳隨即上疏建議李純早做決定，先赦免成德，然後在淮西等待機會。一旦淮西出現戰機，立即出兵收復淮西，切莫南北同時開戰，否則屆時必定會騎虎難下難以收場。

如果李絳的建議得到認同，或許淮西可以提前幾年收回，也就沒有了後來的雪夜奇襲蔡州了。

朝廷與成德的拉鋸還在繼續，這是一場注定要破裂的談判。朝廷一方想的是如何收回權力，動手只是時間問題；成德一方想的是如何保住權力，翻臉也是時間問題。

朝廷一度與成德達成協議，朝廷方面允許王承宗繼任成德節度使，王承宗則承諾割讓所轄的德州和棣州以表示自己的誠意。只不過皇帝與成德彼此之間的信任是脆弱的，經不起任何風吹草動，魏博節度使田季安稍加挑唆，王承宗立刻坐不住了，馬上收回德州、棣州，成德與朝廷終於撕破臉皮。

李純也不準備再等了，西川和鎮海的勝利讓他看到了希望，即便成德已經割據多年又如何，王師兵鋒所向，你成德抵擋得住嗎？

西元八〇九年十月十一日，李純下詔剝奪成德王承宗所有爵位，任命左神策中尉吐突承璀為左右神策軍、河中、河陽、浙西、宣歙等道行營兵馬使、招討處置等使。

任命一出，議論紛紛，元和元年高崇文兵發西川時，並沒有設置宦官監軍，也沒有讓宦官出任統帥，李純的這個任命其實就是讓吐突承璀出任統帥，有唐以來這是第一次。

翰林學士白居易坐不住了，他勇敢地站了出來，強烈反對吐突承璀擔任大軍統帥。

在現代的一些資料中，很多時候把白居易認定為漢族詩人，其實白居易究竟是不是漢族，還需要仔細分析。

在《舊唐書・白居易傳》中，對於白居易的祖上是這樣介紹的：北齊五兵尚書白建生子名叫白士通，白士通生子叫白志善，白志善生子叫白溫，白溫生子叫白鍠，白鍠生子叫白季庚，白季庚便是白居易的父親。

單從《白居易傳》裡還看不出白居易到底屬於哪個民族，按白居易自己的說法他們這個白姓的歷史可悠久了，一直可以上溯到楚國貴族白公勝和秦國名將白起，按照這個說法白居易似乎是白起的後人，這麼算的話應該是漢族。

真是這樣嗎？事實並非如此。

白居易的真正身分是龜茲人後裔，他的祖上姓白並非因為白起，而是因為龜茲國境內有一座白山，一些龜茲人就因為這座白山而姓了白，後來在漢朝名臣班超的扶持下，一位姓白的龜茲人當上了龜茲國王，從此世世代代龜茲國王都姓白，直到唐朝安史之亂時龜茲國還是白氏當家，而白居易則與龜茲國王室同宗同源，他的堂弟白敏中認可這一點，白居易認不認可呢？史無明載。

那麼當年的龜茲國又在哪裡呢？就在今天的新疆阿克蘇地區的庫車縣，「庫車」據說是古龜茲語翻譯過來的，意思是「龜茲人的城市」。在很多年很多年以前，白居易的祖上曾經在這裡生活，後來開始向東遷徙，先遷徙到了山西太原，到白居易曾祖白溫時又遷徙到下邽（陝西渭南縣），不過到白居易父親白季庚時又遷徙了。當時白季庚任鞏縣縣令，與新鄭縣令是非常不錯的朋友，白季庚見新鄭風光秀美便舉家遷徙到了新鄭，而白居易便在新鄭出生，一直成長到了十二歲。

白居易十二歲這一年河南發生了叛亂，為了躲避戰亂白居易跟隨母親到江南避難，這次避難經歷深深印在白居易的心底，從此時起他見識了唐朝藩鎮的割據，而他的體內也對藩鎮的不法產生了天然的抗體。叛亂結束之後，白居易回到家鄉回歸正常的家庭生活。

和杜甫年輕時的隨意相比，白居易要上進得多。他五六歲時開始學詩、九歲諳識聲韻，十五六歲時知道有進士考試更加發奮讀書，一刻不敢放鬆，以至於口舌成瘡、手肘長繭，長大後身形也不夠強壯，還沒老牙齒就鬆動，頭髮早早出現發白的跡象。

白居易是個天才，同時這個天才還是一個勤奮的人。

元和元年，皇帝李純親自出題考試，白居易脫穎而出，與他一起進入李純視野的還有後來寫過「曾經滄海難為水」的元稹，白居易與元稹由此也拉開了兩人長達一生的友誼長路。

從考試中脫穎而出的白居易被委任為盩厔縣尉，同時兼任集賢校理。在盩厔縣尉任上因為不忍向百姓揮鞭追討欠稅，白居易泡起了病號，將自己的主要精力用在創造樂府長詩上，這一創作就是一百多首。

朗朗上口的白居易長詩悠悠地飄進了宮中，在那個皇帝也是半個詩人的唐詩國度，白居易就這樣再次進入李純的視野，李純將白居易任命為左拾遺、翰林學士。

白居易在奏疏中寫道：陛下讓吐突承璀統帥各軍，臣恐四方聞之必輕視朝廷，四夷聞之必笑中國。諸將不甘受宦官統治，如何能齊心協力。如果陛下念及吐突承璀的辛勞，可以讓他做高官，如果要回報他的忠心，可以賞賜給他財富。懇請陛下不要因為一時疏忽而見笑於萬代之後。

白居易寫得很在理，他指出了問題的實質，讓諸將聽命於一個宦官必定人心不服，人心不服則不能同心協力，如此勝利又從何而來？

反對的聲浪一浪高過一浪，諫官、御史齊齊上疏反對，後來度支使、鹽鐵使、御史中丞、京兆尹也都加入到反對行列。李純第一次感受到撲面而來的壓力，朕不過是任命一個宦官，何以阻力這麼大呢？

最後李純無奈地折衷了一下，免去吐突承璀四道兵馬使職務，同時將招討處置使改名為宣慰使。這就是皇帝的納諫，避避風頭，實際一切照舊。

到這時大臣們才發現原來皇帝李純和其先祖們一樣還是信任宦官要多一些。即便言官們將矛頭一直指向宦官，翰林學士李絳也列舉歷史上的典型案例，還是不能阻擋李純對宦官的信任。即使有人對他說你將來恐怕會死於宦官之手，李純還是不會在意，在他看來宦官就是家奴，捏死一個宦官

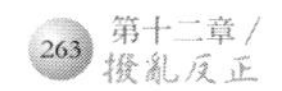

比捏死一隻螞蟻簡單。

問題是如果大批宦官掌握了兵權進而成為武裝到牙齒的螞蟻呢？

這都是後話了。

眼前最重要的還是對成德用兵，先過了這一關再說。

西元八〇九年十月二十七日，頂住重重壓力的李純下詔，吐突承璀率領神策軍兵出長安直指成德，成德四鄰戰區一律出兵配合神策軍攻打成德。

一場潛藏著太多隱患的戰爭就這樣拉開了帷幕。

草草收場

西元八一〇年正月，盧龍節度使劉濟親率大軍七萬挺進成德境內攻擊王承宗。劉濟此舉一為宣示自己忠君，二為報當年之仇，當年正是成德王武俊攻打盧龍朱滔，雖然早已時過境遷但兩個戰區的仇恨依然在。

劉濟率軍挺進時，其他各道軍隊都還沒有進發，劉濟督軍向前攻佔成德下轄的饒陽和束鹿。不久河東戰區將領王榮攻克成德下轄的洄湟鎮，討伐成德初見成效。

這時統軍主帥吐突承璀來到前線行營，他雖沒有統帥之名卻有統帥之實。吐突承璀一到前線果真出現了白居易預料的一幕，參與討伐王承宗的將領對吐突承璀都不服氣，即便吐突承璀是天子近侍，將領們還是陽奉陰違，吐突承璀的主帥威信遲遲不能建立。

蛇無頭不行，軍無帥則敗。幾次交鋒下來形勢急轉直下，討伐軍竟然連戰連敗，雪上加霜的是知名驍將左神策大將軍酈定進居然陣亡了。酈定進成名已久，元和元年征討西川時正是他生擒劉闢，如此一員猛將陣亡極大影響了討伐軍士氣，戰事自此進入拉鋸階段。

同李絳事前預料的一樣，平盧李師道、魏博田季安與成德王承宗本就是同氣連枝，他們雖然奉詔出軍討伐但個個陽奉陰違、心懷鬼胎，各自攻下一個縣後便不再進軍，分明是與成德有密約在先。吐突承璀雖然盡力但折損大將獨木難支，而一同出軍的昭義節度使盧從史更是首鼠兩端，扮演起雙面人的角色。

所有的消息彙總到一起，朝中有識之士認為不如早早罷兵，免得遷延時日反而越陷越深。翰林學士白居易就此上疏懇請李純就此罷兵，李純心知白居易所言有理卻還是選擇硬挺，他不想讓自己的不敗神話在成德結束。

昭義節度使盧從史則繼續著自己雙面人的生涯，正是他率先提議討伐王承宗，當初之所以提議討伐王承宗是為了東山再起。盧從史因為父親去世回到家中服喪，按照慣例他在家中服喪三年，然而三年過後朝廷依然沒有起用他的跡象，盧從史琢磨了幾個晚上，終於找到了一個捷徑——結交吐突承璀。

結交吐突承璀之後，盧從史表達了自己的強烈願望，願意率領昭義戰區軍隊討伐成德王承宗。此舉果然奏效，經過吐突承璀奏報盧從史官復原職，在擬定的討伐王承宗名單上盧從史的名字位列其中。

盧從史從討伐開始就打起了自己的小算盤，他居然與王承宗暗地裡私通，他的士兵還暗藏王承宗的旗號，意欲何為呢？另一方面，盧從史又在背地裡提高糧草價格，狠狠地發了一筆戰爭財。與此同時還派人到長安暗示朝廷給自己增加同平章事的頭銜，有了這個頭銜就是宰相班子的一員了。

此外，盧從史還頻頻上疏指控其他戰區與王承宗通敵，奉勸朝廷不要繼續進軍。

一樁樁、一件件，李純都給盧從史記著，有朝一日他一定讓這個首鼠兩端的傢伙付出代價。

正好盧從史的牙將王翊元進京奏事，經宰相裴垍一番遊說王翊元一五一十地將盧從史的陰謀和盤托出，並為抓捕盧從史出謀劃策。

等到王翊元第二次來長安時給裴垍帶來了好消息，他已經在軍中找到了同盟，都知兵馬使烏重胤將與他一同起事。裴垍大喜，隨即奏報李純：盧從史狡猾驕橫，將來一定會叛亂。如今聽說他與吐突承璀面對面紮營，居然對吐突承璀沒有特別防範。如果不及時把他拿下，恐怕討伐大軍一兩年都無法平定成德。

事出突然，李純一時有些恍惚，沉思良久終於下定決心，收網。

為了麻痺盧從史，吐突承璀利用其貪婪的性格，偶爾送他幾件稀世珠寶，盧從史果然上鉤，與吐突承璀稱兄道弟，更加不設防。

西元八一〇年四月十五日，吐突承璀與名將李晟之子、行營兵馬使李聽合謀，請盧從史到本陣大營賭博，盧從史不知道陷阱已經為自己挖好，抬腳進入吐突承璀大營，提前埋伏好的壯士從幕布後突然殺出，將盧從史五花大綁扔進馬車中一路疾馳直奔長安。

盧從史左右大驚之後下意識反抗，吐突承璀連斬十餘人後拿出聖旨宣召。盧從史大營內士兵聞聽有變，穿好鎧甲手執武器便要衝出大營，與王翊元同謀的烏重胤早早站在營門前，大聲呵斥道：天子有詔，從者賞，違令者斬。

士兵們一聽有詔個個卸甲回營，誰會跟天子對著幹。精打細算的雙面人盧從史就這樣被收網，等待他的將是嚴懲。

七月二日，成德王承宗派使者到長安為自己辯護，聲稱自己受了盧從史的挑撥離間才會誤入歧途，如今願意向朝廷繳納兩稅，同時請朝廷委派本地出缺的官員，懇請朝廷給自己改過自新的機會。與此同時平盧李師道等人也上表為王承宗喊冤，懇請朝廷為王承宗平反。

李純看著几案上厚厚的奏表苦笑一聲，仗打到這個份上實在沒法打了。這一仗打得窩囊、打得糟心，朝廷在成德身上沒有討到任何便宜，反而連戰連敗、面子丟盡。

高調出征卻沒打出輸贏，李純只能就坡下驢宣布為王承宗平反，任命為成德節度使，退還德州和棣州，諸道行營部隊即日班師。

從冬天打到夏天，一切又回到了原點，倘若早聽李絳、白居易等人的建議就不必如此勞民傷財了。李純連歎數聲，草草收場並非自己的本意，但此情此景不草草收場又能怎樣？

一場轟轟烈烈的討伐無疾而終，吐突承璀也結束了自己的使命回到長安，九月十四日李純任命吐突承璀為左衛上將軍，依然擔任左神策軍中尉。吐突承璀以為一切將濤聲依舊，宰相裴垍卻盯上了他，裴垍不想讓這個敗軍之將繼續擔任如此重要的角色。裴垍上奏道：吐突承璀首先提議對成德用兵，結果勞民傷財、徒勞無功，陛下即使念及舊情不殺他，難道不應該貶黜他以謝天下嗎？

裴垍還算溫柔的，還有言官直言吐突承璀可以斬之以謝天下。

翰林學士李絳也加入了倒吐突承璀的行列：「陛下對吐突承璀不加以責罰，他日再有敗軍之將將如何處置？惟願陛下割捨不忍割捨的恩情，行使固定不變的國家法典，以此給將帥們一個警示。」

李純整整思考了兩天，他還是捨不得吐突承璀，讓他痛下殺手他做不到，只好稍加貶黜以示懲罰。李純免去吐突承璀左神策軍中尉職務，改任軍器使。

此番交鋒之後，吐突承璀與李絳徹底結下了樑子。細算起來，這一次還不是吐突承璀與李絳的第一次結怨，早在元和四年兩人就因為一塊聖德碑已經結下了冤仇。

時任左神策軍中尉兼領功德使的吐突承璀為了向李純邀功，大張旗鼓翻修了安國寺，同時奏請李純要求樹立「聖德碑」，碑的高度和面積與李隆基時樹立的「華岳碑」完全一致。

吐突承璀此舉用意很明顯，就是要把李純和李隆基放在同樣的高度，為此他已經先行一步將牌樓造好，萬事齊備，只欠一碑。吐突承璀上奏李純，要求由翰林學士來撰寫聖德碑文，吐突承璀在奏疏中強調：臣已經準備好一萬貫當作給翰林學士的酬勞。

李純欣然同意，指定由李絳來撰寫。如果李絳欣然從命，不僅可以與吐突承璀一起為皇帝樹立起聖德碑，還有一萬貫的潤筆費，何樂而不為呢？

看起來你好我好大家好的好事，卻生生讓李絳給攪黃了。

李絳上奏道：堯、舜、禹、湯從來沒有立碑為自己歌功頌德，只有秦始皇嬴政在自己巡視過的地方將一些自高自大的話刻在石頭上。不知道陛下是想效仿哪一位？況且讚美牌樓這樣的工程不過是讚美它如何壯觀、如何美好、如何值得一遊而已，又如何能彰顯陛下的神聖品德呢？

奏疏遞到了李純的案頭，李純心中輕動，這個李絳真能唱反調，不過說的也不無道理。

李純抬頭看了一眼正在一旁侍奉的吐突承璀：「還是把牌樓拆掉吧，立刻去辦。」

吐突承璀自然不甘心，他還想緩一緩：「陛下，牌樓很大，幾頭牛拖不動，還得容些時日，慢慢拆。」

李純擠出一句話：「多用幾頭牛自然就拖得動了。」

吐突承璀心中連連叫苦，連著感謝了李絳若干輩祖宗，還得陪著笑臉辭別李純，然後動用了一百多牛拆掉了自己辛辛苦苦搭建的牌樓。

李絳，你給我等著。

連續兩次交鋒下來，吐突承璀與李絳的矛盾已經不可調和。

吐突承璀被貶不久，宰相裴垍突然中風，淮南節度使李吉甫復任宰相，有大視野的李絳也受到了李純的青睞。但想要拜李絳為相還有一個障礙，那就是吐突承璀。

要想重用李絳就必須將吐突承璀貶出長安，兩人如果共處長安必定兩敗俱傷。

正巧弓箭庫使宦官劉希光收受賄賂，準備幫羽林大將軍孫壽謀求節度使職務卻事情敗露，李純下詔令劉希光自殺。事情並沒有由此結束，經過審查，劉希光的案件牽扯到吐突承璀，證據表明吐突承璀也收受了賄賂。

李純不再猶豫，藉機將吐突承璀貶出長安，到淮南戰區出任監軍宦官。

貶黜完吐突承璀，李純問李絳：「你對朕貶黜吐突承璀怎麼看？」

「天下人都沒有想到陛下會如此雷厲風行。」

李純輕描淡寫道：「以前念及舊情不忍處理太重，他說到底只是個家奴，處理他就跟處理一根羽毛一樣。」

一個月後，李純任命戶部侍郎李絳擔任中書侍郎，出任宰相。

孰輕孰重，李純始終心裡有數，接下來他將重用李絳，因此先讓吐突承璀遠遠地走開。

雙李博弈

李絳拜相，與他搭檔的是中書侍郎李吉甫，這也是一個老熟臉了，在之前的篇幅中曾經出過場。

李吉甫，字弘憲，趙州贊皇人，父親李棲筠曾經擔任過給事中、工部侍郎、浙西觀察使等職，李棲筠喜歡讀書，李吉甫繼承了父親的優良傳統，並把這個優良傳統延續給了自己的兒子李德裕。

由於酷愛讀書，李吉甫在地理方面很有造詣，他寫的《元和郡縣圖志》是傳承至今的唐代地理巨著，也是中國現存最早的一部地理總志，全書總共五十四卷，內容翔實而且權威。

起初李吉甫的仕途走得比較平穩，二十歲就以蔭補左司御率府倉曹參軍，貞元初年當上了太常博士，一路升遷到屯田員外郎、駕部員外。

平步青雲的李吉甫後來遇上了良相陸贄，陸贄始終看不上李吉甫，甚至懷疑李吉甫結黨，索性將李吉甫貶出長安到明州做長史。山水永相逢，當陸贄被貶為忠州長史時，李吉甫正好是忠州刺史，陸贄的頂頭上司。此時的李吉甫完全可以將陸贄踩到腳下，但李吉甫卻以宰相之禮對待陸贄，一時傳為佳話。

皇帝李純即位後，李吉甫出任考功郎中、知制誥。知制誥一職專門給皇帝撰寫詔書，屬於天子近臣，很容易得到提升，李吉甫就是在知制誥任上迅速升遷為翰林學士、中書舍人，直至出任中書侍郎、兼任宰相。

人總是會變的，任何人隨著地位的變遷都會慢慢發生變化，不斷升遷的李吉甫也在升遷的過程中發生了變化，他對自己的權力看得越來越重，因為來之不易所以倍加珍惜，以至於他已經很難聽進去不同聲音，任何對他的質疑聽起來都覺得異常刺耳。

元和三年四月，皇帝李純親自主持「選拔賢良公正直言極諫人才」的考試，伊闕縣尉牛僧孺、陸渾縣尉皇甫湜、前進士李宗閔脫穎而出，他們在試卷中對當前時政的缺失進行了毫不留情的抨擊。

戶部侍郎楊於陵與吏部員外郎韋貫之是這次考試的主考官，通過閱卷，韋貫之將牛僧孺等三人評定為甲等，皇帝李純對於這個評定表示認可，進而指示中書省著手提拔三人。牛僧孺、李宗閔以為從此仕途一片光明，沒想到在他們的仕途上出現了一隻攔路虎，這隻攔路虎正是李吉甫。

時任宰相的李吉甫肚量已經大不如前，他不願意看到別人對自己的行政指指點點，尤其是牛僧孺、李宗閔這些年輕人，說話沒輕沒重將朝政批評得體無完膚，朝政真的有他們說的那麼不堪嗎？李吉甫按捺不住內心的憤怒，他要想辦法不能讓這些人順利升遷。一旦他們升遷，等待自己的就是無窮無盡的批評和指責。

雞蛋總是有縫的，要找茬總是能找到的，李吉甫從皇甫湜身上找到了缺口。

李吉甫向李純上奏道：翰林學士裴垍和王涯主持考試複試，考生皇甫湜是王涯的外甥，王涯事先不提出也不迴避，裴垍也是模稜兩可。

李吉甫的奏本很致命，一下頂到了李純的腰眼上，王涯和皇甫湜的親戚關係就在那裡擺著，如果還堅持原來的結論必然會使得輿論譁然，坊間將會對這次考試指指點點。裴垍和王涯麻煩了，翰林學士當不成了，主考官韋貫之被貶為巴州刺史，楊於陵被貶為嶺南節度使，牛僧孺等人本來官職就小貶無可貶，他們付出的代價是多年不得升遷。

李吉甫通過這次打壓如願以償，卻為後來的「牛李黨爭」埋下了伏筆。「牛李黨爭」是牛黨與李黨相互競爭、相互拆臺、相互打壓，牛黨的領袖是牛僧孺和李宗閔，李黨的領袖是李吉甫的兒子李德裕。黨爭歸根結柢是因理念不同，而源頭卻是李吉甫的這次打壓，由此引發了後來長達四十年的「牛李黨爭」。

李吉甫的禍闖大了。

「牛李黨爭」是日後的事，暫且按下不表，繼續說李吉甫的宦海沉浮。

李吉甫在宰相任上排擠裴垍，後來自己也被彈劾，為了自保只能走出長安出任淮南節度使。李吉甫走後數年，裴垍出任宰相，在宰相任上幹得風生水起。好景不長，裴垍不幸中風，之後李吉甫才得以翻身，重新出任宰相。

李吉甫重新為相感覺良好，他要在宰相任上好好施展一下自己的才華，力爭青史留名，記住元和年間有一位良相叫李吉甫。

事情總是事與願違，在李吉甫準備甩開膀子大幹一場時，皇帝李純屢屢接到關於他的小報告，小報告的主題是李吉甫挾私報復、打壓異己。說是小報告，其實也是真實情況的一種反應，重回宰相之位的李吉甫的確有些過頭，對於曾經與自己有過積怨的官員毫不含糊，打壓在所難免。

李純眉頭一皺，他知道該給李吉甫找個搭檔了，這個搭檔就是李絳。

李絳並非真的為了給李吉甫搭班子而來，他的作用是牽制李吉甫，這是李純苦心積慮的一招，也是中國歷史上屢試不爽的奇招。小到一個單位，大到一個國家，搭檔互鬥幾乎成了傳統，原因無他，只是為了保持微妙的平衡。

隨著李絳的拜相，李純的腳上有了兩隻鞋子，一隻叫李絳，一隻叫李吉甫，兩人的行政能力都是可圈可點，只是在對待皇帝的態度上涇渭分明。

宦海沉浮多年，李吉甫已經變得圓滑很多，他對待李純的態度是逢迎，因此他這隻鞋子主打的牌是寬鬆，力爭讓李純舒適；李絳則不同，多年來他的特色就是直率，李純著力提拔李絳也是看重他的直率，不然不會為了提拔李絳而將近侍吐突承瓘趕到淮南，因此李絳這隻鞋子主要的作用是擠腳，時刻提醒李純帝國還有很多工作沒有完成，您還得勵精圖治。

一隻寬鬆，一隻擠腳，兩個性格迥異的宰相免不了在皇帝李純面前爭吵。李吉甫主打逢迎牌，李絳主打耿直牌，在李純一心勵精圖治的背景下李絳經常佔據上風，與之伴隨的則是李吉甫的失落，時間一長兩人矛盾日深就結下了怨恨。

元和七年三月十八日，李純登延英殿召見宰相，這次的召見李吉甫與李絳再一次針鋒相對。

李吉甫滿懷誠意地建言道：「天下已經太平無事，陛下應該及時行樂了。」

聽著李吉甫的進言，李絳心中大不為然，接話道：「漢文帝時刀劍都是木頭做的、沒有鋒刃，家家戶戶也非常富足，但賈誼還是覺得如同柴草下堆積著火種，不能視為平安無事。如今朝廷法令不能通暢下達的有五十多個州，犬戎接近涇州、隴右，邊關經常報警。再加上水災旱災經常發生、國庫空虛，正是需要陛下宵衣旰食之時，怎麼能說是天下已經太平，可以及時行樂呢？」

李絳說完，李純喜形於色：「卿言正合朕意。」

退朝後，李純對左右近侍說道：「李吉甫專門想迎合我，而李絳才是個真正的宰相。」

李純與先祖李世民一脈相承，為了江山社稷可以委屈自己順從宰相，他們想成大事、想成為萬民景仰的皇帝，因此可以壓制自己的欲望，聽從宰相們的意見，哪怕是逆耳的忠言。

幾天後，李純又召來宰相問對：「貞元年間政事荒廢，究竟是什麼原因導致？」

李吉甫對曰：「德宗皇帝自以為英明神武，不信任宰相轉而相信其他人，因此奸臣趁機上下其手作威作福，就是這個原因使得政事荒廢。」

李純搖了搖頭：「我看未必都是德宗皇帝的過失。朕幼年時曾在德宗皇帝左右，親眼所見當時的宰相在政事混沌時沒有再三地進行規勸，都是惦記自己那點俸祿的苟且偷安之輩，如今怎能將過失都推到德宗皇帝身上。你們要引以為戒，如果朕有什麼不當之處，一定要盡力規勸，不要因為朕發怒你們就不規勸了。」

李吉甫似是而非地點了點頭，李絳則堅定地點了點頭。同樣是點頭，關於進諫這件事他們是徹頭徹尾的對立派。有一次，兩人又在李純面前針鋒相對了。

李吉甫如長者一般說道：「身為人臣，不應該勉強君王接受自己的意見，只要君王喜悅人臣平安，豈不是兩全其美？」

李絳不悅，接過話頭：「身為人臣，看到君王有不當之處就應該直言，當面指出君王過失，哪怕讓君王難堪。如果不進言，讓君王將來背上惡名，那能叫忠誠嗎？」

李純聽罷，點了點頭：「李絳說的有道理。」

李吉甫看了看李絳，這頭強牛真不知好歹，給你個棒槌，你還認了針（真）了。

李吉甫不動聲色，依然故我，他在中書省感慨多行動少，但求平安無事，絕不多事。

對於李吉甫的圓滑，皇帝李純心知肚明，他把希望寄託在李絳身上，一旦李絳有段時間不進言，李純就會當面質問：「朕難道在你眼中就那麼沒有肚量？你真的沒有值得進諫的事嗎？」

遇到這種情景，李絳不敢多言，只能再接再厲將進諫進行到底了。

李吉甫和李絳的頂牛依然在繼續，這一次頂在了「賞罰」上。

李吉甫進言道：「賞與罰是君王手中的兩大權柄，不可偏廢。陛下登基以來惠澤日深而缺少嚴刑峻法，以至於中外百官都有所懈怠，陛下應該嚴加管束，給他們一個警醒。」

李純沒有急著表態，轉過頭問李絳：「你認為呢？」

李絳義正詞嚴說道：「王者之政崇尚的是德治而不是崇尚刑法，怎能不去學習漢文帝、漢景帝，而去仿效秦始皇父子呢？」

李純重重點了點頭：「有道理，很有道理。」

十幾天後，司空于頔覲見，他也向李純建議使用嚴刑峻法。

又過了幾天，李純對李吉甫以及李絳說道：「于頔是個奸臣，他勸朕實行嚴刑峻法，你們知道他意欲何為嗎？」

「不知道。」

李純接著說道：「他是想讓朕失去人心。」

李吉甫頓時大驚失色，這哪是說于頔啊，分明是在說自己。

退朝之後，李吉甫整天低著頭不說不笑，連日來的經歷讓他浮想聯翩，李絳已經屢屢在皇帝面前奪得頭彩，再這麼下去自己還能在朝中站住腳嗎？

不行，必須要做出改變。

魏博歸來

時間走到元和七年（八一二年）八月十二日，魏博節度使田季安去世，時年三十一歲。

魏博戰區是安史之亂後妥協的產物，代宗皇帝因為無力將河北藩鎮一一討平只能安於現狀，委任原安祿山、史思明的部將原地留任，安祿山部將田承嗣就成了第一任魏博節度使，戰區總部設在魏州，今天的河北大名。

田承嗣死後，侄子田悅接任，後來田承嗣的兒子田緒誅殺田悅自己接任魏博節度使，田緒死後，田緒之子田季安接任魏博節度使，到田季安去世田氏一脈在魏博已經統治了近五十年。

按照父死子繼的慣例，田季安死後應該由他的兒子田懷諫繼承，但此時田懷諫只有十一歲，這個十一歲的娃娃如何能服眾呢？

田季安的妻子顧不上那麼多，還是召集將領開會將田懷諫擁立為魏博節度副使，主持魏博軍政大事，同時召回老節度使田承嗣的堂侄田興出任步射都知兵馬使，畢竟一筆寫不出兩個田字。

田興的父親田庭玠是田承嗣的堂兄弟，與田承嗣一直致力於打造獨立王國不同，田庭玠骨子裡有忠君愛國的基因，他不想走與田承嗣一樣的路，雖然當著田承嗣給的官，但與田承嗣並不是一條心。

田承嗣之後，侄子田悅繼任，看到田悅對朝廷越來越不敬，田庭玠規勸道：「你繼承伯父的事業，應該遵守朝廷法度、坐享富貴，何苦與恆州、鄆州那些人一起當叛臣？安史之亂以來，謀叛國家者很少有能保全宗族的。你若還是桀驁不馴，那就先殺了我，不要讓我看到田氏滅族。」

這次進言後，田庭玠稱病不出，田悅親自登門道歉，田庭玠拒不開門，幾年後在憂憤中死去。

身為田庭玠的兒子，田興骨子裡依然有忠君愛國的基因，他面對的節度使已經換成了侄子輩的田季安，田興在田季安的手下做衙內兵馬使。

從小富貴的田季安養成了一身公子哥毛病，荒淫、殘暴、經常殺戮，看不過眼的田興每每進行規勸，田季安總是不以為然，反過來懷疑田興收買人心。時間長了，田季安對堂叔田興頗為猜忌，便打發田興到臨清做鎮將，進而想找個理由除掉以絕後患。

父親早逝的田興從小孤苦，更知人間冷暖，他很快地讀出堂侄田季安的殺機便假裝中風，用燃燒的艾草擦得全身都是，一派中風晚期的症狀。年輕的田季安以為田興真的中風，從此不以為意，田興藉此躲過一劫。

事有湊巧，不久之後田季安真的中風了，再多的艾草也沒有挽回他的性命，三十一歲的年紀就撒手而去，留下妻子和十一歲的兒子面對魏博的複雜局面。

消息傳到長安，李純渾身打了一個激靈，收復魏博的時機到了，一個十一歲的娃娃能成什麼事，此時不收更待何時。他馬上做出部署，任命左龍武大將軍薛平為義成節度使，這個任命就是為了將來控制魏博戰區。

李純隨即召來宰相們討論魏博戰局，究竟是打呢，還是不打呢？

宰相李吉甫是堅定的用兵派，他詳細闡述了用兵的理由，在他看來魏博非打不可。

李吉甫真的想打嗎？

李吉甫在猜測李純的心理，他猜測李純想打，他堅定主戰是在投機。

猜測沒有錯，李純確實想打，聽完李吉甫的闡述，李純點了點頭：「朕也是這個意思。」

接力棒傳到了李絳手裡，李絳，你的意思呢？

李絳說道：「臣分析黃河南北這些割據的藩鎮，最跋扈的藩鎮節度使一定是將兵力分散到幾個將領手中，這是怕將領權力太大將來會對自己不利。諸將勢均力敵就不會強過對方，如果想聯合起來也會人心不一，陰謀必然洩露。如果想自己單獨發起兵變，兵少力微也不能成事。加上賞賜豐厚、刑法嚴峻、諸將相互猜忌，誰都不敢率先發難，跋扈的節度使藉此獲得安寧。然而如果有一個嚴明的主帥能夠讓諸將聽命，這樣大體能保證自己平安無事。如今田懷諫只是一個乳臭未乾的娃娃，不能自己掌握大權，軍事大權必然會歸到某人之手，諸將厚薄不均必然會有怨氣，而他們相互都不隸屬，以前分而統之的分兵之策就是今日禍亂的源頭。田氏即便不被屠戮也會淪為囚徒，何須朝廷發兵。至於在變亂中新崛起的主帥本來也只是部將，這些是鄰近戰區最不願意看到的，因為這可能會導致連鎖反應。新任主帥如果不依靠朝廷，可能就會被鄰近戰區消滅，因此臣認為對於魏博不必用兵，可以等待它自行歸順。希望陛下按兵不動，只需培養軍威，同時下令各戰區挑選精兵以及戰馬做好戰備，等待進一步命令。陛下的這些舉動要讓魏博知道，不出數月必然會有新人出頭。屆時朝廷要迅速反應、把握機會，不要吝惜爵祿，一定要重賞魏博新任主帥。黃河南北各藩鎮聽說後，會害怕屬下照貓畫虎，一定會向朝廷表示恭順為自己避禍。此所謂不戰而屈人之兵也。」

李絳說完，李純連連點頭：「好極，妙極。」

李吉甫又敗了一陣，皇帝的心怎麼說變就變呢。

過了幾天，延英殿上是否要對魏博用兵舊話重提，李吉甫依然主張用兵，一切軍備都已經準備齊全，此時不用兵，更待何時？

李純將頭轉向李絳，你的意思呢？

「兵不可輕動。前年討伐恆州，朝廷從各地徵調二十萬兵馬，左右神策軍從京城開赴前線，天下為之騷動，前後花費七百萬貫卻一無所獲，徒讓天下人恥笑。如今瘡痍未復，人人都害怕打仗，如果陛下強行下令出征，臣擔心不但會徒勞無功，反而可能會催生其他事變。況且對魏博不需用

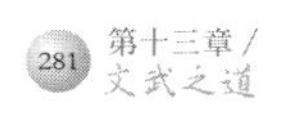

兵，形勢已經很明白了，希望陛下不要再懷疑。」李絳說道。

李純興奮地一挺身子，拍著几案道：「好，不對魏博用兵，就這麼定了。」

李絳追了一句：「陛下雖然這麼說，恐怕退朝之後會有人繼續迷惑聖聽。」

李純沉下臉厲聲道：「朕意已決，誰能蠱惑？」

李絳立刻叩頭祝賀道：「此乃社稷之福。」

李吉甫站在原地，呆呆地看著李純與李絳一唱一和，投機又投錯了，自己太多餘了。

事實正如李絳所預料的那樣，田懷諫年齡太小了，無法處理軍政事務，大權全部落到家奴蔣士則手中，蔣士則大權在握，便以自身愛憎將戰區的將領隨意調換，一下子就犯了眾怒。

朝廷的任命遲遲未下，魏博將士寢食難安。這天清晨，步射都知兵馬使田興前往總部，數千名士兵突然大聲喧譁起來，圍著田興跪拜，要求田興出任魏博候補節度使。田興大驚失色栽倒在地，士兵們依然不肯散去。

過了許久，田興知道自己推辭不掉了，便對眾人說道：「你們肯聽我的話嗎？」

眾人道：「唯命是從。」

田興大聲說道：「好，那我就跟大家約定，不准冒犯副大使田懷諫，同時要遵守朝廷法令，向朝廷申報軍民戶口，請朝廷任命官吏，如果你們同意我就答應出任候補節度使。」

眾人道：「諾。」

這一幕是否有些眼熟？是不是有點類似趙匡胤的黃袍加身？

歷史就是一齣齣戲，演多了就難免會撞衫撞臉撞劇情，少數是巧合，多數是複製。

得到眾人擁立的田興隨即斬殺蔣士則等十餘人，然後將田懷諫一家遷出節度使官邸，從田懷諫的曾祖田承嗣割據魏博至今五十年，田承嗣一脈在魏博的統治從田懷諫走出官邸那一刻宣告結束。

元和七年十月十日，魏博監軍宦官將魏博發生的一切上奏李純，李純接報後連忙召集宰相應對，李純衝著李絳說道：「你判斷魏博的形勢絲毫都不差啊。」

對於魏博已經發生的一切，朝廷該如何應對呢？李吉甫主張依照慣例派宦官到魏博宣慰以觀其變。

李絳連連搖頭：「不可。如今田興已經向朝廷奉上土地和戶口，正在等待朝廷的任命，要趁這個時機對他推心置腹加以籠絡。如果等到宣慰宦官抵達魏博帶回將領為田興請求頒發旌節的奏表後再任命，那麼恩德出於下而不是出於上。整個過程會讓田興認為將士出力更多，朝廷只不過是一個圖章，其對朝廷的感恩戴德之心跟今天就下任命是沒法相提並論的。機會一失，悔之晚矣。」

李絳的提議遭到了李吉甫的反對，在是否用兵的問題上李吉甫輸了一次，這一次他要扳回來。李吉甫向來與樞密使、宦官梁守謙交往，梁守謙在關鍵節骨眼上站出來幫李吉甫說話：「按照慣例都是派宦官前往撫慰，如果唯獨魏博不照慣例恐怕會產生隔閡。」

李純想了一下覺得也有道理，不妨讓宦官張忠順到魏博走一趟，等他回來看看情況再說。

八天後，李絳的奏疏又到了：「朝廷的威嚴是樹立還是喪失在此一舉，時機稍縱即逝，怎能白白放棄。臣已經將其間利害關係說得很明白，陛下不要再遲疑了。臣推算張忠順的回程應該剛過陝州，臣懇請明天一早就下詔書，正式任命田興為魏博節度使，一切還來得及。」

李純認真地看了看李絳，幾天來他一直在心中盤算這件事，他也在想何時下達對田興的任命詔書，既然李絳一再堅持想必有其道理。

好，那就任命田興為魏博候補節度使，待日後轉正。

李絳依然不依不饒：「田興對朝廷恭順如此，除非有非常大的恩德，否則不會讓他對朝廷有非同尋常的感恩之情。」

李純點了點頭，有道理。

十月十九日，李純下詔任命田興為魏博節度使，一步到位，前所未有。

宣慰宦官張忠順還沒有回到長安，給田興的任命已經傳到了魏博，得知內情的田興激動地熱淚盈眶，這步棋走對了，朝廷待自己真是不薄。事情走到這一步，魏博歸附朝廷已經基本完成，但李絳還覺得不足，他要給魏博下一劑猛藥，不僅讓田興對朝廷歸心，更要讓魏博軍民一起歸心。

李絳進而上奏道：魏博五十年來沒有接受朝廷的教化，今天卻舉六州之地歸附，這一下剜去了河北平原的心臟，傾覆了叛亂的巢穴，如果沒有超出他們想像的重賞，就不足以撫慰士卒們一直躁動的心，也不足以讓附近的戰區士卒眼紅。臣懇請從宮庫撥出一百五十萬貫賞賜魏博將士。

李絳果然耿直，敢打宮庫的主意。宮庫可是天子私財，而李絳就是要讓天子用私財賞賜魏博將士，而且一開口就是一百五十萬貫。左右宦官有些不情願，這個李絳獅子大開口，腦筋動到皇帝身上，一百五十萬貫太多了，如果以後還有類似情況，皇帝怎麼給得起啊？

李純將宦官的意思傳達給李絳，李絳接言道：「田興不貪圖割地自雄的利益，不顧四鄰戰區的反對一心效忠朝廷，陛下怎能吝惜小錢而破壞大政方針，不去收回六州人心呢？錢花光了還會再來，時機一旦錯過了就再也追不回來了。假使朝廷徵調十五萬兵馬征討六州，一年為期將其攻克，戰爭花費何止一百五十萬貫。」

大視野、大格局，李絳用他獨到的眼光將利害關係呈現到李純面前，何去何從，自己選。

李純喜形於色：「朕穿粗布衣服、吃簡單飯食、聚斂財富，正是為了平定四方。不然朕要那麼多錢放宮庫裡做什麼呢？」

十一月六日，李純下詔知制誥裴度前往魏博宣慰，一百五十萬貫賞賜魏博將士，六州百姓免除賦稅一年。

碩大的紅包發到魏博，魏博上下歡聲如雷。成德戰區和平盧戰區的使節正好在魏博逗留，面面相覷、相對苦笑，哎，反抗朝廷有何好處呢。

魏博之行，裴度當起了道德講師，連續幾天與田興面對面交流，為他講解君臣大義，這位幾年後在收復蔡州行動中起到關鍵作用的官員此刻將能量一古腦地傾注到田興身上，讓田興本來忐忑的心變得更加堅定，田興終一生都是不打折的忠臣。

田興以優厚禮儀接待裴度，請裴度走遍了魏博所部的所有州縣，在各州縣宣布朝廷命令，同時上奏朝廷請求任命一位節度副使，另外還有九十個官位出缺請朝廷一併派遣。

執行朝廷法令，上繳朝廷賦稅，田承嗣以來所有超過節度使級別的房屋一概不住，田興用自己的行動向朝廷表明自己的態度。曾經割據自雄的魏博，在田興的帶領下重回朝廷懷抱。

期間平盧、成德等節度使紛紛派人遊說，田興不為所動，既然已經認定了這條路，向前走，莫回頭。

用兵淮西

新舊更迭

成功收回魏博，宰相李絳居功至偉，他的大視野和大格局讓李純刮目相看，李純相信自己沒有看錯，李絳確實有宰相之才。

收回魏博之後李絳屢有進奏，從開荒屯墾到邊防軍布防，李絳的每次進言都能遞進李純的心坎裡，李純打心眼喜歡這個耿直的宰相，但與此同時李純對李絳性格的缺陷也頗為頭疼。

李絳的優點是耿直，缺點是太耿直，儘管李純勵精圖治，但李絳的話還是會經常刺痛李純。古往今來很多皇帝都標榜自己虛懷若谷，可以從容面對臣子的每一次進諫。但事實證明，皇帝也是有七情六欲的人，在追求成功的道路上他可以選擇隱忍，但如果讓他長期保持隱忍難度有些大。

李純漸漸地不再欣賞李絳，因為李絳的直率讓李純越來越不舒服。而在宮中厭惡李絳的宦官越來越多，就是這個李絳不斷有不利於宦官的進言，不僅斷了宦官的財路，還在無形中擠壓宦官的生存空間。

李純越來越想念吐突承璀，這個傢伙在淮南還好嗎？

當年為了重用李絳，李純將吐突承璀趕到了淮南，如今李絳漸漸地失去信任，是時候做出調整了。

李絳雖然耿直但並不傻，他早已看出隨著魏博的收回，皇帝李純已經沒有以往那般勵精圖治，也不再像以往那般虛懷若谷，李絳對這一切心知肚明，自己該安靜地走開了。李絳開始寫辭職信，辭職的理由是有足疾，腳並沒有病，病在心裡。

君臣都是聰明人，李純一眼看出了李絳的用意，連續幾道辭職信寫過之後，李純接受了李絳的辭職。貞元九年二月二十五日，免去李絳宰相職務，調任禮部尚書。

一天後，吐突承璀回到長安，出任弓箭庫使、左神策軍中尉，轉了一圈人家又回來了。

此時朝中的宰相班子成員有三人，分別是李吉甫、武元衡、張弘靖。

武元衡之前有過出場，擔任過宰相。元和二年，李純考慮西川需要重臣鎮守便把武元衡派到西川出任西川節度使，掛宰相銜。元和八年，李純將武元衡召回充實到宰相班子裡。

張弘靖是之前有過出場的張延賞之子，元和九年六月由河中節度使調任刑部尚書，出任宰相。

三位宰相都是李純精挑細選，個個都是鷹派，他們團結在李純的周圍，矛頭一致指向不服管教的藩鎮節度使。

元和九年閏八月十二日，彰義節度使吳少陽病死，其子吳元濟秘不發喪，以老爹生病為由代理彰義戰區軍政。

彰義戰區與朝廷的貌合神離要上溯到德宗李适的建中年間。建中二年，蔡州刺史、御史大夫、淮南節度留後李希烈奉命率兵征討山南東道節度使梁崇義。剿滅梁崇義後，李希烈的心思也動了，一年後與朱滔、田悅、王武俊、李納一起稱王，自稱建興王、天下都元帥。

德宗皇帝對李希烈原本還抱有幻想，在奸相盧杞的建議下派出老臣顏真卿前往蔡州撫慰，最終李希烈還是與朝廷撕破臉，殺害老臣顏真卿，在對抗朝廷的道路上越走越遠。

貞元二年，李希烈因進食牛肉得病，手下將領陳仙奇指使醫生在藥中下毒，結束了李希烈波瀾壯闊的一生。之後陳仙奇死於李希烈部將吳少誠之手，吳少誠經營多年後死去，權柄落入部將、堂弟吳少陽之手。

吳少陽在世時暗中聚集一批亡命之徒，蓄養騾馬，時常劫掠壽州境內的茶山，所得收入用於自己的軍備，其子吳元濟時任蔡州刺史。吳元濟在得知老爹去世的消息後一邊封鎖消息，一邊上疏朝廷聲稱老爹有病，要求由自己代理彰義節度使。

看著吳元濟的奏章，李純想起了一段往事。

元和元年時李純便想直取淮西，可惜時機不對加上西川劉闢叛亂，李純只能暫時按下收取淮西的心，將主要精力用在西川。

之後淮南節度使李吉甫進言：「吳少陽上下離心，朝廷或有機可乘，懇請陛下批准我將淮南總部遷往壽州加強戒備。」

李吉甫進言時西川戰事已經平息，朝廷將重兵投入到成德攻打不服管教的王承宗，這次機會又錯過了。

李純歎息一聲，機會就這樣一次一次從指邊溜走，這一次還要錯過嗎？

絕不能。

深知李純心思的李吉甫開始行動，之前在收復魏博的過程中他被李絳甩在身後，事事都被李絳搶了先，如今李絳去職該是自己大展拳腳的時候了。

李吉甫第一步並沒有將矛頭指向淮西，而是指向河陽。

李吉甫認為魏博已經歸附，田興也改名田弘正，以前駐守河陽的部隊主要是為了對付魏博，現在在河陽駐軍已經沒有必要了，不如將兵馬調往汝州用於保衛東都洛陽。

貞元九年閏八月十七日，李純聽從李吉甫的建議，任命河陽節度使烏重胤為汝州刺史、兼河陽懷汝節度使，總部遷往汝州。一天後李純下詔，加授田弘正中央官銜：檢校右僕射，賞賜魏博將士軍費二十萬貫。面對加官和賞賜，田弘正感慨道：「沒有什麼比調走河陽駐軍更讓我開心。」

在這之後，李純繼續布局，任命洺州刺史李光顏（**阿跌光顏因戰功被賜李姓**）為陳州刺史、兼任忠武都兵馬使，以泗州刺史令狐通為壽州防禦使，以山南東道節度使袁滋為荊南節度使，以荊南節度使嚴綬為山南東道節度使。

所有這些布局，都是為了用兵淮西做鋪墊。

朝廷不斷布局，蔡州城內同樣暗流湧動，蔡州該往何處去呢？

吳元濟的選擇是繼續維持割據的局面。

與其父吳少陽相比，吳元濟更加心狠手辣。當年吳少陽的判官蘇兆、楊元卿以及大將侯惟清都曾經勸說吳少陽放棄與朝廷對抗，隻身前往長安請罪以此換得家族長久富貴。吳少陽猶豫許久沒有答應，但也沒有因此為難三人。

到了吳元濟掌權他不想再忍了，對於這三人他早就恨得牙根發癢，分明是吃裡扒外才會出那樣的餿主意。吳元濟迅速誅殺蘇兆、囚禁侯惟清，楊元卿因為到長安奏事才逃過一劫。

楊元卿在長安也沒有閒著，他將淮西的虛實以及如何制服吳元濟的策略向李吉甫和盤托出，請求朝廷迅速下令討伐吳元濟。此時吳元濟依然秘不發喪，楊元卿便建議李吉甫凡是從蔡州出發到長安奏事的一律就地扣押。

吳少陽已經死了四十多天，朝廷依然沒有按照慣例為之輟朝一天以示哀悼，與此同時卻在不斷調動彰義鄰近戰區的兵馬。

吳元濟明白這一次朝廷要動真格的了，楊元卿在長安一定沒起好作用。心狠手辣的吳元濟下令殺死楊元卿的妻子以及四個兒子，用他們的血塗抹靶場的牆壁。

彰義的戰局一觸即發。

曾經常年在淮南經營的宰相李吉甫又一次高舉主戰牌，他進言道：「淮西不比河北那些藩鎮，它的周圍並無支援，朝廷以往用數十萬兵馬防範它，軍費都無法支持了。如果今天還不收回淮西，以後就更難了。」

宰相張弘靖同樣主張討伐，不過他主張先禮後兵，先為吳少陽輟朝一天以示哀悼，同時追贈官職，然後派出使臣前往淮西慰問，待其反狀明顯再發兵征討。

李純聽從了兩人建議，派遣工部員外郎李君何前往淮西弔唁。

三十一歲的吳元濟是個愣頭青，愣到連面子工程都不會做，他非但沒有派人迎接朝廷使臣反而派兵四處出擊，攻陷舞陽屠殺全城，焚燒葉縣，剽掠魯山、襄城，潼關以東震駭不已，弔唁使臣李君何不得其門而入只能折回長安。

倒楣孩子，沒得救了，只欠一打。

暗戰連連

吳元濟不可救藥地向深淵滑去，李純也不準備再伸手挽救，在他心裡淮西是朝廷心腹之地必須盡早收回，既然吳元濟如此瘋狂那就讓他在瘋狂中滅亡。

就在李純準備對淮西吳元濟動手之際，宰相李吉甫走到了人生的終點，李吉甫於元和九年十月三日逝世，享年五十六歲。對於李吉甫有些難評價，只能說他是元和年間一位非常重要的宰相，元和中興的功勞簿上應該有屬於他的一筆。

在李吉甫之後，征討淮西事務全都交給了宰相武元衡，大任在肩的武元衡沒有想到自己會因此遭受殺身之禍。

元和九年十月十九日，李純下詔擢升忠武節度副使李光顏為忠武節度使、山南東道節度使嚴綬為申光蔡三州招撫使，統領各戰區部隊討伐吳元濟，尚書左丞呂元膺為洛陽留守，這三個人在接下來的戰爭中都將各自扮演重要的角色。

元和十年正月二十七日，李純下詔免除吳元濟所有官爵，命宣武等十六個戰區一起出兵討伐吳元濟。十六戰區聽起來很多，但真正發揮作用的能有幾個呢？

率先發揮作用的是山南東道節度使嚴綬，不過他發揮的作用是負作用。

嚴綬率領本部兵馬出擊，小勝淮西兵，令人沒想到的是嚴綬被這場不起眼的小勝沖昏了頭腦，居然不再防備，淮西兵趁夜反撲，嚴綬陷入被動之中。

二月二日，嚴綬兵敗於磁丘，向後連退五十餘里入唐州自保。與此同時壽州團練使令狐通也被淮西兵擊敗，只得退回州城據守，州境上營寨的守軍盡被淮西兵屠殺。幾天後令狐通為這次兵敗付出了代價，被貶為昭州司戶，昭州位於今天廣西平樂縣。

十六個戰區，各戰區有各戰區的情況，得到火線提拔的忠武節度使李光顏的部隊不斷有好消息傳來，三月在臨潁擊敗淮西兵，四月又在南頓擊敗淮西兵。

然而僅僅一個李光顏是不夠的，沒有具有絕對權威的統帥帶領，即使有十六個戰區的兵力也無法往一處使。儘管吳元濟手中只有三個州，但十六戰區的兵馬一時間還是無法打敗吳元濟，戰爭從正月一直打到了五月，戰局依然膠著。

遠在長安的李純放心不下，派出御史中丞裴度前往淮西前線慰問，順便考察作戰情形。一番考察下來裴度有喜有憂，喜的是忠武節度使勇敢忠義可堪大任，憂的是其餘將領與李光顏相去甚遠，不過總體形勢還是對朝廷有利，這場戰爭一定會贏。

得到裴度的奏報，李純牢牢記住了李光顏這個名字。幾年前李純念及李光顏的戰功將他收入皇家族譜，如今李光顏知恩圖報，果真送給李純一個又一個驚喜。

五月二十六日，李光顏上奏，本部兵馬在時曲擊敗淮西兵。

當時淮西兵一大早逼近了李光顏大營列陣，李光顏無法組織兵馬突圍，生生被困在本陣大營之中。李光顏急中生智，下令拆毀軍門兩側柵欄，騎兵從新開闢的通道衝出迎戰。李光顏親率數名騎兵衝入敵陣反覆衝殺，淮西兵都記住了李光顏。

李光顏依舊沒有在意，這時淮西兵的箭集中向李光顏射來，嗖嗖嗖，瞬間李光顏渾身中箭。陣陣疼痛向李光顏襲來，但他知道身上鎧甲的威力，即便身中多箭也不會形成致命傷，沒事，死不了。

李光顏的兒子拼命攔住李光顏的馬頭想讓父親暫避鋒芒，李光顏揮刀作勢要砍，罵走兒子後再次撥馬殺入敵陣。主帥身先士卒，士兵唯有追隨，士兵們在李光顏的帶領下奮勇拼殺，這一仗打得淮西兵丟盔卸甲，數千人陣亡。

李純由此更加欣賞李光顏，也在心中對裴度刮目相看，很好，裴中丞有識人眼光。

淮西的戰局往深入發展，一條看不見的戰線也在悄悄延伸，領導這條戰線的人叫李師道。

在朝廷徵調十六戰區攻淮西時，吳元濟向成德王承宗、平盧李師道發出了求救信，本著兔死狐悲的原則，王承宗和李師道開始給皇帝李純上表要求赦免吳元濟。

李純不予理睬，繼續用兵。

與成德王承宗相比，李師道心中的傷更深，因為李純徵調了各戰區兵馬出兵討伐吳元濟，唯獨漏掉了李師道的平盧戰區，原因不言自明——皇帝壓根不信任你。

李師道索性不請自來，派大將率兩千兵馬直向壽春，對外號稱支援朝廷討伐吳元濟，實則準備給吳元濟當援軍。和吳元濟一樣，年輕氣盛的李師道在自取滅亡的道路上越走越遠。

李師道平時豢養了一批刺客，這批刺客有幾十人平時都是高薪供養，只有到了關鍵時刻才使用。刺客們眼看淮南變局躍躍欲試，遊說李師道：「戰時最急需的莫過於糧草，如今河陰倉囤積了大量來自江淮地區的糧食，不如讓我們秘密前往一把火燒了。然後在東都洛陽招募數百名惡少搶劫都市、焚燒宮殿，那樣朝廷就無暇討伐蔡州，他們得先救心腹之地。此乃救援蔡州的奇招。」

自此之後，全國各地到處發生搶劫案件。

四月十日夜，數十名盜匪進攻河陰轉運院，殺傷十數人，縱火燒毀錢幣三十餘萬串，帛三十餘萬匹、穀二萬餘斛。全國上下為之震動，人心惶惶，文武百官紛紛請求停止討伐吳元濟，李純則堅定搖了搖頭，不行。

李純的堅決讓李師道連連叫苦，皇帝怎麼就鐵了心要拿淮西開刀呢，該如何才能讓他罷兵呢？

李師道豢養的刺客又出了一個主意：天子之所以一再堅持對蔡州用兵，主要是宰相武元衡謀劃的，不如我們將武元衡刺殺。武元衡一死，其他宰相就不敢再謀劃對蔡州用兵了，只會爭相規勸皇帝罷兵。

餿主意，要多餿有多餿的主意。就是這樣的餿主意，沒腦子的李師道居然也同意了。

幾乎與李師道下決心刺殺武元衡同時，成德節度使王承宗也有所行動，他派出牙將尹少卿前往長安奏事，尋機幫吳元濟化解危機。王承宗也是所託非人，牙將尹少卿實在不是一個合格的說客，尹少卿到了中書省態度傲慢、出言不遜，沒一會就把武元衡惹得大發雷霆，武元衡在盛怒之下將尹少卿轟了出來。

消息傳到成德，王承宗覺得很沒面子，隨即上疏大肆詆毀武元衡。

武元衡注定是大唐歷史上的一位悲劇宰相，他忠心耿耿一心為公，然而成德和平盧兩大藩鎮節度使卻同時盯上了他，目標出奇一致——刺殺武元衡。

元和十年（八一五年）六月三日，天還沒有亮，宰相武元衡出門上朝，他沒有想到這一次出門與家人就是永別。此時此刻兩撥殺手已經殺氣騰騰地撲向武元衡，平盧來的殺手已經近在咫尺，成德來的殺手還在趕來的路上，無論如何武元衡已經在劫難逃了。

武元衡剛走出所居住的靖安坊東門，平盧來的刺客從暗處衝出，一邊衝一邊向武元衡發射冷箭。突如其來的變故讓武元衡的隨從驚慌失措，瞬間一哄而散，只剩下武元衡一人一馬。

刺客上前抓住了武元衡，隨即手起刀落將武元衡砍落馬下，割下首級留著回平盧報功。一代有為宰相武元衡就這樣喋血上朝途中。

暗殺並沒有就此結束，刺客們轉向通化坊，在那裡他們截住了御史中丞裴度，在預先擬定的暗殺名單中武元衡名列第一、裴度第二，暗殺的理由是因為他們都主戰。

刺客再次舉起刀，手起刀落，一刀砍到了裴度的頭上，裴度滾落路邊的水溝之中。刺客正欲上前再補一刀，裴度的隨從王義從背後抱住一名刺客，同時大聲喊道：「有刺客，有刺客。」

刺客回手一刀砍斷王義的胳膊，不敢再看裴度的狀況，三步併作兩步地消失在黑暗之中。王義用手堵住汩汩流血的傷口，掙扎著走到裴度身旁。裴度強挺著站了起來，摸了摸臉上的血，幸虧他戴了厚氈帽，刺客剛才砍那一刀的力道被氈帽化解了不少，不然裴度也凶多吉少了。

武元衡被暗殺的消息很快在長安傳開，京城譁然，李純連忙下詔：以後宰相出入由金吾騎士帶刀護送，不得有誤。

恐怖氣氛凝聚不散，文武百官不到天亮不敢出門，以至於李純已經上殿很久了，文武百官中還有不少人缺席，大家都被刺客嚇破了膽。恐怖還在延續，刺客分別給金吾衛、京兆府、萬年長安兩縣寫了恐嚇信：別急著抓我，誰張羅著抓我，我就殺誰。

恐嚇信果然起到了效果，本來有義務捉賊的官員一個個態度曖昧起來，誰也不肯出頭。

兵部侍郎許孟容坐不住了，他不忍心看著自己的同僚就這樣不明不白的慘死，憤而上書道：自古未有宰相橫屍街頭而抓不到刺客的先例，而我朝卻發生了，這是朝廷的恥辱。

許孟容又到中書省，流淚呼籲道：奏請皇上起用御史中丞裴度為相，徹底搜捕盜匪，找出幕後真凶。

許孟容的呼籲有了回應，六月八日，李純下詔：長安內外每一個地方都要搜查，抓到刺客者賞錢五萬貫，授予五品官，膽敢窩藏刺客者全族誅殺。

長安內外的大搜捕轟轟烈烈地開始了，搜查前所未有的嚴密，甚至連高級官員家裡的夾牆和閣樓都一一搜查，挖地三尺也要把刺客找出來。大搜捕中，成德戰區駐長安辦事處的士卒張晏成了重點懷疑對象，以張晏為首的幾個人經常為非作歹，會不會是他們幹的？

事有湊巧，神策軍將軍王士則向李純舉報：成德節度使王承宗涉嫌指使張晏等人刺殺武元衡。

王士則不是別人，正是王承宗的叔叔。當年因為不想和王承宗一起繼續在成德割據，王士則帶著家人來到長安向李純表忠心，李純感動之餘便把王士則安排到神策軍當將軍。王士則的舉報非常致命，李純立刻下令將張晏等人羈押，責令京兆尹裴武會同監察御史陳中師一起審理，一定要挖出背後黑手。李純還不解氣，一古腦將王承宗前後三次的奏表拿給文武百官過目，要求百官一起給王承宗定罪。

嫌疑人張晏的供狀擺到了李純的案頭，張晏等人對刺殺武元衡一事供認不諱，可以結案了，就是王承宗指使張晏幹的。

所有人都對這個結果長出一口氣，宰相張弘靖卻皺起了眉頭，他懷疑張晏等人的供狀可能是屈打成招，如果真是屈打成招，那結果就不成立了。張弘靖幾次上奏，李純都置之不理，在李純心中已經認定王承宗指使人暗殺了武元衡。

六月二十八日，李純下詔斬張晏等五人、誅殺張晏黨羽十四人，宰相武元衡遭刺殺案結案。

四年後，魏博節度使田弘正在平盧的帳簿上發現，刺客王士元因刺殺武元衡成功領到重賞。

順著王士元的話題延伸一下，當田弘正將王士元等人押解到長安審訊後，王士元等人對受害者武元衡的穿著描述卻無法統一。

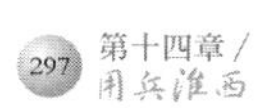

王士元解釋道：「當時成德與平盧都派出了殺手，我們去晚了，聽說成德已經得手，但我們沒有聲張，回到平盧還是向李師道邀功。」

王士元最終伏法，究竟是哪一撥刺客刺殺了武元衡已經不重要了，我們只知道平盧和成德都派出了殺手，最終武元衡死於殺手的刀下。

武元衡就這樣白死了嗎？

不知不覺，裴度已經在床上躺了二十多天，李純派出帶刀侍衛進駐裴度家中擔任警衛，慰問裴度的宦官更是一個接著一個。在武元衡遇刺之後，裴度就成了討伐淮西的最關鍵人物。然而不是所有人都願意看到裴度得到重用，有官員建議李純不如將裴度罷官以安撫成德和平盧兩大戰區。

李純抬頭看了官員一眼，人家都到我眼皮底下刺殺我的宰相了，你居然還勸我罷免裴度用以安撫他們？

李純怒氣沖沖地吼道：「如果將裴度罷官就是讓叛賊的陰謀得逞，朝廷綱紀就無法恢復。朕用裴度一人就足以擊破兩個毛賊。」

六月二十五日，李純下詔裴度出任中書侍郎兼任宰相，元和年間最得力的宰相裴度正式走上前臺。

裴度上了拜相後的第一道奏疏：淮西是朝廷的心腹大患，必須除掉。況且朝廷已經發兵征討，黃河南北那些跋扈的藩鎮正在觀望，以此戰勝負來決定他們未來的走勢，因此對淮西用兵絕不能半途而廢。

李純閱罷贊同地點了點頭，好，淮西用兵以後就全權委託給你裴度了。

拜相之後的裴度知道肩上擔子有多重，不討平淮西他的宰相位子是坐不穩的，跟天下百姓也交代不過去。裴度轉念一想，即便自己渾身是鐵，又能打幾根釘？如此危亂之際還是需要群策群力，如果多幾個幕僚自己就會更加從容。

裴度回想到德宗年間，由於德宗李适猜忌，朝中百官私下有往來的都會遭到金吾衛的暗中監視，宰相根本不敢在自己家中見客，那真是一個互不信任的年代。當今皇帝會不同嗎？

裴度上奏道：如今盜賊未平，宰相應招攬四方賢才一同謀劃，懇請陛下允許臣在私第會客。

李純果然與眾不同，准奏。

得到批准的裴度馬不停蹄開始為國操勞，他不僅要盡快撲滅淮西戰火，還要騰出手對付成德和平盧。

七月五日，皇帝李純將矛頭直指成德節度使王承宗，李純在詔書上歷數王承宗的罪責，下令禁止他朝貢。這意味著李純已經將自己與王承宗的矛盾由內部矛盾轉化成敵我矛盾，兵戎相見只是時間問題。

成德的王承宗或許會感到心中委屈，平盧的李師道卻是十分不服，儘管朝廷並沒有針對平盧，但李師道的布局卻是步步針對朝廷，在反抗朝廷的道路上李師道已經越陷越深，不能自拔。

東都洛陽城內有一處府邸，是李師道在洛陽設立的平盧駐洛陽辦事處。辦事處每天人來人往、魚龍混雜，洛陽的官吏每天看著平盧來的人進進出出卻不敢詳加盤問，一方面他們都怕河北那些跋扈的節度使，另一方面洛陽有些官吏背地裡拿了李師道的錢，索性睜一隻眼閉一隻眼。

淮西戰事日緊，淮西兵除了應對十六戰區軍隊的進攻，還把兵鋒直指洛陽。因為防禦洛陽的軍隊移軍至伊闕（洛陽南龍門），由此造成洛陽防禦空虛。

李師道在刺客的建議下開始打洛陽的主意，他在平盧駐洛陽辦事處的院內潛伏了幾百名精銳士兵，這些人要在洛陽中心開花，先焚燒宮殿然後在鬧市開搶，所有的這一切都是為了製造恐怖氣氛，逼迫朝廷從淮西退兵。日期一天天臨近，辦事處院內飄出牛肉的香味，這是李師道在犒賞士兵，吃過這頓大餐後，明天就讓洛陽翻個底朝天。

第二天一早，平盧數百名士兵即將出發，這時一名士兵突然變卦，他不想跟眼前這些亡命之徒去幹那些會招致滿門抄斬的禍事，一溜煙跑到了東都留守府向東都留守呂元膺報了警。

呂元膺定了定神，真是怕什麼來什麼，趕緊徵調駐紮伊闕的守軍。伊闕守軍得令回援，一下子將平盧駐洛陽辦事處包圍得水洩不通，數百名平盧士兵趁亂突圍而出，洛陽守軍不敢緊追，只能眼看著平盧士兵出了長夏門跑進山中。

按照一般情況平盧士兵應該會就此揚長而去，不料幾名平盧士兵惹是生非，生生斷了大家的逃生之路。

洛陽郊區西鄰虢州、南鄰鄧州，附近都是高山深林，百姓無法耕種莊稼只能以射獵為生，因此這裡的百姓被稱為「獵戶」。在惡劣的自然環境下長大的獵戶個個驍勇，一般人不敢招惹他們，偏偏平盧士兵不知好歹。

在發動洛陽叛亂失敗幾天後，幾名平盧士兵在山中遇到了一個獵戶，獵戶打了一頭鹿正準備拿到集市上出售，平盧士兵眼睛直勾勾盯著鹿，他們打起了鹿的主意。幾個士兵不由分說將鹿搶了下來，今晚有鹿肉可吃了。

被搶的獵戶從來沒吃過這種虧，回家招呼同伴復仇，同伴中有人聯想到一張懸賞令，那是幾天前洛陽留守呂元膺命人張貼的。如果推算沒錯的話，搶鹿的人應該就是被懸賞緝拿的平盧士兵。獵戶們報官的報官，帶路的帶路，沒多長時間數百名平盧士兵被一一擒獲。

呂元膺一一審問竟然有意外收穫，這些平盧士兵居然還有一個頭領名叫圓淨，是中岳寺的和尚。

圓淨是一個半路出家的和尚，他勇猛過人，原本是史思明的部將，史思明失敗後他隱藏了起來，但心中的殺機始終沒有熄滅。等到李師道接任平盧節度使後，圓淨又看到了自己的用武之地，他向李師道建議在伊闕和陸渾之間大量購買田地招待獵戶居住，給他們提供衣食，讓他們對李師道感恩戴德以備不時之需。

在李師道的支持下，圓淨拿著上千萬的活動經費在洛陽興建了佛光寺用作掩護，私下裡聚集黨羽圖謀不軌。按照圓淨的計畫，黨羽在洛陽城中舉事，他在山中舉火為號，率領兩個縣的獵戶進城助戰，屆時讓洛陽血流成河。計畫最終還是失敗了，呂元膺派出的士兵將圓淨在佛光寺當場擒獲。

經過審訊圓淨和黨羽數千人伏法，其中竟然有東都留守府、洛陽防禦府的兩名將軍以及八名驛卒，他們都拿了李師道的錢成了李師道的內應。

處理完圓淨，東都留守呂元膺沉思良久，形勢太可怕了，平盧李師道居然用心險惡到如此程度，根據日前審訊圓淨同黨得知，正是李師道派出殺手刺殺了武元衡，而且還圖謀火燒洛陽。

呂元膺上奏道：「近日跋扈不臣的節度使能寬容的都寬容，至於平盧李師道圖謀血洗洛陽、焚燒宮殿，大逆不道，不可不誅。」

長安宮中，李純面色凝重，連日來發生的一切他已經看明白了，跟自己叫板最起勁的是平盧李師道，這個李師道真是不想活了。依照李純的脾氣他現在就想捏死李師道，可轉念一想，已經發兵征討吳元濟，又公開棄絕王承宗，如果再與李師道翻臉，多點開花，確實有些應接不暇。

也罷，一筆一筆都給他攢著，不是不報，時候不到。

李純按下對李師道的怒火，又將目光投到了淮西戰場，淮西戰場真是讓他操碎了心。

讓李純最頭疼的是山南東道節度使嚴綬。在河東節度使任上嚴綬派出的部將李光顏等人都能為朝廷立功，因此李純對嚴綬高看一眼，這才把他從河東節度使調任山南東道節度使，同時督導各路軍馬討伐吳元濟。幾年下來，李純悲哀地發現嚴綬並沒有過人之處，此人最大的能耐就是濫賞。到任山南東道節度使後一天之內就把軍庫裡的財物濫賞得一乾二淨，這些財物是嚴綬的前任幾年積攢的結果，他一天就花光了。

除了花錢，嚴綬還交結宦官為自己在朝中說話，雖然擁有八個州總數一萬餘人的部隊，卻只是駐紮在州境上，近一年來沒有傳過一次捷報。

無能，太無能了。

在裴度的建議下李純走馬換將，委任宣武節度使韓弘為討淮各軍總指揮，正式取代嚴綬。同時將嚴綬主政的山南東道戰區一分為二，分為山南東道戰區和唐隨鄧戰區，戶部侍郎李遜為山南東道節度使，右羽林大將軍高霞寓為唐隨鄧節度使，高霞寓主攻軍事，李遜主攻後勤供應。

布局不可謂不用心，可惜還是所託非人。

宣武節度使韓弘本是一個弄威專權之人，走馬上任後他想的不是如何盡快平叛，而是如何倚賊以自重，至於淮西戰事還是不要太快結束，拖得越久自己在皇帝心中的分量就越重。韓弘一方面想著拖延戰局，一方面想著鞏固自己的位置，他知道在討伐淮西的諸將中李光顏是最得力的一個，自己需要倚重這個人，所以要和他先搞好關係。

韓弘挖空心思在大梁（今河南開封）城中海選出一名絕色美女，他要利用這個美女跟李光顏拉一拉關係。

到了約定交人的日期，李光顏在軍中犒賞了全體將士，大梁來的美女一亮相，絕代芳華，滿座皆驚。

李光顏站起來衝使者施了一個禮，說道：「韓相公憐憫光顏孤身在外賜給我這個美女，大恩大德光顏不勝感激。然而跟隨我的數萬將士，哪一個不是背井離鄉孤身在外，以血肉之身面對敵人白刃，光顏何忍自己獨享聲色追求個人享樂呢？」

李光顏說到動情處淚流滿面，滿座將士跟著他一起流淚。

李光顏整理了一下心情，拿出厚重禮物贈送使者，讓他與美女一起返回並囑咐道：「替我多謝韓相公美意，光顏以身報國絕無二心，誓與叛賊不共戴天。」

一個美女，兩個男人，李光顏藉這個美女收服了數萬將士的心，韓弘則在李光顏面前自討沒趣。也罷，道不同不相為謀。

韓弘被李光顏的表白札了一下，看來自己不能在淮西乾耗，還得有所作為。

元和十年十一月五日韓弘上疏，請求李純下詔各討伐淮西部隊同時向吳元濟發起進攻。進攻令下達，李光顏、烏重胤和其他討伐部隊也陸續有捷報傳來。

捷報接二連三，看來形勢一片大好，但為什麼只有三個州的淮西卻遲遲不能回歸朝廷懷抱呢？莫非捷報裡有水分？

泡沫破滅

淮西的戰鬥還在繼續，北方的成德戰場戰火又起。

無法按捺心中怒火的李純下令振武戰區會同義武戰區聯合出軍討伐成德節度使王承宗，而此之前魏博節度使田弘正已連續上疏十次，在李純的允許下已經率軍向成德逼近。與此同時，橫海、盧龍、義武三戰區因為不堪成德王承宗不斷出兵騷擾也上疏要求討伐王承宗，王承宗成了過街老鼠。

李純決心要打，宰相張弘靖卻不同意：「朝廷在南北兩地同時開戰，恐怕人力財力都無法支撐，應該先全力討伐淮西然後再討伐成德。」

一心要打的李純已經聽不進不同意見，他一定要打，而且一刻也不想等。

無奈之下的張弘靖請求辭職，元和十一年正月三日張弘靖不再擔任宰相，改任河東節度使。

張弘靖不是唯一一個因為反對李純全面開戰而卸任的官員，同僚韋貫之不久也步了張弘靖後塵。韋貫之出任宰相時間不長，他與張弘靖的思路一致，反對李純對成德和淮西同時用兵。

韋貫之警告道：「當年德宗皇帝先討伐魏博，後討伐平盧，引起淮西、盧龍、恆冀相應和最終招致朱泚之亂。這一切都因為德宗皇帝不能多忍幾年憤怒，渴望天下太平的心情太過急切導致。」

警告沒有起到效果，七個月後韋貫之付出了代價，卸任宰相，改任吏部侍郎。

為了維護朝廷權威，李純已經做了他能做的一切，可惜委任的人選實在不給力，淮西戰場上雖不斷有捷報傳來，但元和十一年六月的一次慘敗讓李純目瞪口呆。傳來兵敗消息的是唐隨鄧節度使高霞寓，元和十一年六月二日高霞寓在鐵城（今河南遂平西南）大敗，幾乎全軍覆沒，僅高霞寓逃出一命。

戰敗消息傳來，李純大驚失色，不是一直都是高奏凱歌嗎？怎麼高霞寓居然遭遇到如此慘敗？

李純並不知道一直以來他接收到的戰報都是有水分的，征討淮西的諸位將領如果獲勝就虛張聲勢誇大戰功，如果失利則避過不提，就當這仗壓根沒有打過。高霞寓本來還想遮掩，一想已經成了光桿司令了，拿什麼遮掩呢？眼看遮掩不過去，高霞寓這才上疏承認打敗仗了，而且是很大的敗仗。

朝中對於淮西用兵本就有不同意見，這次高霞寓戰敗更給了反戰派口實。反戰派官員舊話重提，希望朝廷中止對淮西用兵。

李純堅持道：「勝負乃兵家常事，今天只是討論用兵方略，如果覺得將帥有不合格的立刻換將，給養不足的立刻補給養，怎麼能因為高霞寓一名將領的失利就開始討論退兵呢？」

李純說完看向裴度，裴度隨即附和，在對淮西用兵上二人是堅定的主戰派，即使國庫打空了也要將淮西拿下。李純內心暗歎口氣，這個高霞寓啊，原本指望他開花結果，沒想到開了這麼個花，結了這麼個果，不撤職不足以平民憤。

李純準備將高霞寓撤職，高霞寓為自己辯解道：「主要是山南東道節度使李遜後勤供應出了問題。」

那就兩人一塊貶吧，高霞寓貶為歸州（湖北秭歸）刺史，李遜貶為恩王李連的輔佐官，既然你們喪師辱國，那就一邊待著去吧。

李純走馬換將，委任河南尹鄭權為山南東道節度使，荊南節度使袁滋為彰義節度使和申、光、蔡、唐、隨、鄧觀察使，總部設在唐州。

從這個布局看，李純將寶壓在了袁滋身上，指望著袁滋能給自己帶來驚喜。

袁滋能給李純帶來驚喜嗎？等幾個月再看。

李純靜下心來再度審視自己在淮西的布局，從開始用兵到現在已經兩年過去了，聚集在淮西邊境的討伐軍人數接近九萬，然而時至今日依然沒有取得重大勝利，如此下去國庫真的要打空了。思來想去，他想出了宦官監軍的老法子，用宦官代替自己到前方督陣或許會比現在有效果。

元和十一年十一月二十日，李純命知樞密、宦官梁守謙前往淮西慰問軍隊，慰問完也就不走了，留下來就地監軍。梁守謙並非空手而來，他攜帶了五百份空著姓名和職銜的委任狀，這些委任狀用來賞賜將來在淮西戰場立功的勇士。九天後，李純又給淮西前線的諸位將領發了大紅包，加授李光顏等檢校中央官職以示慰問，同時李純也在詔書裡放出狠話，立功有賞、無功必罰。

所有的一切都是為了促使眾將在淮西戰場有所作為，結果如何呢？

李純很快得到了一個驚喜：唐隨鄧節度使派人向吳元濟請求從新興柵撤圍。

李純簡直不敢相信自己委任的節度使居然向叛軍卑躬屈膝，被敵軍圍困了不想著如何突圍反撲，居然去懇求對方撤圍。

李純仔細看了奏報，自從袁滋到唐州上任以後竟然主動撤掉了偵察兵，不讓唐軍進入吳元濟的轄區內，這架勢是想要與吳元濟長期和平共處下去。

李純連連叫苦，自己從嚴綬開始不斷地換將，用高霞寓換嚴綬，又用袁滋換高霞寓，一蟹不如一蟹，都提不起來。

滿朝文武中難道就沒有一個肱骨之臣？

李愬出馬

李純回想祖父德宗一朝，文有李泌、陸贄，武有李晟、渾瑊、馬燧、李懷光等人，武將個個是名將，怎麼到了自己就沒有一個提得起來呢？

對了，李晟不是有十五個兒子嗎？他的兒子們是否能為朕所用呢？

李愬就這樣進入李純的視野。李愬，名將李晟之子，借父親的光步入仕途，第一個官職是太常寺協律郎，後來升遷到衛尉少卿。他最早天下於知名並非因為能力，而是因為至孝。

由於生母早逝，李愬由李晟的另外一個夫人晉國夫人王氏帶大。晉國夫人過世時，李晟考慮到李愬並非王氏親生，只是讓李愬穿緦服以盡孝道。李愬卻不同意，號哭不止，李晟不好再說便讓李愬改穿縗服，這樣李愬就是以親生兒子的身分向亡母王氏盡最後的孝道。

李晟病逝後，李愬與弟弟李憲在父親墓旁搭了草房住下來，一住就是三年。其間德宗皇帝不忍便下詔讓李愬回家居住，李愬在家住了一晚，第二天又赤著腳回到父親墓旁的草房。德宗皇帝心知李愬主意已定，便默許李愬在草房內住滿了三年。

三年期滿，李愬出任太子右庶子，後來輾轉升遷到太子詹事、宮苑閑廄使。

如果沒有意外，李愬一生恐怕就會如此按部就班走下去，沒有峰迴路轉也沒有跌宕起伏。

李愬四十三歲這年正是元和十一年，這一年朝廷在淮西用兵接連失利，李純手上已經無人可用，這才想到李愬這位名將之後。元和十一年十二月二十三日，李純下詔太子詹事李愬出任唐隨鄧節度使，這是李純無奈之下的走馬換將，希望李愬能給自己帶來驚喜。

李純起用李愬心裡並沒有底，雖然李愬是名將之後也擅長騎射，但他從來沒有帶兵打仗的經歷，讓這樣一個文官到淮西前線帶兵，他行嗎？

試試看吧。

元和十二年正月，李愬抵達唐州，他一看大營的氣氛已經明白了八九分。去年一年先是高霞寓戰敗，接著袁滋又在新興柵被圍，接連的失利已經消磨了唐軍的士氣，要指望現在這支部隊打仗是不現實的，當務之急是先安撫人心。

大營中有聞訊前來迎接李愬的士兵，李愬一邊走一遍解釋道：「天子知道我懦弱能夠忍受羞辱，因此派我來安撫你們。至於行軍打仗，那不是我的事。」

士氣低落的士兵最怕提打仗，一聽李愬是前來安撫的，心情頓時舒展很多，至於打仗日後再說。

李愬在大營中沒有閒著，看望傷患、慰問病號，絲毫沒有節度使的架子，沒多久大家就都喜歡上了這位沒有架子的節度使。

有人提醒李愬：「你這樣日後如何能做到令行禁止？」

李愬回應道：「我並非不知道這個道理。之前袁滋想以恩惠感化叛軍，叛軍由此小看他，這會兒聽說我來了一定會加強戒備。所以我故意展示軍令不整的一面，他們必定以為我懦弱可欺，進而會放鬆警惕，那時我的機會就來了。」

的確如李愬所料，淮西叛軍自從連敗高霞寓和袁滋之後變得心高氣傲。聽說李愬原本只是太子詹事，心裡已經低看李愬一眼，又聽說李愬平易近人和顏悅色，打心眼裡更看不起李愬，行軍打仗的都是殺人不眨眼的狠角色，如此文弱一書生能成什麼事呢？

就在淮西叛軍被李愬偽裝所迷惑時，李愬已經在心中有了一個大膽設想：奇襲蔡州。

李愬整理了兩年來淮西戰場的戰報，他發現討伐淮西叛軍的將領在淮西戰場取得的都是零星小勝，從來沒有決定性的大勝。而且討伐部隊分屬各個戰區，雖然有將領在名義上督導卻根本無法形成合力，如果繼續發展下去，再過幾年淮西戰場的戰火也不會熄滅，蔡州也不會被攻克。

最有效的、最致命的還是奇襲蔡州，生擒吳元濟。

名將之後，乃父遺風。

李愬給李純上了奏疏請求增兵，李純下詔命昭義、河中、鄜坊三戰區各撥兩千步兵騎兵到李愬帳下聽命。

元和十二年二月七日，矢志奇襲蔡州的李愬有了一個意外之喜。

這天李愬照常派人巡邏，沒想到在這次巡邏時唐軍與吳元濟的搜索糾察官丁士良遭遇，唐軍小分隊發動攻擊將丁士良五花大綁帶回大營。

在過去幾年中身為吳元濟驍將的丁士良經常進入唐軍轄區劫掠，吃過他虧的士兵不在少數，眼看丁士良被俘，將士們紛紛要求將丁士良刳心以解心頭之恨。新官上任的李愬不想掃大家的興，命人帶上丁士良做最後審問。

李愬面色凝重、言語犀利，丁士良死到臨頭卻面不改色、對答如流。

李愬一瞬間改變了主意，此人絕非泛泛之輩，不能一殺了之。後來的事實證明李愬的決定是正確的，如果一念之差殺了丁士良，恐怕就沒有後來的雪夜入蔡州了。

李愬歎了一聲：「真丈夫也。」

鬆綁。

丁士良本已抱定必死之心，沒想到李愬居然給自己鬆了綁，頓時也變了主意。

丁士良對李愬說道：「我本非淮西人，貞元年間我是安州人，與淮西吳氏作戰被俘，本來必死無疑，吳氏卻釋放了我並委以重用，吳氏讓我活命因此為吳氏父子效力。昨天我被李公屬下擒獲也是必死無疑，今天李公放我一條生路，我當以死相報。」

驚喜，天大的驚喜。大喜過望的李愬忙叫人歸還丁士良的衣服和器械，並委任丁士良為捜索官。好，奇襲蔡州有眉目了。

幾天後，丁士良開始發揮作用，他要幫李愬拿下文城柵。文城柵位於高霞寓兵敗之地——鐵城，由吳元濟帳下猛將吳秀琳率領三千兵馬駐守，吳秀琳勇猛異常，是吳元濟的左臂，唐軍將士與之對陣從來不敢靠近。

李愬上任以來就想拔下文城柵，但唐軍低落的士氣讓李愬不敢輕易言戰。

丁士良分析道：「吳秀琳主要靠一個叫陳光洽的人出謀劃策，如果陳光洽被擒獲，吳秀琳無人出謀劃策自然會舉城投降。至於陳光洽，他好勇輕佻、喜歡出營挑戰，我一定為李公生擒此人。」

二月十八日，丁士良說到做到，打馬回營之後將俘虜往地上一摔，眾人一看，果然是陳光洽。

事情的發展果然如丁士良所料，無計可施的吳秀琳等不來援軍也無人出謀劃策，只能寫信向李愬投降。

三月二十八日，李愬派遣唐州刺史李進誠率領八千將士前往文城柵受降，李進誠在文城柵城下受到了吳秀琳的熱烈歡迎，雨點般密集的弓箭和石頭向李進誠和八千將士身上招呼。

李進誠派人回報：「叛軍假裝投降，不可信用。」

李愬回應道：「這是等我親自前往呢。」

李愬打馬來到城下自報姓名，吳秀琳果然命令士兵放下武器向李愬投降。吳秀琳跪倒在李愬馬下表示屈服，李愬下馬，輕拍吳秀琳後背以示安撫。

安撫完吳秀琳，李愬又將吳秀琳部將李憲叫到面前，早聽說此人有勇有謀，留到帳下必然能派上用場。李愬說道：「以後你改名吧，就叫李忠義。」

機會總是垂青有準備的頭腦，一心想收復淮西的李愬接二連三遭遇好運氣，先是收穫了丁士良，接下來收穫了吳秀琳，而吳秀琳也有見面禮送給李愬。

吳秀琳的見面禮叫李祐，淮西騎兵將領，此人有謀略，據守在興橋柵。

吳秀琳對李愬說道：「李公想奇襲蔡州非得李祐不可，我吳秀琳有心助公，可我沒有李祐那能力。」

李愬將李祐記在了心裡，叫過手下給李祐挖了一個坑：「你率領三百騎兵埋伏在樹林中，另外派人在前面搖動旗幟做出要焚燒麥田的樣子，李祐向來瞧不起朝廷的部隊一定會前來驅趕，到時你們發動埋伏一定可以把他擒獲。」

手下依計前往，果然將李祐手到擒來。李祐的到來再一次捅了馬蜂窩，此前死在李祐手下的唐軍將士不在少數，如今李祐成了階下囚，自然要殺之而後快。

別人不知道李祐的價值，但李愬心知肚明。李愬頂住壓力當眾為李祐鬆綁，以賓客之禮相待。

為了奇襲蔡州，李愬經常找李祐商談，一談就是大半夜，旁人無從知曉他們到底談了些什麼。

李愬待李祐越來越好，軍中士兵的反應也越來越強烈，一方面是李祐與很多士兵有血海深仇，另一方面是這樣一個叛軍將領長期身處唐軍大營，會不會是一個間諜呢？

不利於李愬的流言越來越多，有人說李祐是吳元濟的內應，消息是經被俘的淮西間諜親口承認的。從小在父親身邊長大，李愬知道流言殺人，一旦這些流言傳到皇帝的耳朵裡，自己將如何自救呢？深夜，李愬拉著李祐的手，流淚說道：「難道是上天不想讓我討平吳元濟這個叛賊？你我二人相知如此之深卻堵不住眾人之口。」

李愬思慮再三準備唱一齣戲，只有唱好了這齣戲才能打好李祐這張牌。

第二天一早，李愬對眾人說：「既然諸位都認為李祐可疑，那我就將他送到長安讓皇上處置。」

眾人長出了一口氣，這還差不多。

李愬催促士卒押送囚車上路，他的心中開始打鼓。在送李祐去長安前，李愬提前寫好一道奏疏，最後寫道：若殺李祐，則無以成功。

李純看罷，欣然同意與李愬合演這齣雙簧，李祐到長安走了一圈又回來了，這樣一來李祐徹底安全了。連皇帝都不喊殺，誰又敢繼續喊呢。

李愬理直氣壯地將李祐委任為六院兵馬使，屬下三千衛隊通通交給李祐統管。

奇襲蔡州還差點啥呢？

裴度出征

李愬的奇襲計畫還在不斷修正，朝廷中關於淮西用兵的爭論又起。

屈指算來，從元和十年正月出兵，朝廷已經在淮西用兵近三年。淮西依然沒能平定，而軍需給養供應已經成了困擾朝廷的難題，牛馬已經不夠用，民間甚至開始用驢拉犁耕田，仗還能打下去嗎？此前由於在成德用兵沒有成效，李純已經叫停了成德戰事，眼下淮西也成騎虎難下之勢，該何去何從呢？

李純召來宰相們應對，新上任的宰相李逢吉認為用兵淮西已久，政府財力枯竭，不如就此收兵，容日後再說。

李純看看裴度，裴度一直沉默不語。

「裴愛卿，你說說看。」

「臣裴度願前往前線督戰。」裴度斬釘截鐵地說道。

元和十二年七月二十八日，李純再次召來裴度問道：「卿真能為朕到前線去督戰？」

裴度回應道：「臣發誓與吳元濟不共戴天。臣近來翻看吳元濟的奏表，字裡行間可以發現他已經到了山窮水盡的地步，但討伐軍將領人心不齊並未盡全力，所以吳元濟到現在還沒有投降。如果臣到前線督戰，諸將怕臣搶功一定會爭前恐後進軍破賊。」

李純欣慰地點了點頭，天賜裴度，天賜裴度。

一天後，李純下詔委任裴度為門下侍郎、同平章事、兼彰義節度使、淮西宣慰招討處置使。裴度提出一個小小建議，鑒於宣武節度使韓弘已經是淮西前線總指揮，自己就不便再稱招討使，改稱宣慰處置使即可。這是裴度的變通之處，此舉是給韓弘留一個面子，實際上裴度還是前線總指揮。

裴度即將出發，在李純面前慷慨陳詞道：「臣若賊滅，則朝天有期；賊在，則歸闕無日。」

元和十二年八月二十七日，裴度抵達自己的統帥部所在地郾城。一個月後，李愬率先給了裴度一個驚喜。

九月二十八日，李愬兵指吳房（今河南遂平），手下諸位將領面露難色：「今天按照卦書推算是往亡日，諸事不利。」

李愬對曰：「我們兵少不能與他們硬拼，所以得出其不意。他們以為今天是往亡日不會對我們加以防備，我們正好趁這個時候發動攻擊。」

膽大心細、逆向思維，凡成名將者必有其過人之處。

李愬揮兵向吳房發起攻擊，攻克外城，斬首千餘人，剩下的淮西士兵退守子城，堅守不出。

李愬不慌不忙假裝撤退，等待淮西士兵出城追擊。淮西將領孫獻忠果然上當，率領五百騎兵從後面追了上來，五百騎兵來勢洶洶，李愬帳下士兵心裡發緊，驚慌之餘竟然想四散逃命。

李愬依然不慌不忙，下馬，坐在凳子上：「敢退者斬。」

後退是死，前進未必死，唐軍士兵紛紛向孫獻忠發起攻擊，惡戰之後孫獻忠戰死，淮西兵退守子城。

眾人勸李愬趁勝攻擊，一定能夠攻克子城。

李愬搖搖頭：「這不是我的計畫，撤。」

回到大營，六院兵馬使李祐來到李愬身邊建議道：「淮西的精兵要麼部署在洄曲（河南漯河南洪河彎曲處），要麼部屬在周圍邊境上，守衛蔡州的士兵都是老弱病殘，我們可以乘虛直抵蔡州。等到淮西眾將得知消息時，吳元濟已經被生擒了。」

李愬一拍几案，好，這正是我想要的。

十月八日，李愬派人到郾城將奇襲計畫向裴度彙報，裴度聽罷激動萬分：「好，好，用兵就得出奇制勝，李愬這個計畫真是精彩絕倫。」

奇襲蔡州進入倒數計時。

奇襲蔡州

十月十五日，李愬下令馬步都虞候、隨州刺史史旻等留下鎮守文城柵，李祐、李忠義率兵三千為前驅，李愬自己與監軍宦官率兵三千為中軍，李進誠率三千人殿後。

一聲令下，全軍開拔，目的地在哪？

不知道，往東走就行。

向東行六十里，天色已晚，李愬大軍抵達張柴村，唐軍一擁而上誅殺鎮守此處的淮西士兵，佔領營寨暫作休息。

李愬命義成戰區士兵五百人留下鎮守，任務是阻擋朗山方向來的援兵；丁士良率五百人連夜行動，切斷洄曲向外聯繫的橋樑。

布置妥當，李愬趁著夜色引兵出寨，又要開拔。

諸將再次請示，目的地何處？

李愬一字一句說道：「入蔡州取吳元濟。」

話音剛落，諸將大驚失色，監軍宦官更是嚎啕大哭：「果然中了李祐奸計。」

夜色越來越重，黑得像墨，風大雪急、旌旗撕裂，寒風中不斷有人馬倒地。朝廷軍隊從來沒有走過張柴村以東的道路，夜半臨深淵可謂危險。而在風雨交加之夜行走在從沒走過的敵人防區，凶險無以復加。

不僅宦官絕望，除了李愬、李祐等少數幾個人，人人都感到絕望。環顧四周已無退路，只能硬著頭皮跟著李愬進軍，此時如果退卻必然會遭到李愬斬立決。

半夜時分雪更大了，李愬大軍在雪中跋涉了七十里，蔡州城已在眼前。自吳少誠抗命以來，朝廷軍隊已經有三十餘年沒有到過蔡州城下。蔡州守軍壓根沒有想到李愬會突襲蔡州，更沒有想到李愬會在如此惡劣的雪夜前來。

李愬看著蔡州城，朝廷為了蔡州城已經打了近三年的仗，今天該做個了結了。

蔡州城外有一處鵝鴨池，李愬使了個眼神命人驅趕池裡的鵝鴨，鵝鴨奔跑的叫聲將行軍聲掩蓋了起來。十月十六日凌晨三時許，李愬兵臨蔡州城下，蔡州城還在酣睡，無人知道李愬壓城。

李祐、李忠義熟門熟路，用斧頭在城牆上砍出穴坎，兩人率先登城，身後一眾勇士跟隨。守門士卒還在酣睡，就在夢中去了異度空間，李祐、李忠義只留下巡街打更人，讓他們照常打更，一切如故。

外城攻破，裡城攻破，到公雞打鳴時下了一夜的雪終於停了，李愬率軍進入吳元濟在城外的府邸。當下屬來報官軍已至時，吳元濟剛從睡夢中醒來，聞言笑道：「什麼官軍。估計是那些俘虜囚徒鬧事罷了，明天將他們一起處死。」

還沒一會兒，下屬再報：不是俘虜和囚犯作亂，城真的已經陷落。

吳元濟依然不肯相信：「這肯定是駐紮洄曲的士兵回來找我要過冬的衣服而已。」

吳元濟穿好衣服，在院中聽了一會兒，外邊正在傳李愬軍中的號令：常侍傳語。

李愬在朝廷的官職是散騎常侍，因此有了這樣的號令。

院外聲音混雜，「常侍傳語」過後應者有近萬人，而且都不是蔡州本地口音。吳元濟這才意識到危險真的已經來了，他立即率領左右登上牙城做最後掙扎。

吳元濟一邊做垂死掙扎，一邊期盼援軍。他所倚重的大將董重質率領一萬餘精兵在離蔡州不遠的洄曲駐紮，如果董重質率軍回援，李愬的軍隊將面臨險境。一旦與董重質陷入纏鬥，淮西士兵紛紛回援蔡州，後果將不堪設想。

董重質來了，一人一馬，身後並沒有一萬精兵。董重質不為回援而來，而是專程來向李愬投降的。之前他接到兒子送去的信，李愬已經攻入蔡州，到董重質家進行了家訪而且留下了厚禮。

在淮西經營多年，董重質心如明鏡，如果李愬不奇襲蔡州，淮西還能堅持數年，如今李愬突襲成功，淮西人心已散，即便自己率軍回援，其他地方的士兵恐怕不會如約而至。再說全家老小都已落入李愬手中，真要拿一家老小的性命開玩笑嗎？董重質下定決心不再做無謂的反抗，隻身一人回蔡州向李愬投降。

牙城上的吳元濟還在做垂死掙扎，留給他的時間越來越少。

李愬命李進誠開始攻城，李進誠攻破外門，突入吳元濟的軍械庫取出武器和鎧甲。

一天後，李進誠繼續攻城，放火焚燒牙城的南門，蔡州百姓紛紛相助，爭相扛著柴火扔到南門外。中午時分，南門燒壞，吳元濟最後的屏障消失了。

走投無路的吳元濟在城上宣布投降，李進誠命人取來梯子將吳元濟接下來，等待吳元濟的將是一刀兩斷的結局。

李愬策馬進入蔡州城，自吳元濟以下不殺一人，凡吳元濟官吏、帳下、廚廄之卒皆復其職，一切照舊。安排妥當，李愬撥馬出城率軍在鞠場紮營，等待宰相裴度入城。

十月二十五日，宰相裴度豎起彰義戰區大旗，率領投降的一萬餘叛軍士兵從郾城南下進入蔡州。彰義戰區設立已經有年頭了卻形同虛設，如今蔡州重回朝廷懷抱，彰義戰區總算有名有實了。

蔡州城外，李愬全副武裝身佩弓囊箭袋跪在路旁迎接。裴度遠遠一看心覺不妥，李愬為朝廷立下如此大功卻又行這般隆重軍禮，自己恐怕受之有愧，還是避開為妙。

裴度正想避開，李愬的人來到裴度面前：「淮西人一向冥頑不靈，數十年不知上下之分，希望您藉這個機會讓他們知道朝廷的尊貴。」

哦，軍禮原來還有這個目的。

進入蔡州城，裴度開始以彰義節度使身分辦公，給他擔任警衛的是淮西原有的官兵。很多人為裴度捏一把汗，提醒道：「淮西圖謀不軌的人還有很多，公不得不防。」

裴度呵呵笑道：「我是彰義節度使，淮西叛亂的首惡已經被拿下，剩下的都是我的屬民，有什麼好懷疑的。」

一句話可以壞事，一句話同樣也可以成事，裴度用自己無畏無私的胸懷說出這樣暖人心的話語，一下子就讓淮西百姓的心找到了歸屬。

有李愬的奇襲、有裴度的安撫，以往鐵板一塊的蔡州迅速融化，重回久違的朝廷懷抱。

率軍回到文城柵的李愬沒有閒著，手下諸將心中有太多謎團等著他去化解，為什麼朝廷數萬大軍兩年多都沒有拿下蔡州，為什麼你到任不到一年就馬到功成呢？

諸將問道：「公起先在朗山失敗卻不憂，後來在吳房取得勝利卻不趁機攻取，冒著大雪行軍卻不停止，孤軍深入蔡州卻不懼，最後卻取得成功，我們都不明白是為什麼，是不是可以告訴我們其中的緣由？」

李愬對曰：「朗山失利，叛軍就會輕視我們進而不會加強戒備；吳房獲勝後沒有趁機攻取，是因為如果攻取，他們的殘部會逃回蔡州固守，我們將來攻打會有難度，因此留著吳房讓他們分散兵力；風雪陰暗夜裡行軍，叛軍告急的烽火無法傳遞，他們就不知道我們來了；孤軍深入人人都知道必須置於死地而後生，戰鬥力自然會成倍提升。眼光長遠者不會管眼前的一點小事，想成大事者不會貪圖近處的一點小利，如果小勝就沾沾自喜，小敗就憂慮沮喪，那是庸人自擾，怎麼可能成大事。」

李愬說完，滿座皆服。

元和十二年十一月一日，皇帝李純登興安門接受獻俘，淮西叛軍首惡吳元濟被當作畜生一樣押到皇家祖廟獻祭，儀式過後吳元濟在長安獨柳之下接受了一刀兩斷的結局。

從西元七八三年李希烈叛唐開始，到元和十二年（八一七年）結束，近五十年裡傳三姓四將，淮西幾代叛軍首領做的惡都報在了吳元濟一個人頭上。天作孽猶可違，自作孽不可活。倘若吳元濟在接替老爹職位時看清形勢，或許一生可以平平安安榮華富貴，可惜他被眼前的利益迷惑了。他以為淮西始終是鐵板一塊，他以為官軍永遠到不了蔡州城下，他以為自己身後是不可撼動的高山。世界萬物瞬息萬變，沒有什麼一成不變，沒有什麼不可能。

對於李愬的這次奇襲，同時代的詩人劉禹錫留下了三首詩，不妨一起欣賞一下。

平蔡州　　劉禹錫

一

蔡州城中眾心死，妖星夜落照壕水。
漢家飛將下天來，馬箠一揮門洞開。
賊徒崩騰望旗拜，有若群蟄驚春雷。
狂童面縛登檻車，太白夭矯垂捷書。
相公從容來鎮撫，常侍郊迎負文弩。
四人歸業閭里間，小兒跳浪健兒舞。

二

汝南晨雞喔喔鳴，城頭鼓角音和平。
路旁老人憶舊事，相與感激皆涕零。
老人收泣前致辭，官軍入城人不知。
忽驚元和十二載，重見天寶承平時。

三

九衢車馬渾渾流，使臣來獻淮西囚。
四夷聞風失匕箸，天子受賀登高樓。
妖童擢髮不足數，血污城西一抔土。
南烽無火楚澤閒，夜行不鎖穆陵關。
策勳禮畢天下泰，猛士按劍看恆山。

如果說劉禹錫是遠距離看這場雪夜奇襲，那麼與劉禹錫同時代的韓愈則是近距離甚至零距離觀看這場奇襲。李愬夜襲蔡州時，韓愈正擔任裴度的行軍司馬，近距離地接觸了蔡州戰事。

戰後論功行賞，李純讓韓愈撰文立碑紀念這次偉大的勝利。接到聖諭，韓愈「公退齋戒坐小閣，濡染大筆何淋漓。點竄堯典舜典字，塗改清廟生民詩」（李商隱《平淮西碑》）。碑文一千八百字，如行雲流水，如大江出峽，汪洋恣意，一揮而就。文章之華美，所謂「下筆煙飛雲動，落紙鸞回鳳驚」。勒碑之時，國人視為奇文爭相誦之。

然而令韓愈沒有想到的是由於他在碑文中突出了裴度的功勞，引起了李愬一方的不滿，李愬的妻子是唐安公主（唐憲宗姑母）的女兒，可以在皇宮出入。在她的攛掇下，皇帝李純下令磨去韓愈的碑文，讓翰林學士段文昌重新撰寫。到了宋代，又有好事者把「顛倒的歷史」再顛倒過來，磨去段文，重刻韓文，但已經不是韓愈的手跡了。

如此一來，《平淮西碑》就成了經典，形成了獨特的一碑兩文，一篇是韓愈的，一篇是翰林學士段文昌的。

北宋時，唐宋八大家之一的蘇軾在被貶途中看到這塊碑，於是賦詩一首：

淮西功業冠吾唐，吏部文章日月光。
千古殘碑人膾炙，不知世有段文昌。

什麼是歷史，這就是歷史。

鮮克有終

第十六章

鴕鳥李師道

蔡州烽火漸漸熄滅，平盧的李師道惶惶不可終日。

原本李師道指望與淮西吳元濟互為外援，兩家合力各保各的江山。

淮西戰火正烈時，李師道對淮西的戰事很是牽掛，在本戰區招募勇士前往蔡州觀察戰場形勢。牙前虞候劉晏平自告奮勇，穿過汴州和宋州之間的空曠地帶秘密抵達蔡州。被圍多年見到外來鳥都驚喜的吳元濟大喜過望，隆重地款待了劉晏平，臨走時還送了一份厚禮。

回到平盧，李師道摒退左右，劉晏平將蔡州之行見聞和盤托出：吳元濟將數萬軍隊投置在荒郊野外，戰場形勢危急萬分，而他卻成天與小老婆和奴僕在深宅大院裡賭博遊戲，一點憂慮都沒有。以我的觀察用不了太長時間他一定會滅亡。

李師道心中咯噔了一下，原來淮西已經撐不了多久了，如果淮西滅亡，下一個是不是該輪到我了呢？

李師道越想越怕，越想脊背越發涼。

怎麼辦？怎麼會這樣？

劉晏平你太可惡了，為什麼要告訴我這些？你不知道我不想聽這樣的壞消息嗎？你不知道我一向依靠淮西的支援嗎？你卻殘忍地告訴我淮西撐不了幾天了。

不久之後，李師道找了個藉口將劉晏平亂棍打死。

僅此一例就可以看出當年李師道兄長李師古的話是對的，李師道確實不是一個合適的節度使人選，當困難來臨時他不是選擇迎難而上，而是選擇當一隻鴕鳥。

鴕鳥將頭埋進沙子裡，李師道將頭埋進平盧的小天地裡堵上耳朵，他的世界就是平安無事、無限美好。李師道還在自欺欺人，鄰近的成德和盧龍卻已經開始行動。

成德和盧龍一直以來都在觀望，他們在等待淮西戰場的結果，眼看李愬奇襲蔡州成功，成德節度使王承宗和盧龍節度使劉總都意識到時代真的不一樣了，以往朝廷討伐藩鎮往往半途而廢，而這次歷時近三年終於將淮西討平。更讓他們不寒而慄的是名將李晟的兒子李愬竟然採用了掏心戰術，繞開漫長的淮西防線直接在蔡州城開花。假使有一天李愬照葫蘆畫瓢，在成德以及平盧也採用掏心戰術，那時恐怕一切都晚了。

成德和盧龍還在猶豫，說客已經登門了。

成德王承宗接待的說客叫柏耆，讀過書，身分是白丁。他上門遊說王承宗是受裴度所託，不過這個任務也是自己毛遂自薦的。

裴度還駐軍淮西時，柏耆向裴度的行軍司馬韓愈呈送條陳：吳元濟已經束手就擒，成德王承宗一定心膽俱裂，我願意攜帶宰相的信件前往成德遊說，我相信不需朝廷動兵就能讓他對朝廷順服。

韓愈向裴度做了彙報，裴度欣然同意，就這樣柏耆帶著裴度的重託踏上了成德的土地。

正如柏耆所料，吳元濟在家中被擒極大地震動了王承宗，王承宗經柏耆遊說決心向朝廷投降。不過考慮到自己以前得罪過皇帝，直接投降恐怕皇帝不接受，還是求助於皇帝面前的紅人——魏博節度使田弘正吧。

王承宗做出承諾，願意送兩個兒子到長安當人質，呈獻德州、棣州向朝廷繳納稅捐，請朝廷向成德派遣官吏。所有的一切都表明成德已經順服，願意接受朝廷的直接統治。

承諾呈報到李純那裡，李純卻不想批准，淮西吳元濟已經伏法，成德王承宗也該步他後塵吧，就想這麼投降，沒那麼容易。田弘正的第一次奏報被駁回，第二次、第三次接踵而至。

李純歎了口氣，他可以不給王承宗面子，但田弘正可是朝廷樹立的典型，他的面子不能不給。

元和十三年四月一日，魏博節度使田弘正派出使節護送成德節度使王承宗的兒子王知感以及德州、棣州兩州地圖和印信前往長安，這意味著曾經桀驁不馴的成德王承宗正式歸附朝廷。

與此同時盧龍戰區也沒有閒著，大將譚忠正在做節度使劉總的工作：「自元和以來，劉闢、李錡、田季安、盧從史、吳元濟個個兵強馬壯，盤踞山河險要，自以為根深蒂固，天下之大對他們都無可奈何。然而轉瞬之間身死家滅，連他們自己都不知道怎麼突然就遭遇了那樣的結局，這其實不是人力所為，而是天誅。當今天子英明神武、深思熟慮，節衣縮食以供戰士，他心裡每分每秒都在想著江山一統。如今朝廷大軍虎視眈眈，成德已經向朝廷呈獻了兩州十二個縣城，譚忠我為劉公深深憂慮啊。」

劉總沉思片刻，說道：「聽了你的分析我決心已下，我知道該怎麼做了。」

自此以後盧龍不再跋扈，也向朝廷表示了順服。剩下的就是無比刺眼的鴕鳥李師道了。

其實李師道並非完全沒有行動，早在數月前他在幕僚的勸說下曾經上奏李純，願意讓長子到長安擔任皇家侍衛，同時向朝廷呈獻沂州、密州、海州三州地圖。

李純接到奏疏表示同意，淮西戰事已經打得國庫空虛，能不打仗還是不打仗了，讓老百姓休養生息吧。

如果一切到此為止，李師道的餘生可以在平盧當一隻幸福的鴕鳥。可惜奏章一來一往之後，李師道的家中橫生枝節。妻子魏氏不想讓兒子當人質，更不想讓丈夫白白呈獻三州土地。

魏氏聯合蒲氏、袁氏一起勸說李師道：「自從祖上以來，我們辛辛苦苦才有了十二個州，為何平白無故向朝廷呈獻三個州呢？如今平盧境內士兵有幾十萬，就算我們不呈獻三州，朝廷也不過是發兵攻打。如果打不過，到那時再呈獻三州也不遲。」

俗語有云：「女人頭髮長，見識短」，這句話是帶著有色眼鏡看待女人，不足為信。不過具體到魏氏、蒲氏、袁氏確實可以稱作頭髮長見識短。外邊的世界變了、時代也變了，皇帝不再是那個得過且過的苟安皇帝李适，而是不達目的誓不甘休的李純。

遺憾的是不但三個女人見識短，李師道的見識也短，生性懦弱的他一向保持了與妻子、奴才以及孔目官商量大事的傳統，至於大將和幕僚從來沒有得到過他的信任。如此關係到平盧生死存亡的大事，李師道只聽了三個女人的意見便下定決心，之前那一封奏疏不算，人質不送了，地圖不獻了，愛咋地咋地。

李師道給李純上奏道：平盧全體軍民不准我呈獻人質和土地。

經過這次折騰，李純被深深激怒了，好，李師道，你給我等著。

元和十三年七月一日，李純委任李愬為武寧節度使，兩天後李純下詔公布李師道所有罪狀，命宣武、魏博、義成、武寧、橫海五戰區同時出兵，討伐平盧李師道。

鴕鳥李師道的生命進入倒數計時。

十二月二十九日，魏博、義成兩大戰區將俘虜的四十七名平盧戰俘押解到長安，按照慣例他們會被處死以儆效尤。令四十七名戰俘沒有想到的是皇帝竟然將他們全部赦免不予誅殺。

李純和顏悅色地說：「如果有父母在堂願意回去的從優發給路費，朕想誅殺的只是李師道一人。」

看到李純這次表態，平盧士兵抵抗之心無形間減弱，反正皇帝想誅殺的只是李師道一人，與我們何干。

無論什麼時候，攻心都是上策。

一天後，武寧節度使李愬攻克兗州重鎮金鄉。兗州是平盧十二州之一，金鄉又是兗州重鎮，攻克金鄉則兗州危矣。只要兗州一失，平盧十二州將發生連鎖反應，平盧形勢已經岌岌可危。

兗州刺史命人飛馬向李師道告急，告急文書卻被李師道的左右侍從攔截了下來。自從朝廷對平盧用兵以來，李師道天天生活在恐懼之中，前線一旦有失利消息傳來，李師道就會愁眉不展臥病在床，時間一長侍從們只好將不利的消息遮蓋掉，讓李師道少一點憂慮。金鄉失守的消息就這樣被遮掩了起來，李師道一直到死都不知道金鄉早已失守。

形勢一天比一天緊張，在這個節骨眼上李師道卻與都兵馬使劉悟產生了矛盾，而且矛盾很深。

劉悟按照李師道的指令率領一萬餘人駐屯陽谷，抵擋四方蜂擁而至的朝廷軍隊，他性格寬厚仁惠給士兵很多自由空間，由此軍中稱呼其為「劉父」。由於事前沒有準備好，劉悟數次被魏博節度使田弘正擊敗，連敗之後就有人將小報告打到了李師道那裡：劉悟不修軍法，專收人心，恐有異心，應該早點把他除掉。

李師道心中一動，他早擔心劉悟有異心，是否藉他連敗之際將他除掉呢？

另有人建議道：「如今朝廷軍隊從四方撲來，劉悟並無反狀，若因為一個人的小報告而殺之，諸將必然心寒，這是自脫爪牙。」

兩方意見都有道理，生性優柔寡斷的李師道舉棋不定，將劉悟留在總部十餘天後又打發回了陽谷，臨走時贈送厚重金帛以安其心。十幾天下來，劉悟察覺到李師道已經起了殺心，只是礙於官軍已經大兵壓境，時間長了他一定會動手。劉悟不動聲色、暗中戒備，等待李師道的下一次出招。

又有人向李師道打了小報告：劉悟遲早是個禍患，還是盡早除掉為好。

這一次李師道下定了決心。

以李師道的兵力和實力要除掉劉悟很簡單，偏偏李師道自作聰明選擇了借刀殺人。他想借劉悟的副手張暹之手除掉劉悟，如此一來神不知鬼不覺，他可以置身事外。李師道千算萬算，漏算了張暹與劉悟的友情。

事情到了這一步，李師道的路已經走到頭了，對於總部熟門熟路又手握一萬精兵的劉悟起了殺心，李師道如何能抵擋得住。

劉悟當即全軍動員連夜率軍直撲鄆州總部，等李師道察覺時劉悟已經揮軍包圍牙城，數百名士兵稍作抵抗後便繳械投降，只留下躲在床下瑟瑟發抖的李師道父子三人。

曾經自視甚高的李師道被士兵抓起扔到牙門外的空地上，劉悟沒有親自出面，只是派人給李師道傳話：劉悟奉密詔送你去長安朝見天子，然而你還有何顏面見天子呢？

劉悟的意思已經很明確了。

而李師道不愧是一個超級鴕鳥，死到臨頭還在自我安慰。哦，聽劉悟這意思是要送我去長安見天子啊，也好，至少暫時死不了。

李師道還在自我安慰，他的兒子李弘方抬起頭說：「事已至此，還是速死為妙。」兒子比爹活得明白。

元和十四年二月二十一日，裝著李師道父子三個人頭的木匣子被送到長安。

從西元七六三年代宗李豫登基以來，黃河南北三十餘州土地被數個節度使割據，到元和十四年已經整整過去了五十七年。五十七年中，代宗努力過、德宗努力過、順宗努力過，到了李純的元和年間也是幾經努力才終於將三十餘州土地重新收回朝廷懷抱。

元和中興達到最頂點。

如果這一刻就是永遠該有多好。

雙面李純

一個人究竟有幾張臉？

李純告訴你一個人可以有多張臉。

平定淮西之前，李純呈現出的是一張勵精圖治有為皇帝的臉；平定淮西之後，這張臉開始變得有些模糊，變得讓裴度有些不敢相認，這還是以前那個兢兢業業的皇帝嗎？

皇帝還是那個皇帝，只不過心境變了、行為變了，這種反差不僅在李純身上存在，在很多創業者身上都存在。創業之初一般都是小心翼翼，創業功成後則不免志得意滿。每個人在成功後都會強

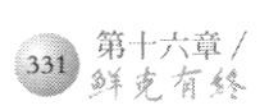

調自己沒有改變，實際上變化都是有的，只是程度大小而已。有的人是量變，有的人是質變，有的人依然能堅持當年的自我，有的人已經在成功的光環下迷失了自我。

李純屬於哪一類？

他屬於量變的那種人。

過去李純節衣縮食、不講排場，元和十二年之後李純漸漸奢侈起來，過了十幾年的苦日子也該過過好日子了，富有四海的皇帝怎能總過苦日子。

戶部侍郎兼判度支皇甫鎛和衛尉卿兼鹽鐵轉運使程異看出了李純的心思，兩人不動聲色悄悄地向李純呈獻上「羨餘」以供李純消費。所謂「羨餘」就是沒花完的經費，官員向皇帝呈獻「羨餘」是德宗李适時的惡習，順宗李誦登基之後就革除了這個惡習，李純登基的前十幾年也一直禁止呈獻「羨餘」，現在則是來者不拒。

連續多次「羨餘」呈獻下來，李純對皇甫鎛和程異的看法越來越好，元和十三年九月二十三日，李純下詔皇甫鎛、程異各自以本職兼任宰相。

兩個不斷賄賂皇帝的傢伙居然一步登天當了宰相，一時間輿論譁然，連長安市井小販都議論紛紛，這樣的兩個人當宰相朝廷還會好嗎？

生性耿直的裴度再也坐不住了，他一直以來就看不慣皇甫鎛和程異向皇帝呈獻「羨餘」，如今居然將這兩個傢伙委任為宰相，太過分了。裴度上疏李純要求收回成命，李純再也沒有往日的心胸和肚量，不僅沒有收回成命，反而認為裴度有結黨營私之嫌。

靠賄賂上位的皇甫鎛知道自己無法服眾，只能繼續奉迎皇帝，只要皇帝對自己滿意，宰相的位置就會牢靠。皇甫鎛抓耳撓腮打起了官員俸祿的主意，他居然建議李純壓縮官員俸祿，結餘部分充作政府辦公經費。

李純居然也同意了，下詔要求執行。

小人物給事中崔植關鍵時刻發揮了作用，愣是將詔書退了回去，同時上奏李純強調絕不可以採用此類移花接木之策。李純考慮再三，採納了崔植的建議，全國上下官員長出了一口氣，這下總算不用被皇甫鎛降工資了。

此招不見效皇甫鎛並不灰心，他還在等待機會。沒多久皇甫鎛等來了一批舊綢緞，這批舊綢緞已經在宮庫裡積壓多年，為了清理庫存才交給了皇甫鎛主政的度支對外銷售。

皇甫鎛知道機會來了，馬上動用國庫將這批舊綢緞全部高價買了下來，然後分發給各支邊防軍。舊綢緞的年頭實在太久了，手一拽就會撕裂，憤怒的邊防士兵將舊綢緞集中放一把火燒掉了。

消息傳到長安，宰相裴度氣憤萬分，在奏事之餘向李純做了彙報。李純抬眼看皇甫鎛，皇甫鎛早有準備，抬起自己腳上穿的靴子：「這雙靴子也是宮庫出來的，臣花了兩千文買下，堅固耐用、腳感還好。裴度的話不可信。」

靴子為證，李純信以為真，裴度怒氣於胸又不好發作，明知皇甫鎛在欺君，但奈何人家是皇帝面前的紅人。從此皇甫鎛更加膽大妄為，皇甫鎛聯合同黨於元和十四年四月將裴度排擠出長安，出任河東節度使。

忠臣出走，小人上位，李純在量變的道路上越走越遠。

他開始講究享受，排場越來越大；他開始迷信神仙，讓方士柳泌煉製丹藥；他開始迷信佛教，

讓宦官前往法門寺奉迎佛骨舍利。他所做的一切讓百官覺得他越來越陌生。

因淮西戰功升任吏部侍郎的韓愈越來越坐不住了，幾天來他看到百姓為了佛骨舍利頻頻上演瘋狂之舉，甚至有人為了看一眼佛骨舍利而傾家蕩產，還有人在自己的肩頭焚香以示虔誠。所有這一切都因佛骨舍利而起，必須讓皇帝結束目前的瘋狂局面。

韓愈向李純上疏道：佛本夷狄之人，口不言先王之法言，身不服先王之法服，不知君臣之義、父子之恩。假如其身尚在，奉國命來朝京師，陛下容而接之，不過宣政一見，禮賓一設，賜衣一襲，衛而出之於境，不令惑眾也。況其身死已久，枯朽之骨，豈宜以入宮禁。

最後韓愈建議將這節所謂的「佛骨」扔到火裡化為灰燼，然後將灰燼扔到河中。

李純看完奏疏大為震怒，自己用誠心迎來的佛骨竟然讓韓愈說得一文不值，這個韓愈太狂妄了。盛怒之下的李純準備將韓愈斬首，裴度等人好說歹說總算保住了韓愈一條命，不過死罪可免，活罪難逃，即日貶出長安到潮州當刺史吧。

從長安到潮州，飛行距離一千四百公里，當時潮州乃瘴癘之地。也正是因為這次貶黜，韓愈寫出了千古名篇《左遷至藍關示姪孫湘》：

一封朝奏九重天，夕貶潮陽路八千。
欲為聖明除弊事，肯將衰朽惜殘年。
雲橫秦嶺家何在？雪擁藍關馬不前。
知汝遠來應有意，好收吾骨瘴江邊。

時間走到元和十五年正月，皇帝李純越來越感覺口渴，一天喝再多的水還是有口渴的感覺。

這是怎麼了？

當時的李純並不知道病因，後世的我們通過化學分析知道那些方士煉製的所謂「丹藥」都含有鉛汞等重金屬，長期服用後會出現重金屬中毒。

李純的口渴，從症狀看就是重金屬中毒。

李純躺在病床上心情無比煩躁，本來是追求長壽怎麼會越來越口渴，到底是哪裡出了問題？

閉上眼睛，李純想起了後宮中的一幕幕：

貴妃郭氏是郭子儀的孫女，家族實力太強，一直以來只封為貴妃沒有晉位皇后，近來有官員指出皇后之位一直空缺，應該讓郭氏晉位皇后；郭氏所出太子李恆一直中規中矩；吐突承璀一直想擁立澧王李惲當太子。

這後宮啊，一點都不比前朝簡單。先不去想了，容日後再作定奪。

正月二十七夜，中和殿。

晴天霹靂平地起。

（請看下部《帝國斜陽》）

唐史並不如煙. 陸, 元和中興 / 曲昌春著. -- 一版.-- 臺北市：大地, 2018.11
面：　公分. --（History：108）

ISBN 978-986-402-308-0（平裝）

1. 唐史　2. 通俗史話

624.1　　107016304

唐史並不如煙(陸)元和中興

HISTORY 108

作　　者	曲昌春
發 行 人	吳錫清
主　　編	陳玟玟
出 版 者	大地出版社
社　　址	114台北市內湖區瑞光路358巷38弄36號4樓之2
劃撥帳號	50031946（戶名：大地出版社有限公司）
電　　話	02-26277749
傳　　眞	02-26270895
E-mail	vastplai@ms45.hinet.net
網　　址	www.vastplain.com.tw
美術設計	博客斯彩藝有限公司
印 刷 者	博客斯彩藝有限公司
一版一刷	2018年11月

大地

定　　價：320元